suhrkamp taschenbuch 1290

Jerzy Jarzębski wurde 1947 in Schlesien geboren und ist Dozent für Polnische Philologie an der Jagellonen-Universität in Krakau, Autor zahlreicher Essays vor allem zur zeitgenössischen polnischen Literatur und mehrerer Monographien. Sein Buch *Gra Gombrowicza* (*Das Gombrowicz-Spiel*, 1982) erhielt einen Preis der Polnischen Akademie der Wissenschaften. Seine letzte Buchveröffentlichung *Der Roman als Autokreation* (1984) behandelt vor allem Witold Gombrowicz, Bruno Schulz und Czesław Miłosz. Jarzębski betreut auch die geplante kritische Gesamtausgabe der Werke von Bruno Schulz im Verlag Ossolineum und eine Sammlung internationaler Essays zu Stanisław Lem im Verlag Wydawnictwo Literackie in Krakau.

Jerzy Jarzębskis Buch ist in deutscher Sprache die erste Monographie über den unstrittig wichtigsten Science-fiction-Autor der Welt, Stanisław Lem; keine Sammlung unzusammenhängender Essays, sondern der systematische Versuch, die Themen, Ideen und Stilmittel Lems in einem größeren Zusammenhang zu sehen. Ausgehend von einem biographischen Einführungskapitel, das das an äußeren Ereignissen arme Leben Lems als Ideengeschichte begreift, geht Jarzębski den Einflüssen nach, die Lem geprägt haben, und der Gestalt, die sie in seinem Werk angenommen hat. Nicht überraschend stellt sich heraus, daß der eigentliche Ursprung von Lems Science-fiction nicht in seinen ersten, noch naiven SF-Romanen *Die Astronauten* und *Gast im Weltraum* zu suchen ist (die der Autor selbst gar nicht schätzt), sondern im *Hospital der Verklärung*, wo das Gegensatzpaar Zufall und Ordnung und das Problem der Verantwortung des Wissenschaftlers, die sich wie ein roter Faden durch Lems außerordentlich vielseitiges Werk ziehen, schon auftritt.

Jerzy Jarzębski

Zufall und Ordnung

Zum Werk Stanisław Lems

Aus dem Polnischen von
Friedrich Griese
Phantastische Bibliothek
Band 180

Suhrkamp

Redaktion und Beratung: Franz Rottensteiner
Originaltitel: *Przypadek i Ład. O twórczości Stanisława Lema*

suhrkamp taschenbuch 1290
Erste Auflage 1986

Satz: MZ-Verlagsdruckerei GmbH, Memmingen
Druck: Nomos Verlagsgesellschaft, Baden-Baden
Printed in Germany
Umschlag nach Entwürfen
von Willy Fleckhaus und Rolf Staudt

1 2 3 4 5 6 – 91 90 89 88 87 86

Inhalt

Vorwort zur deutschen Ausgabe

Es ist mir ein echtes Vergnügen, den deutschen Lesern ein Buch über das Werk Stanisław Lems vorzulegen. Dieser Schriftsteller ist ja in Deutschland nicht weniger bekannt als in seinem Heimatland, dank der in die Zigtausende gehenden Auflagen seiner Werke und der Arbeit der Übersetzer, die nahezu das gesamte Schaffen des polnischen Science-fiction-Klassikers für den deutschsprachigen Raum erschlossen haben. Worin besteht dann die Aufgabe eines Kritikers aus Polen, der ausländischen Lesern zu einem besseren Verständnis des Lemschen Werkes verhelfen möchte? Es ist wohl nicht nötig, sich in elementare Fragen zu vertiefen, den Inhalt der einzelnen Titel genau zu beschreiben und den Werken des Autors von *Solaris* innerhalb der wissenschaftlichen Phantastik internationalen Rang beizumessen. Dafür fühle ich mich im übrigen auch nicht zuständig; ich lese Lem vielmehr als einen Schriftsteller und Denker, dessen Werk die Schemata der Gattung und die engen Klassifikationen, die im Getto der Science-fiction gelten, hinter sich läßt.

Deshalb habe ich einen anderen Weg gewählt. Ich möchte das literarische Schaffen Lems in eine historische und biographische Perspektive rücken, ihn also vor dem Hintergrund der polnischen Verhältnisse charakterisieren, die für den Leser westlich der Elbe möglicherweise unklar und unverständlich sind (diese Aufgabe versuche ich sehr summarisch im ersten Kapitel zu erfüllen); ferner möchte ich zeigen, auf welchen philosophischen Prämissen Lems Ansichten über die Welt, den Menschen und die Wissenschaft beruhen; schließlich möchte ich seine phantastischen Fabeln als einen spezifischen, auf Erkenntnis gerichteten Diskurs deuten, der zu jenem Diskurs, den wir in den wissenschaftlichen Essays unseres Autors beobachten, in einem gewissen Konkurrenzverhältnis steht.

Im Buch wird deshalb viel von den einzelnen Werken Lems und ihren (bzw. den in ihnen behandelten) Problemen die Rede sein, was aber nicht heißt, daß ich dem Leser eine allzu leichte Deutung verspreche. Vielmehr möchte ich ihn einladen, sich an einem geistigen Abenteuer zu beteiligen, das auch für mich selbst faszinierend war, das mich gelegentlich zu äußersten Anstrengungen gezwungen hat – und zum Verlassen der gemütlichen Nische, in der man sich mit den landläufigen Meinungen über die Menschheit, den Kosmos, die Wissenschaft, die Kultur und die Religion eingerichtet hat. Es würde mich ungemein freuen, wenn der Leser mich bei diesem Abenteuer begleitet – mit Interesse, aber auch mit Nachsicht gegenüber dem Verfasser, der sich zu vielen der hier angeschnittenen Probleme notgedrungen als Laie äußert. Um den vorgetragenen Analysen zu folgen, bedarf es nicht der Kenntnis komplizierter Fachausdrücke und wissenschaftlicher Formeln, sondern lediglich einer gewissen Aufmerksamkeit und – gelegentlich – der Bereitschaft, eingeschliffene Denkgewohnheiten aufzugeben.

Bei dieser Gelegenheit möchte ich dem Suhrkamp Verlag danken, der das Risiko eingegangen ist, das vorliegende Buch bei mir in Auftrag zu geben – und mich dadurch zu einer Arbeit motiviert hat, die ich sonst vielleicht nicht in Angriff genommen hätte.

Krakau, April 1984 Jerzy Jarzębski

I. Der Schriftsteller Lem

Stanisław Lem wurde am 12. September 1921 in Lemberg (Lwów) als Sohn des angesehenen Laryngologen Samuel Lem und seiner Frau Sabina, geb. Wollner, geboren. Damit begann – und das kann man ohne Übertreibung feststellen – ein geistiges und künstlerisches Abenteuer, wie man im modernen Europa kaum ein interessanteres findet. Das Geburtsdatum und der Geburtsort, aber auch die Jahre der Kindheit waren etwas ganz Normales und zugleich außergewöhnlich; von nahem besehen hat die solide bürgerliche Existenz einer Arztfamilie ja nichts Aufregendes an sich. Der Eindruck wechselt, wenn wir die frühen Lebensjahre Lems vor dem allgemeinen geschichtlichen Hintergrund betrachten. Das Lemberg der Jugendjahre des Schriftstellers erscheint dann als eine winzige Insel einer prekären Ordnung inmitten eines aufgewühlten Elements.

Werfen wir einen Blick auf die historischen Daten: Im Jahre 1918, nach dem ersten Weltkrieg, erlangt Polen die Unabhängigkeit; Lemberg, zuvor Hauptstadt der Provinz Galizien der österreichisch-ungarischen Monarchie, wird zu einem der bedeutendsten Zentren des gerade wiedererstandenen Staates. Doch anders als in Zentralpolen kann die Stadt nur unter blutigen Kämpfen zwischen Polen und Ukrainern in die polnische Republik einbezogen werden. Obendrein geht kurz darauf ein weiterer Krieg – der polnisch-sowjetische Krieg von 1920 – über diese Gebiete hinweg. Lem kommt also unmittelbar nach dem Abklingen jahrelanger Kämpfe zur Welt, und als er das Gymnasium beendet, steht schon der nächste Krieg – der blutigste aller bisherigen Kriege – vor der Tür.

Lemberg ist noch in einem anderen Sinne eine »Insel«: Rings um die Stadt mit ihren schönen polnischen Traditionen wohnt eine ethnisch fremde Bevölkerung, wie überhaupt das ganze Ostgalizien ein Schmelztiegel verschiedener Nationalitäten zu sein scheint: Ukrainer, Juden, Deutsche, Polen. Aus einem solchen Zusammenprall verschiedener Kulturen können faszinierende Werte entstehen, was den Dichtern aus grenznahen Landschaften – so etwa Johannes Bobrowski, Günter Grass und Horst Bienek oder in Polen Czesław Miłosz, Stanisław Vinzenz und Andrzej Kuśniewicz – wohlbekannt ist; unter ungünstigen politischen Bedingungen kann jedoch das Zusammenleben verschiedener

Völker in einem Gebiet zu einer Explosion des gegenseitigen Hasses führen. Aufgrund der Verkettung unterschiedlicher Faktoren reiften in den polnischen Ostgebieten der Vorkriegszeit Konflikte heran, die bald in ein blutiges Gemetzel und in Massendeportationen münden sollten.

Von all dem weiß der junge Lem noch nichts – aber nicht nur, daß er »nicht weiß«, es scheint auch, daß er »nicht wissen will«. Hier denke ich daran, daß er, als er viele Jahre später im *Hohen Schloß* seine Kindheit schildert, darauf verzichtet, die Vorahnung von Krieg und Zerstörung zu einem Element seines Selbstporträts zu machen. Er gibt zwar bereitwillig zu, daß ein »Porträt des Künstlers als junger Mann« niemals objektiv ist, weil der Autor stets, und sei es auch nur unbewußt, jene Tatsachen aus seiner Biographie hervorhebt, die einen logischen Zusammenhang bilden; die Vorzeichen der nahen Katastrophe, die im Lemberg der Vorkriegszeit in der Luft liegen, läßt er aber gerade aus – so als sei seine persönliche Entwicklung nicht von ihnen beeinflußt worden, als hätten allein Erlebnisse im Kinderzimmer und in der Schulbank ihn als Schriftsteller geprägt. Diese Erlebnisse waren schon originell und vielleicht sogar außergewöhnlich, sie hätten ihm jedoch überall und zu jeder Zeit widerfahren können (natürlich innerhalb der historischen Kulturgemeinschaft, in der wir alle aufgewachsen sind). *Das Hohe Schloß* bietet einen passionierenden Bericht über das Heranreifen eines Jungen, doch bricht dieser Bericht in dem Augenblick ab, als die Welt der Kindheit zerstört wurde. Was sich später, während des Krieges, ereignete, darüber finden sich im Buch nur einige Bemerkungen.

Ich versuche hier ein recht erstaunliches Phänomen zu beschreiben: Lem gehört nämlich zur sogenannten »Kolumbus-Generation«. So bezeichnet man in Polen die Generation, deren Jugendzeit mit dem Krieg zusammenfiel und die um das Jahr 1920 geboren wurde (der Name leitet sich her von dem populären Buch von Roman Bratny: *Kolumbus Jahrgang 20*). Diese Generation – die erste, die nach der Zeit der Teilungen in einem unabhängigen Polen geboren und aufgewachsen ist – erlebte an der Schwelle zur Reife das ungeheure Blutvergießen und die allgemeine Vernichtung der Werte. Diese Erlebnisse prägten sich den jungen Menschen in der Regel so tief ein, daß sie sich nie mehr ganz davon befreien konnten. Die literarischen Vertreter der »Kolumbus-Generation« kommen ständig auf den Krieg zurück und versuchen, ihr Leben ausgehend von den sie prägenden Ereignissen zu begreifen und zu ordnen. Lem gehört indessen zu den eher außergewöhnlichen Schriftstellern, die sich sehr rasch von dem, was die Literaturwissenschaftler als »Generationserlebnis« bezeichnen, abgewandt haben. Lediglich in einem ersten, umfangreichen Roman (*Czas nieutracony*, deutsch *Die Irrungen des Dr. Stefan T.* und *Das Hospital der Verklärung*) spielen die Szenerie und Problematik des Krieges eine Rolle, danach scheinen die Folgen jener Erlebnisse auf sein Schaffen keinen Einfluß mehr zu haben. Es wäre zwar ein voreiliger Schluß, Lem sei für die Probleme des Krieges und des Totalitarismus unempfänglich, doch muß er zumindest als ein untypischer »Kolumbus« gelten, dessen intellektuelle Biographie den gängigen Mustern zuwiderläuft.

Die Heimatstadt des Schriftstellers wurde jedoch vom Krieg nicht verschont, und er selbst entzog sich keineswegs den patriotischen Pflichten. Mitte September marschieren sowjetische Truppen in Lemberg ein, und die Ostgebiete Polens werden der Ukraine, Weißrußland und Litauen angeschlossen. Lem hat zu dieser Zeit das Gymnasium beendet und besucht das Lemberger Medizinische Institut. Sein Studium wird durch den Ausbruch des deutsch-sowjetischen Krieges und den Einmarsch einer neuen Besatzungsarmee ins östliche Galizien unterbrochen. Der künftige Schriftsteller muß die Studentenmütze gegen die Montur eines Mechanikers eintauschen. Gleichzeitig nimmt er wie viele seiner Altersgenossen Verbindung zur Widerstandsbewegung auf und erfüllt bestimmte Aufgaben, die ihm von der Untergrund-Organisation aufgetragen werden. 1943 muß er sich schließlich mit seiner Familie unter falschem Namen verstecken. Die Stimmung jener Jahre beschreibt er später im zweiten Teil von *Die nichtverlorene Zeit*, um danach nie wieder auf dieses Thema zurückzukommen. Die Erinnerung an die Kriegszeit bleibt in seinen Schriften gewissermaßen versteckt, meldet sich aber immer dann zu Wort, wenn er antimilitaristische und antitotalitäre Themen aufgreift. Es ist auch kein Zufall, daß in den großen wissenschaftlichen oder philosophischen Diskussionen, welche die Helden seiner Science-fiction-Romane bestreiten, das letzte Wort häufig jenen gehört, die den »Wahnsinn der Kultur« oder den »Wahnsinn der Wissenschaft« am eigenen Leib zu spüren bekamen: In der *Stimme des Herrn* gehört es Rappaport, im *Lokaltermin* dem Mäzen Finkelsztajn. Wenn wir heute sagen können, daß

Lem als Schriftsteller ungewöhnlich immun gegen die Kriegserlebnisse gewesen ist, daß sie also nicht zu seiner ständigen Obsession geworden sind, so haben diese Erlebnisse doch für immer sein Weltbild geprägt, seine gesellschaftlich-politischen Optionen beeinflußt, und ihr Einfluß ist überall dort spürbar, wo der Autor leidenschaftlich gegen Tyrannei und Machtmißbrauch Stellung nimmt.

Nach dem Ende des Krieges nimmt Lem 1944 das unterbrochene Studium am Lemberger Medizinischen Institut wieder auf. Doch da die Stadt Teil der Ukraine bleibt, besteigt die Familie Lem 1946 den Zug, der die Repatrianten nach Polen bringt, das in neuer territorialer Gestalt wiedererstanden ist. Während aber ihre Lemberger Mitbürger überwiegend bis nach Niederschlesien fuhren, um sich dort niederzulassen, steigen die Eltern des Schriftstellers vorher aus und wählen Krakau zu ihrem Wohnort, die einstige Hauptstadt Polens, die innerhalb der Provinz Galizien seit jeher mit Lemberg konkurrierte. Krakau und Lemberg ähneln sich ein bißchen, was die Größe, die alten Traditionen und die Schönheit der alten Gebäude betrifft. Hier setzt Lem an der Jagellonen-Universität das unterbrochene Medizinstudium fort, das er 1948 mit dem Absolutorium beendet; seine medizinisch-biologischen Neigungen bleiben lebendig und geben seinem literarischen Schaffen ein deutliches Gepräge, doch bald werden Aktivitäten auf einem anderen Gebiet für ihn bedeutsamer. Parallel zum Medizinstudium beginnt Lem am Seminar für Wissenschaftslehre der Krakauer Universität zu arbeiten.

Das war eine einzigartige Institution. Ihr Gründer und Leiter, Mieczysław Choynowski, als Gelehrter ein Original, lebte sich eher in Diskussionen und in organisatorischer Tätigkeit aus als in wissenschaftlichen Abhandlungen, und sein Seminar war für die damaligen Verhältnisse ziemlich unabhängig und ein Ort des freien Denkens. Kurz nach dem Krieg stand die Wissenschaft noch nicht so stark unter dem Druck ideologisch-politischer Verpflichtungen wie in den späteren Jahren, als der Stalinismus uneingeschränkt herrschte. Choynowskis Seminar, das um die Jahreswende 1948/49 geschlossen wurde, betrieb damals überaus interessante Forschungen, vor allem aber wurde es zu einer Schmiede junger Intellektueller. Lem schreibt darüber:

»Choynowski ließ mich eine Unmenge von philosophischer, logischer und psychologischer Literatur lesen, und das Seminar verwandelte sich in eine Verteilerzentrale für die Bücher, die damals aus dem Ausland für unsere Universitäten eintrafen. Ich ›entlieh‹ mir, was ich nur konnte, zum Beispiel Wieners *Kybernetik*, denn ich wohnte damals in der Śląska-Straße 3, und es waren nur neunzig Schritte bis zu seiner Wohnung, ich glaube, es war die Słowacki-Straße 66, an der Ecke, und dort war das ganze Seminar. Englisch las ich mit dem Wörterbuch, denn ich kannte diese Sprache überhaupt nicht, daher habe ich sie nur zu lesen, passiv aufzunehmen gelernt; ich spreche sie nicht, und gesprochen verstehe ich sie nicht. Das war ungefähr von 1946-47 bis Ende 1948 oder ein bißchen länger. Wir machten psychologische Tests unter den Medizinstudenten, was sich dann als eine große Sünde herausstellte und gestoppt wurde. Choynowski sagte schreckliche Dinge gegen die herrschende Mode, wofür er denn auch bezahlen mußte. Zufluchtsort ist vielleicht ein bißchen übertrieben als Bezeichnung für sein Seminar, aber auf jeden Fall habe ich unter seiner Obhut sehr viel gelernt.«[1]

In dem ruinierten und bald darauf für einige Jahre von der internationalen Wissenschaft abgeschnittenen Land hat Lem, wie man jetzt sieht, vielleicht den besten Platz gewählt. Geistig ungemein aufgeschlossen, offen für verschiedene Wissensgebiete, hat er oft heimlich die gerade ausgepackten Bücher nach Hause getragen und in ihnen gestöbert, ehe sie auf den Bibliotheksregalen landeten. Auf diese Weise wurde er, wie er heute sagt, möglicherweise zum ersten Leser der klassischen Arbeiten Wieners, von Neumanns und Morgensterns in Polen. Sie eröffneten der Wissenschaft neue Horizonte, enthielten zweifellos eine mächtige Portion Erkenntnis-Optimismus und bahnten den Weg für künftige Entdeckungen, die, wie man damals glaubte, das menschliche Wissen revolutionieren und Problemlösungen ermöglichen würden, von denen die Wissenschaftler sich bis dahin nichts hatten träumen lassen. Einiges von dieser Atmosphäre verstohlener und halbwegs privater Studien ist vielleicht in *Die nichtverlorene Zeit* eingeflossen, denn in der gleichen Weise lernt schließlich der Karol Wilk des Romans; auch er sucht – wie die Klassiker der Kybernetik – nach dem Universalschlüssel, der die Forschungsergebnisse verschiedener Fachgebiete auf einen Nenner zu bringen erlaubt. Gewiß hat auch *Das Hospital der Verklärung* manches den psychologischen Experimenten in Choynowskis Seminar zu verdanken. Der Weg, den Lem als Schriftsteller und Denker gegangen ist, wäre heute kaum zu verstehen, wenn wir seine wissenschaftlichen Initiationen nicht im Gedächtnis behalten.

Stellen wir uns einmal vor, Lem hätte damals, in den vierziger Jahren, ähnlich wie seine literarischen Kollegen eine »gewöhnliche« Schriftstellerkarriere begonnen. Das war nicht ausgeschlossen, denn neben populärwissenschaftlichen Artikeln schrieb der spätere Verfasser von *Solaris* in jener Zeit Gedichte »im Stile Rilkes«, die er in literarischen Zeitschriften veröffentlichte. Gleichzeitig arbeitete er an seinem ersten Roman, der wie die Werke seiner Altersgenossen die Kriegserlebnisse zum Thema hatte. Krakau war damals das Mekka der polnischen Schriftsteller, die den Kriegswirren mit heiler Haut entronnen waren. Hier entfaltete sich das literarische Leben am stärksten, hier debütierten junge Autoren, die in den folgenden Jahrzehnten eine führende Rolle in Künstlerkreisen spielen sollten. Lem hätte damals in dieses Milieu hineingeraten können, um dann an seinen Problemen teilzuhaben, doch das geschah nicht. Überlegen wir uns, woran das gelegen hat und welche Konsequenzen das hatte.

Was hieß es, in den vierziger Jahren in Polen ein Schriftsteller zu sein? Sicherlich bedeutete es vor allem, die Wunden zu heilen, die Krieg und Besatzung den humanistischen Werten und Idealen geschlagen hatten. Das damalige literarische Schaffen wird treffend durch eine seiner Tendenzen charakterisiert, die man als Abrechnungsliteratur der Intellektuellen bezeichnet, waren es doch vor allem Intellektuelle, die nach dem Krieg Gewissenserforschung betrieben. Sie taten das für sich selbst und zugleich für die gesamte Kultur, aus der sie hervorgegangen waren, für jene Kultur, die sich im Konflikt mit dem verbrecherischen Hitlerfaschismus so hilflos gezeigt hatte. Das Polen der vierziger Jahre ist ein nicht nur physisch, sondern auch geistig ruiniertes Land, und das heißt: Alle sind sich mehr oder weniger darüber im klaren, daß es in der heraufziehenden Epoche nicht mehr möglich sein wird, nach den Mustern der Vorkriegszeit zu leben und zu denken.

In dieser Situation beginnt die polnische Intelligenz ihren Flirt mit dem Marxismus – natürlich nicht die gesamte Intelligenz, denn neben den Marxisten haben damals noch die katholischen Kreise eine starke Stellung, doch bleiben sie eher in der Defensive. Tonangebend in den Diskussionen jener Zeit sind junge Marxisten aus dem Umkreis der Zeitschrift »Kuźnica«, aber auch linksliberale Kreise können sich der Faszination des Marxismus nicht entziehen. Man darf heute natürlich nicht den Einfluß unterschätzen, den die nackte physische, militärische Gewalt, mittels derer sich die neuen Machthaber in Polen installierten, auf die intellektuellen Kreise gehabt hat. Diejenigen, die 1939 den Einmarsch sowjetischer Truppen in die Ostgebiete der polnischen Republik erlebt hatten, betrachteten die Offensive der neuen Ideologie, die jetzt weitere Gebiete unter ihre Botmäßigkeit brachte, mit einem Gefühl des geschichtlichen Fatalismus. Ein solches Bewußtsein war den intellektuellen Kreisen auch im Westen Europas damals nicht fremd. Der polnische Intellektuelle, vor dem Krieg mit entlegenen Problemen befaßt und unvorbereitet auf die Katastrophen, die bald über ihn hereinbrechen sollten, übt jetzt bereitwillig Selbstkritik, spricht sich mit einer masochistischen Lust selbst die Fähigkeit ab, die Welt richtig zu beurteilen, und blickt voll Respekt und Hoffnung auf die vielbändigen gesammelten Werke von Marx und Lenin, die ihm, wie er glaubt, nun die Augen für die Wirklichkeit öffnen werden. So konnte es leicht geschehen, daß man der hypnotischen Kraft der neuen Ideologie erlag, daß man seine intellektuell-kritische Haltung eintauschte gegen die Demut eines Gläubigen – und das war bei vielen polnischen Intellektuellen der Nachkriegsjahre tatsächlich der Fall. Czesław Miłosz hat diesen Prozeß in seinem berühmten, bereits in der Emigration veröffentlichten Buch *Verführtes Denken*[2] hervorragend beschrieben. Andere verschanzten sich in konservativen Positionen, wieder andere versuchten, aus der entstandenen Situation zynisch den größten Vorteil für sich zu ziehen, und nur wenigen war daran gelegen, sich mit dem neuen philosophischen Glauben in offener Diskussion zu messen, obwohl eine solche Diskussion in den Jahren 1945-1948 – wenn auch in beschränkter Form – noch möglich war. Ich spreche hier natürlich nicht von der Generation der blutjungen enthusiastischen Anhänger des Kommunismus, die in der unmittelbaren Folgezeit den Kader der neuen Intelligenz bilden, aber ihrerseits ein wenig später reif werden sollten.

Versuchen wir, Lem seinen Platz innerhalb dieses Chors zuzuweisen. Zweifellos gehörte er zu den fortschrittlichen, mit der Linken sympathisierenden Atheisten, was eine gewisse Distanz zu katholischen Kreisen schuf (wenngleich er seine Gedichte in der Wochenzeitung »Tygodnik Powszechny« veröffentlichte, seit vierzig Jahren das Hauptorgan der katholischen Intelligenz Polens). Zugleich verlief sein Abenteuer mit dem Marxismus anders als bei seinen Altersgenossen. Diese gingen gleichsam ohne einen eigenen Beitrag an das Unternehmen »Kommunismus« heran. Der Tradition, der überkommenen Einstellungen und Ansichten überdrüssig, nahmen sie den Marxismus wie eine Offenbarung auf. Von den Kritikern wird diese Generation blutjunger und entsetzlich ungebildeter Fanatiker, die einige Jahre nach den »Kolumbussen« die Literaturszene betreten, später als die »Generation der Pickligen« bezeichnet.[3] Auch Lem war ein sehr junger Debütant, doch mangelte es ihm nicht an einem gewichtigen geistigen Kapital. Dieses Kapital – und das ist eigenartig – hat keinerlei Abwertung erlitten; es bestand natürlich in den wissenschaftlichen Kenntnissen, die er sich angelesen hatte; auf sie stützte sich Lems Weltanschauung, die man mit einer gewissen Vereinfachung als »wissenschaftliche Weltanschauung« bezeichnen könnte.

Nun nahm auch der Marxismus für sich in Anspruch, eine wissenschaftliche Weltanschauung zu sein, die mit beiden Beinen in der empirischen Wirklichkeit steht und ein ehrliches Verhältnis zu den Tatsachen hat. Programmatische Äußerungen von Verfechtern der neuen Ideen mochten durch eine gewisse Primitivität und durch ihre Vereinfachungen unangenehm auffallen, doch war das verständlich: Die Masse der Bevölkerung zeichnete sich auch nicht gerade durch besonderes Raffinement aus. Vielleicht war es zunächst geboten, das Analphabetentum zu beseitigen und die Menschen an rationales Denken zu gewöhnen; erst danach sollte man sich daran machen, die Grundlagen des Systems zu kritisieren. Die Kommunisten versprachen Gerechtigkeit, sozialen Frieden und eine langjährige umfassende Bildungskampagne. Es gab keinen Grund, sich gegen sie zu stellen. Unter den Vertretern der exakten Wissenschaften regten sich noch Überreste der positivistischen Illusion, daß eine aufgeklärte Gesellschaft zugleich in ihrem Handeln friedlich, moralisch und rational sein werde; wenn die marxistischen Ideologen alle zum Lernen aufforderten, durfte man sich in dem Glauben wiegen, ihre Visionen eines allgemeinen Glücks würden sich quasi automatisch verwirklichen. Das waren in etwa die Grundlagen der Zustimmung und der vorsichtigen Unterstützung, die dem Kommunismus in Polen durch Menschen aus jenen Kreisen zuteil wurde, in denen der junge Assistent am Seminar für Wissenschaftslehre verkehrte. Bald wurde die politische Lage jedoch erheblich komplizierter.

In den Jahren 1948 und 1949 werden in Polen die politischen Freiheiten Schritt für Schritt eingeschränkt, unabhängige Institutionen und oppositionelle Parteien liquidiert, die öffentlich geäußerten Meinungen gleichgeschaltet. Das System der liberalen Handhabung der Macht, charakteristisch für die erste Phase der kommunistischen Herrschaft, macht eine rasche Wandlung durch und gleicht sich dem stalinistischen Modell an, das für einige Jahre zum zwingenden Vorbild für die frisch dem sozialistischen Lager einverleibten Staaten wird. In der Propaganda und in den Sozialwissenschaften setzt sich eine vulgarisierte, dogmatische Spielart des Marxismus durch, und der Literatur wird das starre Korsett der Prinzipien des sozialistischen Realismus aufgezwungen. Der »Sozrealismus« verlangte, Produktionserfolge zu besingen, neue Helden der Arbeit und des Kampfes zu kreieren, alle Erscheinungen im Sinne der ideologischen Prinzipien und der »wissenschaftlichen Gesetze der gesellschaftlichen Entwicklung« zu erklären, Haß gegen den Klassenfeind zu wecken und die »einzig richtigen« Richtlinien der jeweiligen Parteiführung zu propagieren.

Diese Doktrin unterwarf das Schreiben dermaßen engen Reglementierungen, daß die Prosa der jungen Autoren bald jegliche Individualität einbüßte. Alle schrieben in der gleichen Weise über ein und dasselbe. Schon bei oberflächlicher Kenntnis der Regeln des literarischen Spiels war die Auflösung der Handlungen unschwer vorherzusagen: So schlossen sich die Bauern zu Produktionsgenossenschaften zusammen (die einheimische Bezeichnung für Kolchosen), die Arbeiter erlangten Klassenbewußtsein und entledigten sich der Feinde und Diversanten in ihren Reihen, die Schlote rauchten immer munterer, und die durch gemeinsame Anstrengungen und gemeinsamen Kampf zusammengeschweißten Arbeitskollektive widmeten sich leidenschaftlich der Realisierung der ihnen auferlegten Aufgaben. Es genügte fast, einen einzigen Roman zu kennen, und man kannte alle anderen. Die schematischen Handlungen unterschieden sich nur in der äußeren Ausstaffierung.

Unter diesen Verhältnissen stieg Lem in die Literatur ein. Sein Einstieg war aber wiederum nicht ganz typisch, und es läßt sich leicht zeigen, daß ihm zwei verschiedene Wege der schriftstellerischen Entwicklung offenstanden. Er hätte – wenn wir dieses Motiv noch einmal aufnehmen dürfen – wie der typische debütierende Schriftsteller jener Zeit beginnen können. Ein solcher statistischer Debütant schrieb zunächst ein Buch über die Kriegserlebnisse (Tadeusz Konwicki: *Rojsty*, Kazimierz Brandys: *Miasto niepokonane*, Wilhelm Mach: *Rdza*, Tadeusz Borowski: *Pozegnanie z Marią*, *Die steinerne Welt*), erlag dann jedoch den Pressionen der Kulturpolitik und trat mit einem Buch hervor, das den sozrealistischen Schemata entsprach (Konwicki: *Przy budowie*, *Władza*, Brandys: *Obywatele*, Mach: *Jaworowy dom*, Borowski: *Opowiadania zu ksiązek i gazet*). Bisweilen – so im Falle von Konwikkis *Rojsty*, einem Roman, der die Geschichte des antikommunistischen Partisanenkampfes in Litauen unmittelbar nach Kriegsende schildert – erwies sich das Thema eines Buches als allzu heikel, und die Zensur erlaubte nicht, daß es gedruckt wurde. Ähnliche Abenteuer hat auch Lem zu verzeichnen: Sein schon erwähnter Erstlingsroman *Das Hospital der Verklärung* konnte Ende der vierziger Jahre nicht erscheinen, und so versuchte er, ihn für den staatlichen Verlag bekömmlicher zu machen, indem er zwei Fortsetzungen dazu verfaßte, die mit ihrer Handlung nur recht lose an den ersten Teil anknüpfen. Wir können heute feststellen, wie der Autor sich fortschreitend den damaligen politischen Forderungen anpaßt, um sich im letzten Teil des Werkes weitgehend den geltenden Schemata zu unterwerfen. Selbst der solchermaßen zurechtgemachte Roman konnte (unter dem Titel *Die nichtverlorene Zeit*) erst nach Stalins Tod erscheinen, in einer Periode gewisser Lockerungen der starren Vorschriften der herrschenden Doktrin.

Lem hätte also einer der Lobsänger der Gegenwart werden können, um dann – wie seine Kollegen – erneut einen weltanschaulichen Umbruch durchzumachen, in weiteren gegenwartsbezogenen Romanen mit der Hinterlassenschaft des Stalinismus abzurechnen und über diesen hinweg einen Dialog mit dem persönlichen Erbe zu führen, das ihn geformt hatte. Dieses Motiv macht sich bei Lem recht schwach bemerkbar (wenn man die in der Konvention der Science-fiction geschriebenen satirischen Allegorien nicht berücksichtigt). Abrechnung mit dem Stalinismus hält er in den essayistischen *Dialogen*, auf die Kindheitserlebnisse kommt er zurück in dem autobiographischen *Hohen Schloß*. Der Hauptstrom seines Schaffens fließt aber damals schon in eine andere Richtung.

Wenden wir uns nun dem zweiten Debüt Lems und dem zweiten, anderen Weg zu, auf dem er parallel in die Literatur hineinzukommen versucht. Das Kattowitzer Wochenblatt »Nowy świat przygód« (»Neue Welt des Abenteuers«) veröffentlicht 1946 in Ausschnitten einen Roman Lems mit dem Titel *Człowiek z Marsa* (»Der Mensch vom Mars«). Sowohl der Roman wie das Wochenblatt sind heute völlig vergessen; selbst die älteste und bedeutendste Bibliothek Polens, die Jagellonen-Bibliothek in Krakau, verfügt nicht über Jahrgänge dieser ephemeren Zeitschrift. Sie war im Grunde ein Kind der kurzen Nachkriegsphase verlegerischer Freiheit. Damals entstand eine ganze Reihe von privaten und genossenschaftlichen Verlagen sowie von Verlagsinitiativen, die erst einige Jahre später zwangsweise vom zentralistischen, staatlich kontrollierten Verlagswesen aufgesogen wurden. Zu diesen Initiativen gehörte die genannte Kattowitzer Zeitschrift, die für das jugendliche Massenpublikum gedacht war. Lem dringt also nicht nur durch die Vordertür in das Gebäude der Literatur ein, sondern versucht gleichzeitig, von der Küche aus hineinzugelangen.

Ein abenteuerlich-sensationeller Science-fiction-Roman für die Jugend – wie weit war der Entschluß, ein solches Werk zu schreiben, auf eine Leidenschaft für die wissenschaftliche Erkundung des Kosmos und wie weit auf einen noch kindhaften Hang zum Erfinden phantastischer Fabeln zurückzuführen? Wir werden es nicht mehr klären können. Der Autor hat den Roman der Vergessenheit überantwortet und besitzt, wie er sagt, nicht einmal mehr ein Exemplar davon. Andrzej Stoff, der eine Monographie über Lems Romane verfaßt hat, behauptet indes, der »Mensch vom Mars« enthalte interessante Ideen, die eine gewisse Verbindung zu all den späteren Werken herstellen, in denen der Autor sich skeptisch zur Möglichkeit von Kontakten mit einer außerirdischen Zivilisation äußert.[4] Eine abenteuerliche Handlung geht also schon zu Beginn des Lemschen SF-Schaffens mit ernsteren Reflexionen Hand in Hand. Das genügte natürlich keineswegs, um dem Roman den Zugang zu den literarischen Salons zu sichern, denn der Entschluß, sich dem Schreiben von wissenschaftlicher Phantastik zu widmen, verhieß im Polen der vierziger Jahre nicht nur keine Aufstiegschancen in den literarischen Hierarchien, sondern galt geradezu als Marotte.

Die polnische Science-fiction besaß damals in Polen eine recht schwache Tradition, und mögen die Historiker dieser Gattung heute auch auf Dutzende älterer, in der Konvention der wissenschaftlichen Phantastik geschriebener Werke verweisen können[5], die sie dem Vergessen entrissen haben, so kam doch die SF als ein bedeutendes Element des literarischen Lebens im allgemeinen Bewußtsein praktisch nicht vor. Weitere Werke Lems: *Plan anti-V* (»Der Anti-V-Plan«), *Koniec świata ósmej* (»Weltuntergang um acht«), *Trust twoich marzeń* (»Der Trust deiner Träume«) und *Historia o wysokim napięciu* (»Geschichte mit Hochspannung«) erscheinen in den Jahren 1947-48 in der Zeitschrift »Co tydzień powieść« (»Der wöchentliche Roman«), ein gewisses Indiz dafür, daß der Autor (und auch die Verleger) Werke dieser Gattung nicht sonderlich ernst genommen haben können. Wie hätte es auch anders sein können? Für die polnische Tradition spielten Werke dieser Art zumeist eine marginale Rolle in der Literatur. Eine Aufwertung erfahren die phantastischen Werke Lems paradoxerweise in der Zeit der offiziellen Herrschaft des sozialistischen Realismus.

In dieser Zeit wird unter Schmerzen sein erster Gegenwartsroman geboren, und er erfährt die obligatorischen Abänderungen, da er im Sieb der kleinlichen Normen hängenbleibt, wohingegen die Science-fiction dem Autor einen weit größeren Freiraum läßt. Natürlich muß er auch hier dem Kaiser geben, was des Kaisers ist, aber er kann das gewissermaßen am Rande der eigentlichen Thematik erledigen. Diese läßt der Phantasie des Autors ungleich größere Entfaltungsmöglichkeiten, und sie erlaubt ihm ferner, indirekt so manche äußerst unorthodoxe These zu formulieren.

Versuchen wir die Bedingungen zu bestimmen, unter denen es zu dem eigentümlichen Frieden zwischen Lem und dem sozialistischen Realismus kam. Lem gehörte zu der intellektuellen Strömung der sogenannten »Szientisten« und knüpfte an den Kommunismus die Hoffnung, er werde die wissenschaftliche Weltanschauung in der Gesellschaft festigen. Heute sagt Lem, ihm sei von Anfang an die Primitivität der stalinistischen Ideologie bewußt gewesen und deshalb habe er die Direktiven der sozrealistischen Doktrin für den schöpferischen Künstler selektiv angewandt. Die Wahl einer phantastischen Thematik befreite ihn bis zu einem gewissen Grad von unmittelbar politischen Verbindlichkeiten, enthob ihn der Pflicht, sich mit den Themen der Produktion, der Reifung des Klassenbewußtseins der Fabrikarbeiter, der Kollektivierung der Landwirtschaft, des Kampfes gegen den antikommunistischen Untergrund usw. zu befassen. In seinen Zukunftsvisionen behandelte er diese Probleme als definitiv gelöst. Zu seinem Hauptgegner machte er stattdessen den Imperialismus und Militarismus – als Kräfte, welche die Wissenschaft für menschenfeindliche Ziele einspannen wollen. Zum Gegenstand kompromißloser Kritik und bissigen Spotts werden deshalb die Vereinigten Staaten, die zu jener Zeit die finstere Periode des McCarthyismus erleben. Hinzu kommen die antiklerikale Satire und Ausfälle gegen gefräßige Industriekonzerne. Kurz, Lem geht bei seinen Kampagnen nicht grundsätzlich über das Repertoire hinaus, das man bei den linken Kritikern des Kapitalismus und der »Reaktion« in der Zwischenkriegszeit oder bei den mit dem Kommunismus sympathisierenden westlichen Intellektuellen in den vierziger Jahren antraf. Vielleicht sind die Gestalten, die er zeichnet, nur ein wenig karikaturhafter und schematischer. In diesem Geiste sind die Erzählungen aus dem Zyklus *Sezam* (»Sesam«) und das unter Mitwirkung von Roman Hussarski entstandene Theaterstück *Jacht Paradise* (»Die Yacht Paradise«) geschrieben. In der »zukunftsgerichteten« Phantastik – etwa in den *Astronauten* oder in *Gast im Weltraum* – kommt der Imperialismus nur noch als ein Alptraum aus einer unwiderruflich vergangenen Epoche vor. Wir erkennen ihn im Bilde der selbstmörderisch endenden Zivilisation der Venusianer (*Die Astronauten*), und in *Gast im Weltraum* erschreckt er uns in Gestalt des leblos in der interstellaren Leere treibenden Satelliten, an dessen Bord man Atomwaffen entdeckt.

Schauen wir nun, was Lem unter dem Deckmantel der phantastischen Fabeln an Konterbande befördert. Er nutzt die Gelegenheit vor allem dazu, den Lesern die Zukunftsmöglichkeiten der Kybernetik zu schildern. Diese Bezeichnung durfte damals nicht im positiven Sinne verwendet werden, war diese Disziplin doch für das sowjetische philosophische Wörterbuch, das in jenen Jahren auch in Polen verlegt wurde, eine »bürgerliche Pseudowissenschaft«. Deshalb benutzt Lem findige terminologische Tarnungen, und so gelingt es ihm dennoch, in *Sezam* und in den beiden Romanen einen Eindruck von den Perspektiven zu vermitteln, die sich vor der modernen Computertechnik, der Informations- und der Steuerungstheorie auftun. Die Lektüre aus der Zeit der Arbeit am Seminar für Wissenschaftslehre ist demnach nicht fruchtlos geblieben. Interessant ist auch, wie sich in *Gast im Weltraum* und in den *Astronauten* die Zukunft der menschlichen Gesellschaft darstellt. Nach einer Verherrlichung der Partei und ihrer führenden Rolle sucht man dort vergeblich. Faktisch üben die Wissenschaftler und Fachleute aus verschiedenen Bereichen die Kontrolle über die Welt aus, und mit dem politischen Zentrum der geeinten Menschheit befaßt sich der Autor eigentlich nur am Rande.

In *Gast im Weltraum* gibt es zwar häufig Versammlungen, bei denen die Besatzung des Raumschiffs über die Angelegenheiten der kleinen Gemeinschaft berät, doch hat die Atmosphäre dieser Meetings kaum etwas mit den klassischen »Vollversammlungen« gemein, wie man sie aus den Produktionsromanen kennt. Hier diskutieren ganz einfach Fachleute miteinander, und die Führungsrolle kommt nicht von Amts wegen den Parteiaktivisten oder den Ignoranten mit makelloser Klassenherkunft zu, sondern jenen, die einen Funken Genialität beziehungsweise ein Gespür für wahre Humanität besitzen.

Von den Wächtern der sozrealistischen Doktrin zur Rede gestellt, hätte Lem sich gewiß unbeschadet aus der Schlinge gezogen, denn schließlich enthält die Vision einer von Wissenschaftlern geführten Gesellschaft keinen Widerspruch zur amtlich verkündeten Idee der »wissenschaftlichen Weltanschauung«. Der Autor nahm ganz einfach wörtlich, was Marx vorausgesagt hatte: daß die staatlichen Institutionen allmählich absterben würden, daß an die Stelle der Ideologie das exakte Wissen und an die Stelle der Klassen die Vereinigung der Produzenten treten würde. Indem er die Handlung in eine ferne Zukunft verlegte, entzog er sich den tagespolitischen Forderungen an die Autoren.

Der Frieden zwischen dem Autor und dem Sozrealismus ist nicht von langer Dauer. Schon in den ersten »Reisen« aus dem Zyklus der *Sterntagebücher*, die in dem Band *Sezam* abgedruckt wurden, kann man – neben antiamerikanischen und antiklerikalen – eine weitere Satire finden, deren politische Zielrichtung nicht eindeutig ist. Das traurige Los des Planeten der Indioten (»Vierundzwanzigste Reise«), die beschlossen hatten, die Organisation der »idealen Gesellschaftsordnung« einer Denkmaschine zu übertragen, ließ sich selbstverständlich als ein Hohn auf die bürgerliche Demokratie deuten (es gibt Konflikte zwischen dem Proletariat und den besitzenden Klassen und zudem spöttische Äußerungen über die Ideale der unbeschränkten Freiheit des Individuums), und so hat sicherlich der Zensor die Erzählung verstanden, als er ihr sein Imprimatur erteilte. Heute neigen wir jedoch dazu, in ihr einen Text des »Tauwetters« oder der »Abrechnung« zu sehen; die Geschichte von einer Gesellschaft, deren Leben apodiktisch von oben herab gestaltet wird, richtet sich gegen jegliche Ideologie, die sich anmaßt, die Welt nach abstrakten Programmen zu verändern. Und ich kenne keinen beißenderen Spott auf gesellschaftliche Utopien – gleichgültig, ob sie von rechts oder von links kommen – als die abschließende Vision, in der Automaten die Bewohner des Planeten, in standardisierte Scheiben verwandelt, auf dem freien Feld zu Mustern auslegen.

Die »Vierundzwanzigste Reise« deutet auf eine bevorstehende Weiterentwicklung der Ansichten Lems hin, der bald darauf in den *Dialogen* eine treffende Kritik am stalinistischen Herrschaftsmodell übt und in den nach und nach entstehenden weiteren Reisen Ijon Tichys mit der allegorischen Beschreibung des Planeten Pinta (»Dreizehnte Reise«)[6] ebenfalls den Stalinismus verhöhnt. Verweilen wir hier für einen Augenblick, um genauer zu bestimmen, was die Zäsur des Jahres 1956 für die intellektuelle Biographie unseres Autors bedeutet. Seine Kollegen brachten ab 1955 ebenfalls »Abrechnungs«werke heraus und exorzisierten die Gespenster der zurückliegenden Epoche (Brandys: *Die Verteidigung des Granada*, *Die Mutter der Könige*, Andrzejewski: *Der goldene Fuchs*, *Das große Lamento des papierenen Kopfes*, *Finsternis bedeckt die Erde*, Wazyk: *Ein Gedicht für Erwachsene*), und so durfte auch Lem auf die jüngste Vergangenheit zurückkommen, die ihm bei seinem literarischen Start soviele Schwierigkeiten bereitet hatte. Dazu kam es indessen nicht. Es zeigte sich, daß die Science-fiction-Thematik, die er anfangs ohne größeres (ideelles) Engagement aufgegriffen hatte und die ihm in der Folgezeit erlaubt hatte, sich den kleinlichen Vorschriften der sozrealistischen Poetik teilweise zu entziehen, doch so attraktiv war, daß er ihr hinfort treu blieb. Immerhin steckte in den »stalinistischen« SF-Werken Lems etwas wirklich Authentisches, das entfaltet beziehungsweise kritisiert sein wollte (sie gehören nicht zufällig zu der Handvoll von Werken aus jener Zeit, die in der Erinnerung der Leser überdauert haben und heute noch gelesen werden). Wie dieser Dialog sich in den einzelnen Büchern realisierte, werden wir unten schildern; vorläufig wollen wir uns mit der geistigen Wende befassen, die der Verfasser der *Astronauten* damals erlebte.

Was den Stalinismus betrifft, so *glaubte* Lem nicht an ihn, sondern er versuchte vielmehr, dessen Direktiven mit seiner eigenen, durch wissenschaftliche Lektüre geformten Weltanschauung *in Einklang zu bringen*. Deshalb enthielten seine Werke aus der ersten Hälfte der fünfziger Jahre Themen, die er erst jetzt entfalten, zu denen er erst jetzt unverblümt seine Meinung sagen konnte. Ich denke hier an das Motiv der Kybernetik und ihrer Möglichkeiten in der künftigen Entwicklung der Menschheit; die *Dialoge* setzen lediglich fort, was in einfacherer und verschleierter Form schon früher vorhanden gewesen war. Gleiches gilt für die Fortschritte der Technik und ihren Einfluß auf die künftige Gestalt der Gesellschaft und des Menschen. *Gast im Weltraum* ist ein bisweilen naiver Versuch, sich mit einem Problem auseinanderzusetzen, das für Lem stets aktuell bleibt, mit der Frage nämlich, was die Gattung Mensch ausmacht und was ungeachtet der Fortschritte der die menschliche Lebenswelt verändernden Technik eine Invariante dieser Spezies bleiben sollte.

Es gibt jedoch in den ersten SF-Werken Lems auch solche Inhalte, die zwar mit dem Geschichtsoptimismus der marxistischen Gesellschaftsideologie im Einklang stehen, aber dennoch aus anderen, mehr persönlichen Überzeugungen des Autors entsprangen. Ich denke hier an die strahlende Zukunftsvision einer von vernünftigen Gesetzen und Institutionen regierten Menschheit, die frei ist von Klassenantagonismen und politischen Widersprüchen. Benennen wir es mit einem Wort: Lem errichtet eine gesellschaftlich-technologische *Utopie*, indem er seinen Helden zahllose Schwierigkeiten, die uns modernen Menschen so zu schaffen machen, aus dem Wege räumt. Derartige Visionen sind nicht nur für die Romane des sozialistischen Realismus, sondern auch für die gesamte Strömung innerhalb der SF-Literatur bezeichnend, die an einen bedingungslosen Fortschritt glaubte und zudem meinte, dieser (wissenschaftliche, technologische) Fortschritt werde automatisch die Menschen glücklich machen und die allgemeine Moral heben. Das Abrechnungsmotiv ist daher in Lems Prosa von etwas komplizierterer Natur als bei seinen Schriftstellerkollegen. Sie verwarfen eine Ideologie, an die sie geglaubt hatten und in der sie jetzt etwas Fremdes, von außen Aufgezwungenes sahen; Lem rechnet auch mit den Illusionen ab, die ein integraler Bestandteil seiner eigenen Vision der gesellschaftlichen Welt gewesen waren. Dabei bleibt er aber seiner bisherigen wissenschaftlichen Weltanschauung treu. Vielleicht hat er auch deshalb die Science Fiction nicht aufgegeben, weil er es für notwendig hielt, die Auseinandersetzung mit den Irrtümern des Szientismus auf dem gleichen Felde wie zuvor fortzuführen.

Mit dem polnischen Oktober (dem Umbruch vom Oktober

1956; Anm. d. Ü.) beginnt also für Lem ein neuer Abschnitt, die Phase der reifen Reflexion. Es ist vielleicht kein Zufall, daß die essayistischen *Dialoge* das erste Buch sind, das er in jener Zeit veröffentlicht. Lem möchte kein stereotyper Science-fiction-Schriftsteller sein, er hat ernstere Aufgaben im Sinn, als das Publikum mit phantastischen Fabeln zu unterhalten. Genauer gesagt, er unterhält gern, aber immer geht es um ein seriöses Vergnügen, um ein kognitives Spiel, von dessen Bedeutsamkeit der Durchschnittsleser oft nichts ahnt. Erst wenn wir untersuchen, wieviele scheinbar absonderliche, groteske Einfälle in den wissenschaftlichen Essays eine nachträgliche Bearbeitung erfahren, wird uns in Umrissen das intellektuelle Vorhaben des Autors deutlich. Merkwürdig, daß seine Schriften erst jetzt, wo die Forderung der Doktrin, sie hätten »politisch« zu sein, nicht mehr für sie verbindlich ist, einen ernstlich politischen Charakter annehmen. Der Autor wendet sich, mit anderen Worten, wieder jenen Problemen zu, die er früher (scheinbar) gelöst und aus dem Bereich der ihn interessierenden Fragen verbannt hatte. An die Stelle der *Utopie* tritt bei Lem die *Kritik am Utopismus* als eine Methode des literarischen Herangehens an gesellschaftliche Probleme.

Die Utopie tritt traditionell bekanntlich in zwei Gestalten auf: sie kann strahlend oder finster, positiv oder negativ sein. Während die erstere Spielart eher für die Science-fiction bezeichnend war, die innerhalb des »sozialistischen Lagers« entstand, hatte die letztere mehr Erfolg im Westen. Lem verwirft im Grunde beide Lösungen, was aber nicht heißt, daß er sich nicht der literarischen *Konvention* des Utopismus bediente. In der Regel beschworen, um für ein Pastiche herzuhalten, erfüllt die Konvention hier jedoch andere Aufgaben, und an die Science-Fiction stellt der Autor die Forderung, regelrecht der Erkenntnis zu dienen. Hören wir, was er darüber in *Phantastik und Futurologie* sagt:

»Ich glaube, man könnte das Problem der Zukunft der Menschheit eindeutig so formulieren: (...) Die Welt ist zwar keine materielle Maschine zur Produktion von ungeheuren Mengen Menschenglücks, sie ist aber auch nicht das Werk Satans, in böser Absicht so programmiert, daß die Menschen, andere Menschen quälend, weder als Opfer noch als Henker dem Tretrad der Pein entkommen können. Man soll keinerlei Zensurverbote gegen die literarischen Extreme – die ›angelologische Utopie‹ und die ›satanische Dystopie‹ – erlassen. Aber sie sollten doch die zwei entgegengesetzten Enden eines Raumes bilden, der zu einer weniger einseitigen Bauarbeit auffordert. (...) Man sollte daher, statt auf einer bloß moralischen Ebene Fragen zu stellen und Gedankenexperimente zu veranstalten, Empiriker werden und Welten aufbauen, die platterdings konstruierbar sind, die nach allem, was wir an soliden Erkenntnissen besitzen, möglich sind, die zumindest eine wenn auch noch so geringe Chance der Verwirklichung haben. Hier drängt sich dann der Gedanke auf, Methoden der kybernetischen Modellbildung in unseren Themenbereich einzuführen. Es wird einmal möglich sein, die verschiedensten Arten zwischenmenschlicher Beziehungen, die unterschiedlichsten Strukturtypen der menschlichen Gemeinschaft zu analysieren, nachdem man die Ausgangspositionen für ein Programm der modellhaften Sozioevolution festgelegt hat, man wird die in der Maschine entstehenden Prozesse der Selbstorganisation, die soziostatischen und soziolytischen Tendenzen beobachten können, um herauszufinden, welcher Art die Gleichgewichtszustände sind, man wird die kritischen Punkte der soziodynamischen Übergänge finden, die eine Formation von der anderen trennen, die Trajektorien solcher modellhaft dargestellten Gesellschaften unter den verschiedensten Aspekten analysieren, solcherart die pseudogesellschaftlichen Organismen dem Wirken verschiedener Faktoren aussetzen, die ihr Gleichgewicht stören, sich also nicht existierende Erfindungen und Entdeckungen ausdenken, nach den Folgen ihrer allgemeinen Anwendung forschen usw. (...)

Es ist gerade für die Science-fiction ungemein charakteristisch, daß ihr die phantastische Vorstellung von einem solchen rational-experimentellen Herangehen an soziale Phänomene bislang fremd geblieben ist.»[7]

Dies ist abgekürzt das literarische Credo Lems. Es ist zugleich ein eigentümliches ideologisches Credo, denn aus der Forderung nach erkenntnisorientierten Experimenten läßt sich ja folgern, daß der Autor tatsächlich erwartet, mit seinen Schriften die für die menschliche Gattung wesentlichen Probleme zu formulieren und vielleicht sogar zu lösen; er knüpft somit an jene Tradition an, die der Literatur gewichtige gesellschaftliche Funktionen zuweist. In Polen kam der Literatur seit Jahrhunderten eine solche Rolle zu, wenngleich zuzugeben ist, daß ihr nicht überall auf der Welt so ernste Probleme aufgebürdet wurden wie hier. Wenn Lem sich voll Abscheu von der im Westen so populären kommerziellen Science-fiction abwendet, so darf man in dieser Geste ebenfalls eine Äußerung der spezifisch polnischen Haltung zur Literatur sehen, die in diesem Lande seit jeher ein Unternehmen von fundamentalem Gewicht und von hoher gesellschaftlicher Bedeutung ist. Er füllt deshalb die zwei dickleibigen Bände von *Phantastik und Futurologie* mit scharfer Kritik an einer bloß unterhaltenden, konventionellen Phantastik, die keinerlei Erkenntnis bringt. So gesehen, kann man Lems eigenes Werk als ein futurologisches und – in einem allgemeineren Sinne – philosophisches Experiment lesen (denn die wirkliche Futurologie ist ungemein eng mit der Philosophie verflochten).

Als ich daran ging, Lems Biographie zu verfassen, mußte ich rasch feststellen, daß sie keine Motive enthält, die aus ihr eine typische *vie romancée* hätten machen können. Der Autor von *Solaris* hatte sich in Krakau niedergelassen, das er seither nicht mehr für längere Zeit verlassen hat, und was seine Helden an Abenteuern erleben, hat er durch ein geordnetes Leben wettgemacht. Das nicht sehr große Haus, das er in der Krakauer Vorstadtsiedlung Kliny bewohnt, hat sich unterdessen nach und nach mit den Autorenexemplaren der fremdsprachigen Ausgaben seiner Bücher gefüllt. Und das ist eines der Abenteuer, die einem in der polnischen Literatur nur selten begegnen. Diese hermetische, in ihre eigenen Probleme und Motive eingesperrte und Ausländer durch sprachliche Schwierigkeiten ausschließende Literatur ist in der Welt kaum bekannt, und selbst ihre größten Meister in diesem Jahrhundert – Witkiewicz, Schulz, Gombrowicz und Miłosz – werden im Ausland vornehmlich von Kreisen gelesen, die eine entsprechende Fachausbildung besitzen. Lem ist ein Kunststück gelungen, das keiner (vielleicht mit Ausnahme von Sieńkiewicz) geschafft hat: einen breiten Leserkreis zu erobern. Seit den sechziger Jahren erlangen seine Bücher einen immer größeren Bekanntheitsgrad, und der Autor selbst lernt durch Einladungen zu internationalen Kongressen, Lesungen und Vorträgen die Freuden des Ruhms und der Ehre kennen. Ausländische Reporter fotografieren ihn gern, wie er mit dem Einkaufsnetz nach Brot oder Butter Schlange steht, denn zwischen der Kühnheit seiner kosmischen und technologischen Visionen und dem Lebensalltag in dem von Krisen geschüttelten Land besteht ein beträchtliches Mißverhältnis. Aber selbst aus solchen Kontrasten zieht der Schriftsteller noch einen Gewinn: Er hat nie die Distanz zu den Bildern des technologischen Zukunftsparadieses verloren, und die welterschütternden Neigungen des visionären Geistes hat er kompensiert durch die Ironie des Außenseiters, der allen abstrakten Utopien mißtraut.

Diese Außenseiterposition änderte sich ein wenig, als die Wissenschaftler schließlich erkannten, welche originellen weltanschaulichen Vorstellungen Lem vertrat. Gegen Ende der sechziger Jahre nahm man die dickleibigen Bände der *Summa technologiae* und der *Philosophie des Zufalls* endlich ernst, und ihr Verfasser nahm an wichtigen Diskussionen der Philosophen und Literaturtheoretiker teil. Den Höhepunkt dieser Phase der Anerkennung bildet die an Lem ergangene Einladung, sich an den futurologischen Arbeiten der von der Polnischen Akademie der Wissenschaften organisierten »Kommission 2000« zu beteiligen. Aber auch hier brechen bald Differenzen auf; zur »wissenschaftlichen Futurologie« hatte Lem stets ein reserviertes, wenn nicht spöttisches Verhältnis. Ein bedeutsames Datum scheint vor allem das Jahr 1973 und der Beginn der Ölkrise zu sein, deren Verlauf und Ursachen kein Futurologe der Welt vorherzusagen vermocht hatte. Daraus kann man den allgemeinen Schluß ziehen, daß die Prognoseverfahren sich als allzu unelastisch erwiesen hatten und daß ferner eine ganze Fülle von Parametern und Möglichkeiten nicht berücksichtigt worden war, auf die man hätte achten müssen. Auf dieses Thema ist Lem in den Vorlesungen, zu denen man ihn damals in die Jagellonen-Universität geladen hatte, mehrfach zu sprechen gekommen, und er hat diese Bemerkungen in den essayistischen *Refleksje 1974* (»Reflexionen 1974«) so zusammengefaßt:

»Wenn man bedenkt, welche Unmenge von Prognosen und Szenarien die Futurologen produziert haben, dann ist man erstaunt, daß darunter nicht wenigstens ein Treffer ist. Wenn nicht durch vernünftige Überlegung, so doch zumindest durch mechanisches Kombinieren der Varianten hätte jemand auf die dann eingetretene Veränderung stoßen müssen. Es scheint, als würde irgendein Dämon den Zukunftsforschern die Sinne trüben, sie blind machen für das, was vor ihrer Nase liegt. Man hat damit gerechnet, daß die Rohstoffpreise steigen würden, aber nur so maßvoll, daß die technologische Umstellung schmerzlos vonstatten gehen würde. Aber war das nicht ein Wunschdenken? Was lag näher, als daß die wegen ihrer Schwäche Ausgebeuteten freudig die Gelegenheit nutzten, um wenigstens für einige Zeit die Situation auszubeuten?

Historisch gesehen, war das nichts anderes als Gleiches mit Gleichem vergolten. Aber selbst wenn der Preisanstieg die Reichen an den Bettelstab gebracht hätte – wo steht denn geschrieben, daß die politische Ökonomie von christlicher Nächstenliebe bestimmt sein müsse? Die Grundlagen der Futurologie müssen irgendwelche fatalen Schwächen enthalten, wenn die Blindheit für die erwähnten offenkundigen Tatsachen in ihr so allgemein verbreitet war.«[8]

Anschließend deckt der Autor einige solcher Schwächen auf, die ich hier nicht referieren werde, denn mein Thema sind nicht die Fehler der Futurologen, sondern es ist die Stellung, die Lem unter Wissenschaftlern und Künstlern einnimmt. Ein gutes Einvernehmen mit den Vertretern der exakten Wissenschaften war nur unter bestimmten Bedingungen möglich, und es wurde immer wieder dadurch gestört, daß Lem, der seine Gegner nicht zu schonen pflegte, dann und wann temperamentvoll mit seiner Wahrheit herausrückte. Die Geisteswissenschaftler hatten unter diesen Attacken übrigens noch stärker zu leiden; das lag daran, daß Lem sich als Denker in einem Grenzgebiet niedergelassen hatte, welches zwischen den Natur- und den Geisteswissenschaften eine Brücke bildete. Von hier aus wetterte er bald gegen die Vertreter der einen, bald gegen die der anderen Seite. Die Auseinandersetzung mit der Futurologie liefert ein treffendes Beispiel für einen solchen Disput, bei dem der Schriftsteller die Grundlagen der Argumentationsweise seiner Gegner der Kritik unterzieht.

Was soll ein Futurologe tun, um sich nicht fortwährend durch falsche Prognosen lächerlich zu machen? Es kann ja nicht darum gehen, noch vollkommenere Computer zu bauen und sie mit Millionen von Daten zu füttern. Lem neigt offenbar zu der Ansicht, die Kultur sei – ähnlich wie die Natur – allzu komplex geworden, als daß es möglich wäre, mit den althergebrachten Methoden der Untersuchung von Entwicklungstendenzen und der Extrapolation irgendetwas zu prognostizieren. Der Forscher steht hilflos vor der »futurologischen Aufgabe«, wenn er nicht seine philosophische Haltung zur Wirklichkeit und zu den Problemen der Erkenntnis ändert. Es gilt also, die Vorstellung aufzugeben, als könne die Welt erforscht werden wie eine Maschine, deren Aufbau und Funktionen wir im großen und ganzen kennen; wir müssen vielmehr damit beginnen, die allerelementarsten Funktionsprinzipien der Realität zu rekonstruieren, um dann unter Einbeziehung eines möglichst breiten Spektrums von physikalischen, biologischen und kulturellen Phänomenen die Bedingungen und Grenzen der Prognosenbildung zu definieren. Innerhalb der auf diese Weise grob umrissenen Grenzen kann der Futurologe tätig werden, wobei es im übrigen mehr um eine empirische und experimentelle Tätigkeit als um eine Zukunftsprojektion gehen wird. Die Prognose hätte dann die Form eines Bedingungssatzes: »Wenn das und das geschieht, dann kann man damit rechnen, daß die und die Erscheinungen auftreten werden«; dabei wäre der Bereich der Folgen des Ausgangsereignisses möglichst weit zu fassen, und in extremen Fällen müßte geradezu die gesamte gesellschaftliche Welt auf der Grundlage veränderter Prinzipien neu konstruiert werden. An eine solche Aufgabe wird sich der Fach-Futurologe nur äußerst selten heranwagen; in Studien über »Wachstumskurven« vertieft, bereitet es ihm Schwierigkeiten, Erscheinungen, die umfassende qualitative Veränderungen zur Folge haben, in seine Diagramme einzubeziehen. Auf diesem Gebiet vermag ihn der phantastische Schriftsteller, der seinen Beruf ernst nimmt, oft ins Bockshorn zu jagen.

Mit den Wissenschaftlern, die in den Käfigen ihrer Spezialgebiete eingesperrt sind, vermag Lem sich also nur bis zu einem bestimmten Punkt zu einigen, doch nicht anders ist es bei den Geisteswissenschaftlern, die sich mit ihm auf dem Boden der Literatur zu verständigen versuchen: auch ihnen kreidet er engstirnige Auffassungen und professionelle Beschränktheit an. In der *Philosophie des Zufalls* macht sich Lem an eine Kritik der Hauptströmungen der Literaturwissenschaft, doch stellt sich rasch heraus, daß er, um seine eigene Position in dieser Hinsicht formulieren zu können, bis auf die Ebene der Atomphysik und der Molekularbiologie hinabsteigen muß. Wenn – wie Lem behauptet – ein literarisches Werk sich auf dem Wege teils zufälliger und teils kulturell determinierter Deutungen durch historisch bedingte Gruppen von Rezipienten als eine bestimmte Menge von Sinngehalten oder Bedeutungen konstituiert, dann findet man ein Modell für ein solches Spiel von Zufall und Notwendigkeit am ehesten auf dem Gebiet der exakten Wissenschaften. Diese Expedition in den Bereich der Physik erscheint uns zunächst als bloße Suche nach einer griffigen Analogie, doch wird rasch klar, daß es Lem darum geht, eine umfassende Vision des Kosmos zu entwickeln, in der dann – auf entsprechender hierarchischer Stufe – auch eine allgemeine Kulturtheorie und innerhalb dieser wiederum eine Literaturtheorie ihren Platz hat. Natürlich sucht sich der Autor für solche Aufgaben ganz andere

Autoritäten und wissenschaftliche Bundesgenossen aus als einer, dem es allein um die Kunst des Wortes geht. Die erste Auflage der *Philosophie des Zufalls* erscheint im Jahre 1968, zwei Jahre später erscheint *Le hasard et la nécessité* von Jacques Monod (deutsch: *Zufall und Notwendigkeit*, München 1971), sieben Jahre nach Lems Buch *Das Spiel* von Manfred Eigen und Ruthild Winkler-Oswatitsch – und alle drei Bücher entspringen im Grunde ein und derselben geistigen Tendenz. Natürlich will ich hier nicht einen »Prioritätsanspruch« Lems gegenüber den achtbaren Nobelpreisträgern vertreten (die genannten Bücher sind letzten Endes nur eine allgemeinverständliche Darstellung ihrer vorangegangenen Forschungserfolge); ich will nur verdeutlichen, daß es eine bestimmte Ebene der Verständigung gibt, auf der Lem sich, wenn es um die Kultur oder die Literatur geht, leichter mit einem Chemiker, einem Physiker oder einem Biologen einig wird als mit einem Geisteswissenschaftler, auch wenn dieser ganz moderne Auffassungen vertritt (in der *Philosophie des Zufalls* richtete der Autor ungewöhnlich heftige Angriffe gegen die während der sechziger Jahre allerjüngsten Moden in der Literaturwissenschaft, gegen den Strukturalismus und gegen Ansätze, die sich auf die Informationstheorie und die Kybernetik stützten).

Diese gemeinsame Ebene der Verständigung beruht auf einer Reihe von Überzeugungen, die eher philosophischer als physikalischer Natur sind. Als Einstein sagte, daß die Ansicht, Gott sei ein Würfelspieler, ihm nicht gefalle, vertrat er eine Behauptung, die physikalische Konsequenzen, aber metaphysische Wurzeln hatte. Lem vertritt – zusammen mit den modernen Physikern und Biologen – eher die entgegengesetzte Ansicht (die ganze Welt beruht gerade auf dem Spiel); von dieser Hypothese ausgehend, kann man sich zu den Einzeldisziplinen – der Kernphysik, der Biologie, der Kosmologie – oder umgekehrt zu den Geisteswissenschaften begeben und untersuchen, welche Konsequenzen sie auf den Gebieten der Psychologie, der Soziologie, der Kulturtheorie oder der Metaphysik nach sich zieht. Lem zieht diesen letzteren Weg vor und verbindet die Zukunftsprognose mit einem Denken von wahrhaft universalem Zuschnitt.

Aber was folgt am Ende aus dieser »Philosophie des Zufalls« für den Futurologen? Daß es ein fruchtloses Unterfangen ist, die Zukunft vorherzusagen, wenn wir die Welt als eine von Determinismen bestimmte Maschine auffassen. Eine unverhoffte »Mutation« der menschlichen Kultur kann ja in jedem Augenblick sämtliche Prophezeiungen zunichte machen. Statt also in gelehrten Worten zu verkünden, was in zehn oder in hundert Jahren geschehen wird, sollte man lieber Modelle konstruieren, die gewissermaßen vorwegnehmen, was aus dem Verlauf des geschichtlichen Roulettespiels folgen wird, die einen Versuch der Analyse jener Situation darstellen, die *nach* dem Ausruf des Croupiers entstanden sein wird, durch den sich die Kräfteverhältnisse und die Bedingungen des kulturellen Spiels verändert haben. Wir wissen natürlich nicht, *was* der Croupier ausrufen wird, wir können uns jedoch auf verschiedene Eventualitäten vorbereiten, indem wir zahlreiche Varianten von künftigen Mutationen des menschlichen Daseins untersuchen. Sicherlich sollten sich auch die Wissenschaftler mit dieser Aufgabe befassen. Freilich wird man vor jenen, die über die Vergabe der staatlichen Mittel entscheiden, nur schwer die Notwendigkeit von Forschungen begründen können, die keinen unmittelbaren Nutzen und keine wirtschaftliche Anwendungsmöglichkeit versprechen. Der Politiker und der Planer fragen den Futurologen gewöhnlich nach der Höhe der Investitionen, die sie für bestimmte Wirtschaftszweige vorsehen sollen, nach dem Verhältnis, in dem die vorhandenen Mittel auf die verschiedenen Forschungsbereiche aufgeteilt werden sollen, usw. Auf solche Fragen würde Lem sicherlich nicht viel erwidern können (oder wollen). Was ihn wirklich interessiert – etwa der Einfluß hypothetischer technischer Errungenschaften der Zukunft auf den gesellschaftlichen Zusammenhalt, auf die Psyche des einzelnen, auf Wertsysteme und Glaubensvorstellungen –, ist wiederum nicht sonderlich interessant für die Vertreter des Establishments, die gleichsam von Amts wegen für ein stabiles, konformistisches Modell der künftigen Entwicklung optieren. Sie lassen selten den Gedanken an sich heran, daß der tatsächliche Weg, der in die Zukunft führt, gewunden und unwahrscheinlich und sein Verlauf von so vielen zufälligen Umschwüngen und Wendepunkten abhängt, daß es an schiere Phantasterei grenzt, ihn richtig vorauszubestimmen.

Lem gibt also keinesfalls die Literatur auf, wird nicht zu einem Futurologen sensu stricto; der Katalogisierung von Hunderten mutmaßlicher Lösungen der Zukunftsgleichung zieht er ein eigenartiges kognitiv-kreatives Spiel vor, seine Visionen entwickelt er *im Rahmen der Literatur*, d.h. vor dem Hintergrund der reichen

Symbolik, welche die Tradition bereitstellt. Die von ihm beschriebenen Formen der Zukunft verweisen daher immmer wieder auf die Vergangenheit, sind zugleich *Fragen nach dem Sinn*, die wir aus dem Hier und Jetzt und von unserer bisherigen Geschichte aus an das, was uns erwartet, und an unsere eigenen Vorahnungen stellen. Lems Schriften, die einen Versuch darstellen, sich im Spiel des Kosmos und der Kultur kundig zu machen, offenbaren rasch, daß sie selbst »spielerischen« Charakters sind; immer deutlicher zeigt sich in seinen Büchern ein Hang zur Parodie, eine Neigung zu Anspielungen, zu Verweisungen auf immer wieder neue, andere Texte; im Labyrinth der Zerrspiegel, die jede Phrase ins Unendliche reflektieren, verschwimmt bisweilen die persönliche Stimme des Autors, und er wird zu einem Medium für mächtigere, kollektive oder gar nicht-menschliche Stimmen, die in ihm miteinander streiten.

Schauen wir uns daher an, wo Lem heute steht. Wohin hat seine nichtalltägliche geistige Biographie geführt? Als politischer Schriftsteller hat er sich mit den gesellschaftlichen Ideologien des östlichen Lagers endgültig überworfen, doch hat er auch das westliche Zivilisationsmodell nicht liebgewonnen. Er hat als Denker auf den Status eines Gelehrten verzichtet, nur gelegentlich weist er gern darauf hin, wieviele seiner scheinbar phantastischen Einfälle der wissenschaftlichen Forschung von heute den Weg vorgezeichnet haben. Aber auch als Schriftsteller ist er, paradox genug, ein Außenseiter geblieben. Daß erlauchte Gremien von Verehrern und Praktikern der Science-fiction ihn in ihre Reihen aufnehmen, ihn mit Preisen bedenken, ändert daran nichts. Lem nimmt solche Ehrungen ungerührt entgegen, und daß es schwerfällt, ihn zu zähmen, belegt zum Beispiel die possenhafte Auseinandersetzung um seine Ehrenmitgliedschaft in der Vereinigung der »Science-fiction Writers of America«. Diese Ehre hinderte ihn nicht daran, die Leistungen von Kollegen, die der Vereinigung angehören, in einem Artikel, der in der »Frankfurter Allgemeinen Zeitung« erschien, kritisch durchzuhecheln, woraufhin einige, die durch seine Attacke in Harnisch gebracht worden waren, allergisch reagierten und sich bemühten, ihn wieder aus der Vereinigung auszustoßen. Über diesen Disput, der sich geradezu im Stile der Pickwickier abspielte, berichten die »Science-fiction Studies«.[9] Der Betroffene selbst hat ihn sich nicht im geringsten zu Herzen genommen.

Letzten Endes ist Lem als Mensch gleichsam zu einer Institution geworden, allerdings einer Institution eigener Art, die kaum einzuordnen ist. Man hätte ihn als einen »Philosophen« bezeichnen können – im ursprünglichsten, etymologischen Wortsinn, als einen Liebhaber der Weisheit, der auf vielen Wegen zum Kern jener Probleme vorzudringen versucht, die ihn am stärksten bewegen: zu dem Rätsel des Daseins und des Menschentums, zu den elementaren Fragen der Erkenntnis. Deshalb wird man in Sammelbeschreibungen von SF-Autoren der Welt beziehungsweise Polens mit Lem in der Regel nicht fertig. Man kann seine Fabeln natürlich gewissen thematischen Strängen zuordnen, die sich in der wissenschaftlichen Phantastik beobachten lassen, aber wenn man Lem anhand eines Katalogs typischer Motive und Handlungsabläufe in eine Schublade steckt, wird er unerträglich platt und unauthentisch. Der Kritiker, der ihn richtig verstehen möchte, muß seine Sondierungsinstrumente anders einstellen und zeitweilig seine Lesegewohnheiten vergessen.

Lem ist also ein schwieriger Autor. Die Aufnahme, die seine Bücher bei den Rezipienten gefunden haben, deutet eigentlich nicht darauf hin, daß wir ihn richtig zu lesen verstehen. Unter Wissenschaftlern werden gern die Thesen seiner Essays diskutiert, doch die wissenschaftlich-phantastische Fabel, die man für eine unwesentliche Spielerei hält, wird dabei gern übergangen. Auch das Umgekehrte kann geschehen. Bei einer Feierstunde, die zum 60. Geburtstag des Schriftstellers von der Polnischen Gesellschaft für Raumfahrt veranstaltet wurde, habe ich erlebt, wie die gelehrten Erforscher des Kosmos am Rednerpult von der Faszination sprachen, welche die Lektüre von Lems Romanen auf sie ausübte. Es war, wie ich zu meiner Verblüffung hören mußte, eine knabenhafte Faszination. Das Stereotyp der Unterhaltungsliteratur für Jugendliche verhinderte, daß man Lems Bücher als eine kognitiv bedeutsame Leistung erkannte. Der Pilot Pirx und Ijon Tichy wurden als Idole aus Abenteuerromanen für Gymnasiasten aufgefaßt – ihre ernsthaften Unternehmungen kognitiv-philosophischer Natur wurden nicht erkannt oder für unbedeutend gehalten. Dieselben Leser wären sicherlich bereit gewesen, dem Essayisten Lem eine herausragende Stellung auf dem Gebiet der wissenschaftstheoretischen Reflexion zuzuerkennen, doch war es ihnen nicht gelungen, das, was sie bei der »ernsten Lektüre« empfunden hatten, mit den Gemütsregungen beim Lesen der Fabeln zusammenzubringen – sie hatten die ernste, in der Sprache der Literatur dargelegte Problematik effektiv nicht wahrgenommen.

Am entgegengesetzten Ende, bei den SF-Fans, deren Zahl in Polen in letzter Zeit unablässig wächst, sieht man in Lem vor allem den Autor aufregender Erzählungen, und mit einem gewissen Bedauern nimmt man zur Kenntnis, daß er die Konvention der Phantastik verlassen und sich der Essayistik oder Mischformen aus dem Grenzbereich der erzählenden Prosa zugewandt hat; man wittert dahinter bei Lem einen Verrat an seiner schriftstellerischen Berufung.[10] Kritische Besprechungen der Bücher Lems aus diesen Kreisen zeigen, daß die in eine literarische Form gebannte philosophische Problematik für die Liebhaber der klassischen Science-fiction allzu schwierig ist, und deshalb übergehen sie all das, was über das Stereotyp, über einen eigentümlichen »Durchschnitt der Gattung« hinausragt, der durch die Massenproduktion von Lohnschreibern der Phantastik aus Ost und West festgeschrieben wird. Wenn man sieht, wie die Bücher Lems auf Hitlisten vom Schlage der »top ten« mit ganz und gar durchschnittlichen Werken schwer um einen höheren Platz zu ringen haben, kann man gewiß melancholisch werden, aber das ist der Preis für den Aufenthalt im literarischen Getto der Science-fiction.

Die literarischen Kritiker schließlich, die mit dem Lager der SF-Fans nichts zu tun haben, sehen vor allem Komplikationen bei der künstlerischen Form der Werke Lems, sie untersuchen die Art des dort benutzten Diskurses, die Gattungszugehörigkeit der Texte, die literarischen Anspielungen und Verweise. In der Regel fehlen ihnen aber das nötige Fingerspitzengefühl und die Sachkenntnis, um die wesentlichen Sinngehalte eines Werkes zu erfassen. Man braucht dafür nämlich eine bestimmte Mischung von philosophischer Intuition, naturwissenschaftlichen Kenntnissen und Gefühl für die literarische Form. Deshalb macht die rein literaturkundliche Betrachtung in der Regel dort Halt, wo in Lems Büchern das Wichtigste erst beginnt.

Auf diese Weise entsteht eine wahrhaft paradoxe Situation: Der populärste polnische Schriftsteller, dessen vorläufig letzter Roman – *Lokaltermin* – in Polen vor kurzem in zwei aufeinanderfolgenden Auflagen von zusammen zweihunderttausend Exemplaren erschienen ist, wird hier als ein Außenseiter geschildert, der sich erfolglos um seinen »idealen Leser« bemüht. Versuchen wir ansatzweise die Grundzüge einer optimalen Rezeption zu bestimmen, die das zu erfassen erlaubte, was in Lems Büchern bemerkenswert ist. Diese Rezeption müßte vor allem ein bestimmtes Gleichgewicht zwischen der Lektüre des wissenschaftlichen Diskurses und der emotional geprägten Aufnahme der literarischen Bilder stiften. Es ist ja wohl nicht so, daß Lem in seinen Essays ernsthaft philosophiert, sich daneben aber dem Phantasieren hingibt oder bestenfalls seine intellektuellen Vorstellungen in ein literarisches Gewand kleidet. Das würde schließlich bedeuten, daß die Reflexion einen absoluten Vorrang gegenüber der Vision hätte, und es würde die Fabeln letzten Endes zu etwas Sekundärem, zur bloßen Illustration abstempeln. Tatsächlich denkt Lem in seinen literarischen Werken, verglichen mit den essayistischen Texten, weder weniger originell noch in genau der gleichen Weise. Er denkt, so könnte man sagen, über ein und dieselben Dinge *anders*, betrachtet sie von einem anderen Standpunkt aus und beschwört Empfindungen anderer Art herauf. Diskurs und Vision bleiben daher in einem Verhältnis der dialektischen Ergänzung oder gar der Auseinandersetzung. Ich werde das unten bei der eingehenderen Besprechung einzelner Werke zu belegen versuchen. Einstweilen ist lediglich festzuhalten, daß der Leser, der nur einer einzigen Botschaft Vertrauen schenkt, der sich entweder für Lem, den Wissenschaftler, oder für Lem, den Phantasten, entscheidet, den wirklichen Lem nicht kennenlernt; das räumliche Bild der Gedankenwelt dieses Schriftstellers wird dadurch auf eine bedrohliche Weise verflacht, und das geistige Abenteuer, das die Begegnung des Lesers mit einem so bedeutenden Geist auf jeden Fall bietet, verliert viel von seinem Reiz.

Des Risikos, das die Formulierung solcher allgemeinen Postulate für den Interpreten enthält, bin ich mir durchaus bewußt. Letzten Endes legt jeder an die Literatur seinen eigenen Maßstab an, und es ist möglich, daß ich hier im eigenen Interesse eine Deutungsnorm für den eigenen Gebrauch und zum Nachteil meiner Kritikerkollegen zu kreieren versuche, die Lem durch eine andere Brille betrachten (sie verdienen im übrigen nicht alle den oben geäußerten Tadel). Ich halte es jedoch für gerechtfertigt, gerade ein solches maximalistisches Postulat der angemessenen Rezeption aufzustellen, auch wenn es dem Exegeten schwerfallen oder gar unmöglich sein sollte, ihm völlig gerecht zu werden. Vom Leser wird also verlangt, sämtliche Register seiner kognitiven Fähigkeiten bereitzuhalten, damit er die philosophischen oder wissenschaftlichen

Gedanken in ihrer ganzen Verwickeltheit zu erfassen vermag, und sich gleichzeitig spontan am literarischen Spiel zu beteiligen, auf die Komik oder auch die Ungeheuerlichkeit der geschilderten Ereignisse, Wortspiele, Parodien und Stilisierungen mit seinen eigenen Empfindungen zu reagieren. Denn ein kritischer Gedanke kann sich ja in ein groteskes Quasi-Märchen verkleiden, und umgekehrt läßt sich eine logische Argumentation auch unter ästhetischem oder ethischem Aspekt bewerten, so daß, wenn der Intellekt eine solche Argumentation anzunehmen (zu begreifen, zu akzeptieren) vermag, häufig genug das Gefühl an seine Stelle tritt. Es sind gerade »Konzeptionen«, die auf diese Weise durch ein emotionales »ich will« oder ein »ich will nicht«, ein »ich mag« oder ein »ich mag nicht« bestätigt werden – Emotionen, die nicht von der zerebralen Analyse bestimmt sind, sondern von der menschlichen, nur zu menschlichen Leidenschaft, die, sei es aus dem Innersten des Individuums, sei es aus dem kulturellen Gedächtnis der Gattung aufsteigt.

Zum Schluß wollen wir uns noch einmal der Frage zuwenden, welche Stellung Lem innerhalb der polnischen Literatur der Gegenwart einnimmt. Es fällt schwer, ihn der polnischen Science-fiction zuzurechnen, fehlt es doch in ihren Reihen an Autoren von vergleichbarem Rang und vergleichbaren Werken (über den Einfluß des Verfassers von *Solaris* auf die talentiertesten Vertreter dieser Gattung, Adam Wiśniewski-Snerg oder Janusz Zajdel, könnte man freilich eine Menge sagen). Lem möchte im übrigen als ein Schriftsteller *tout court* betrachtet werden, und nichts ist ihm verhaßter als »gettomäßige« Bewertungen und Einordnungen. Andererseits macht es Schwierigkeiten, ihm innerhalb allgemeiner gefaßter Typologien einen Platz zuzuweisen; innerhalb der polnischen Prosa der letzten Jahrzehnte sehe ich keinen Autor von ähnlicher Intellektualität und Phantasie und mit einer vergleichbaren geistigen Genealogie. Wenn man innerhalb der modernen Literatur überhaupt Vorläufer oder Bundesgenossen für Lem findet, dann vor allem unter jenen, die in Polen die Richtung der philosophischen Groteske begründet und entwickelt haben – ich denke besonders an Witkiewicz, Gombrowicz und Mrozek. Lem, der stilistisch zunächst eher an den Werken der Klassiker des realistischen Romans des 20. Jahrhunderts orientiert war, neigte später deutlich zur grotesken Deformation der Welt, zur literarischen Parodie und zu Sprachspielen. Seine Gemeinsamkeiten mit

Gombrowicz, was die Kategorie des »Spiels« betrifft, lassen sich übrigens leicht nachweisen, obwohl der letztere bei der Formulierung seines Begriffs von einer ganz anderen Denktradition ausgeht und Autor von erbitterten antiszientistischen Pamphleten ist. Mit dem Rationalismus der drei genannten Schriftsteller verhält es sich nicht anders: Er entstammt unterschiedlichen Quellen, auch wenn er sich dann bei allen mit einer ähnlichen Leidenschaft verbindet, die literarischen Formen zu zerbrechen und die eigene Wahrheit dadurch zum Ausdruck zu bringen, daß die herkömmliche Sprache der Aussage und die durch Tradition geheiligten Konventionen zersetzt werden. Auf den ersten Blick scheint Lem ein Erbe der »Enzyklopädisten« der Aufklärung zu sein, aber das ist nur die halbe Wahrheit, denn gleich den drei zuvor genannten Autoren setzt er sich mit der für die polnische Literatur bedeutsamsten Erbschaft auseinander, der Erbschaft der Romantik; in diesem Sinne überprüft er die Vision des romantischen Helden, des einzelnen, der sich an die Aufgabe macht, die Gesellschaft zu verbessern, die Vision der romantischen Liebe, der Tat, des Gegensatzes von Geist und Mechanismus usw. Nicht nur das: Er »hadert mit Gott« – wie seine Vorgänger im 19. Jahrhundert!

Was die Poetik des Lemschen Werkes betrifft, so stehen ihre Wandlungen in einem Zusammenhang mit der allgemeinen Evolution der zeitgenössischen Prosa, sowohl der polnischen wie der internationalen. Wir beobachten eine (mit den Jahren immer deutlichere) Tendenz zur essayistischen Form, zum Abbau der Autorität des Narrators, zum Spiel mit den Konventionen des Erzählens, zum Operieren mit dem Kunstgriff der Collage und, allgemeiner gesagt, zur kompositorischen »Öffnung« des Werkes. Parallel zu diesen Wandlungen kompliziert sich die philosophische Botschaft seiner Werke, die offenbar nicht bloß ein Ornament sind, sondern Vehikel weltanschaulicher Inhalte. Deshalb ist es manchmal leichter, Lem den »normalen Schriftstellern« zuzuordnen als den Science-fiction-Autoren, und wenn er auch in stärkerem Maße auf fremde Muster und Inspirationsquellen zurückgegriffen hat, so kann man ihn dennoch in den Entwicklungsstrom der neuesten polnischen Prosa einbeziehen.

Im nun folgenden analytischen Teil dieses Buches werde ich versuchen, die einzelnen Bücher Lems als Etappen eines umfassenderen kognitiven Programms von ungeheurem Zuschnitt zu beschreiben. Dabei wird jedoch die künstlerische Prosa – und nicht die Essays – im Mittelpunkt stehen; ich untersuche also die Formen literarischen Philosophierens und nicht die diskursiv vorgetragene Reflexion. Ich möchte auf keinen Fall verfehlen, was bei Lem besonders wichtig ist: die persönliche Komponente in den Konzeptionen von Kosmos und Kultur, aber auch der Sinn für das Spiel mit der Form, dank dessen zu den intellektuellen Regungen unter Umständen ein »Vergnügen an der kunstvoll geführten Feder« tritt, also das, was aus einem Philosophen erst einen richtigen Schriftsteller macht.

Im wesentlichen werde ich mich an die chronologische Ordnung halten (mit bestimmten Abweichungen, wenn es gilt, größere Zyklen von Einzelwerken gesondert zu untersuchen). Das hat gewisse Nachteile, erlaubt aber, Lems künstlerisches Schaffen als einen Prozeß zu betrachten, in dessen Verlauf bestimmte Themen ständig in immer wieder neuer und stets tiefer durchdachter Fassung wiederkehren. Wurde oben äußerst skizzenhaft die Biographie Lems als eines »Mannes von öffentlicher Bedeutung« beschrieben, so folgt nun also eine ausführlichere Geschichte seines Denkens und der Reifung seiner künstlerischen Visionen.

II. Lems Welten

Als ich vor zehn Jahren eine erste Version einer monographischen Skizze über das schriftstellerische Werk Lems schrieb, gab ich ihr den Titel »Der Rationalist und die Sinne« – nicht »Rationalist und Sensualist«, wie es in der ungenau übersetzten deutschen Fassung hieß.[1] Gemeint war damit »der den Sinnen ausgelieferte Rationalist«, der also seinen spontanen Sensualismus nicht restlos unter Kontrolle hat, aber auch »der Rationalist in der Gefangenschaft der Sinne«, der, von Berkeleys erkenntnistheoretischem Dilemma tief bewegt, in seinem Erkenntnisdrang durch die Subjektivität der empirischen Weltsicht beschränkt ist. Wenn ich heute die Schlußfolgerung jenes Artikels an den Anfang stelle, so sehe ich, daß sie sich zwar noch immer aufrechterhalten ließe, daß man sie aber nicht noch einmal zur wichtigsten und einzigen Achse der Interpretation von Lems Schaffen machen kann. Die grundlegende intuitive Einsicht, daß wir es mit einer Persönlichkeit zu tun haben, deren Wesen in der Antinomie liegt, scheint mir immer noch zutreffend zu sein, doch als ich mir die Bücher des Verfassers von *Solaris* erneut vornahm, erkannte ich eine ganze Reihe von polaren Gegensätzen, die sich nur in wenigen Fällen auf einen Grundwiderspruch reduzieren ließen. Wir werden uns also noch einmal der Mühe unterziehen und aus dem Werk des Schriftstellers die elementaren Konflikte herausarbeiten müssen, die sein Denken und Fühlen organisieren.

1. Beginnen wir unsere Überlegungen nicht mit den frühen Arbeiten aus der Gattung Science-fiction, die der Autor selbst dem Vergessen überantwortet hat (gemeint sind die oben erwähnten, in Zeitschriften erschienenen Texte), sondern mit seinem »Gegenwartsroman«. Bei einem Vergleich mit den in der gleichen Zeit entstandenen Titeln *Die Astronauten*, *Sezam* und *Gast im Weltraum* wird deutlich, daß *Czas nieutracony* (deutsch *Die Irrungen des Dr. Stefan T.* bzw. *Das Hospital der Verklärung*) aus einem sehr viel größeren geistigen Entwurf entstanden ist, mit anderen Worten: Was Lem der Welt an Wichtigem zu sagen hatte, sagte er in der Sprache der »normalen Literatur«, während die Science-fiction ein Vehikel für »populäre« Inhalte blieb. Wie sich das Schaffen Lems weiterentwickeln würde, hätte man in jenen Jahren kaum voraussehen können. Lem sagt, er gehöre zu jenen Autoren,

die erst ganz allmählich reifen und auf dem Wege zur Meisterschaft Unmengen von Papier verschreiben. Durch das bereits erwähnte Eingreifen offizieller Stellen wurde sein eigentliches Debüt zusätzlich hinausgezögert, wurde er für einige Jahre zum Lieferanten einer für die damalige Zeit entschieden zweitrangigen Literatur. Der Druck der plumpen Ideologie der Stalinzeit tat außerdem das seine. Der geistige Reifeprozeß vollzog sich daher bei Lem gewissermaßen unabhängig von der Literatur, die er gemäß der Konvention »sozialistischer Realismus für die Jugend« verfaßte. Einen Einblick in die Inhalte, die der Schriftsteller währenddessen für sich selbst formulierte, eine Liste der Fragen, die er sich selbst zunächst allzu einfach beantwortete, um später, nach dem Umbruch des Oktober 1956, noch einmal auf sie zurückzukommen, finden wir in *Die nichtverlorene Zeit.*

Schauen wir uns dieses »eigentliche Debüt« näher an. Die Wirkung des ideologischen Drucks, dem die Literatur Ende der vierziger, Anfang der fünfziger Jahre ausgesetzt war, ist an ihm abzulesen. Im Grunde setzt sich dieses umfangreiche Werk aus drei gesonderten Erzählungen zusammen, deren jede ihren eigenen Haupthelden, ihre eigene ideelle Aussage, ja, sogar ihre eigene Poetik besitzt. Die erste hat in formaler Hinsicht viel Thomas Manns *Zauberberg* zu verdanken, die zweite ist ein für jene Jahre ziemlich charakteristischer Entwicklungsroman, der in den Lem aus eigener Erfahrung bekannten Realien der deutschen Besatzung angesiedelt ist, während die dritte das »sozrealistische« Schema benutzt und schildert, wie ein »zaudernder Intellektueller« dazu heranreift, den Kommunismus zu akzeptieren. Die Handlung des ersten Teils spielt in einer abgeschiedenen psychiatrischen Klinik zu Beginn des Zweiten Weltkrieges. Ein seine Berufslaufbahn antretender junger Arzt wird von einigen älteren Kollegen, die über die Welt und über die Werte gegensätzliche Ansichten haben und außerdem die Rolle und die Aufgaben der Medizin unterschiedlich sehen, in die Berufsgeheimnisse eingeweiht. Während die geistig zerfallenen Persönlichkeiten der Patienten bei den einen spontanes Mitgefühl und humanistische Besorgnis wecken, geben sie anderen einen Anlaß, die schlichte menschliche Solidarität mit den Kranken zu verleugnen und im Namen der reinen Wissenschaft medizinische Experimente an ihnen durchzuführen, also die Organismen, in die sie mit dem chirurgischen Skalpell eingreifen, zu einem bloßen Gegenstand zu machen. Als die SS die Geisteskranken umbringt, ist für die Ärzte die »Stunde der Wahrheit« gekommen. Die Anhänger ahumanistischer Ideale erleiden eine moralische Niederlage, weil sie sich den elementaren Werten ebenso verschließen wie der ärztlichen Berufsethik.

Der zweite Teil des Buches schildert die Geschichte eines genialen Grünschnabels, eines Dorfjungen mit unerhörten mathematischen Fähigkeiten. Die Handlung spielt in dem von den Deutschen besetzten Lemberg und enthält eine Reihe von autobiographischen Elementen. Der junge Karol Wilk durchläuft im beschleunigten Tempo eine Ausbildung, für die andere ein jahrelanges Universitätsstudium benötigen würden, und steht bereits als Halbwüchsiger an der Schwelle zu epochemachenden Entdeckungen: er versucht nämlich, zwischen physikalischen und biologischen Erscheinungen eine mathematische Brücke zu schlagen.[2] Der Autor stattet das junge Genie jedoch gleichzeitig mit moralischer Sensibilität und gesellschaftlichem Pflichtgefühl aus. Karol ist nicht imstande, sich in seine mathematischen Formeln zu vergraben und sein Gehirn so zu hüten, wie man wertvolle Objekte sichert; er nimmt an der Widerstandsbewegung teil und wird am Ende von der Gestapo umgebracht – wie der von einem Söldner erstochene Archimedes.

Der letzte Teil des Buches ist dem Aufbau der neuen Gesellschaftsordnung im Polen der Nachkriegszeit gewidmet. Wilks einstiger Lehrer, der Dozent Wieleniecki, irrt durch die Städte und Kleinstädte des sich innerhalb neuer Grenzen organisierenden Landes. Gleichzeitig versucht er sein persönliches und familiäres Leben wiederaufzubauen, seinen Platz innerhalb der sozialistischen Wirklichkeit zu finden, bis er am Ende die neue Ordnung akzeptiert und die glänzende Vision weiterer Arbeit zum Wohle der Wissenschaft und der Menschheit vor sich sieht.

Die beiden letzten dieser drei Teile erklärt Lem heute für ausgesprochen minderwertig, während er den ersten, das *Hospital der Verklärung*, vor einiger Zeit als ein selbständiges Werk wieder herausgebracht hat; nach seinem Text wurde auch ein Film gedreht. Es fällt uns nicht schwer, die Aversion des Autors gegen die gestrichenen Teile des Romans zu begreifen. Insgesamt dreht er sich (und das ist der persönliche Beitrag Lems zu den von ihm benutzten Konventionen) um Dilemmata, die durch die Wissenschaft entstehen, Dilemmata vor allem ethischer Natur. Während jedoch der erste Teil die moralische Problematik in die Forschertätigkeit selbst verlegt, wird die Erkenntnis selbst in den beiden folgenden Teilen unter ethischem Aspekt zu etwas Unverfänglichem, und eine Bewertung erfahren lediglich die politisch-gesellschaftlichen Systeme, die wissenschaftliche Entdeckungen entweder – wie der Kommunismus – fördern oder – wie der Hitlerfaschismus – in ihrer Dummheit behindern. Der junge Arzt aus dem *Hospital der Verklärung*, der seine drastische Einführung in den medizinischen Beruf in einer bis zum dramatischen Finale von der Wirklichkeit der Okkupation abgeschnittenen psychiatrischen Heilanstalt erfährt, lernt auf seinem Wege den Geist des aus der reinen Wissenschaft geborenen Nihilismus kennen; sein Nachfolger aus dem zweiten Teil, das mathematische Wunderkind, muß sich »nur« noch mit der brutalen Gewalt auseinandersetzen, die sich aus einer äußerst primitiven Doktrin herleitet. Gekrönt wird das Ganze dann von einem – angesichts der anfänglichen Komplikationen – allzu einfachen, in seinem kognitiven und soziologischen Optimismus »positivistischen« Schluß.

Es wäre jedoch falsch, Lem deshalb heute den Vorwurf zu machen, er habe sich den Forderungen der offiziellen Ideologie jener Jahre leichtfertig gebeugt. Im Polen der fünfziger Jahre haben durchaus nicht nur Konjunkturritter oder gefügige Befehlsempfänger Literatur nach den Mustern des sozialistischen Realismus geschaffen. Versuchen wir, *Czas nieutracony* als ein im guten Glauben geschriebenes Werk zu deuten. Hier nun zwei bezeichnende Aussagen, die Lem seinen Helden in den Mund legt. Im ersten Teil des Buches hält der Nihilist Sekułowski den folgenden Monolog:

»Ich habe die Zahlen nicht mehr genau im Kopf – mein Gedächtnis trügt in letzter Zeit –, aber ich habe gelesen, wie unwahrscheinlich die Entstehung einer lebenden Zelle aus einer Häufung von Atomen ist ... Die Chancen liegen ungefähr bei eins zu einer Trillion. Und wieviel braucht es, damit sich mehrere Billionen von diesen Zellen entsprechend verbinden, um den Körper eines lebenden Menschen zu bilden! Jeder von uns ist ein Los, das den Hauptgewinn gezogen hat: einige Jahrzehnte Leben, ein großartiges Vergnügen. In eine Welt glühender Gase, bis zur Weißglut wirbelnder Spiralnebel, diamantenen kosmischen Frostes platzte auf einmal eine Fontäne von Eiweiß, einer gallertigen Schmiere, die sich sofort bemühte, in bakteriellen Gestank und in Fäulnis überzugehen ... Hundertausende von Kniffen erhalten diesen wunderlichen Sprung der Energie aufrecht, der die Materie wie ein

Blitz in Zeit und Ordnung zerteilt: ein Raumknoten, der durch die Ödnis kriecht, und wozu? Damit der Himmel in irgend jemandes Auge seine Bestätigung finde?«[3]

Eine gewisse Antwort darauf ist Wielenieckis leidenschaftliche Philippika aus dem dritten Teil des Romans:

»Vielleicht wird im Jahre einhunderttausend eine Industrie entstehen, die Bewußtsein erzeugt, so wie wir heute Autos produzieren? Vielleicht wird der Mensch die Milchstraße bevölkern? Was können wir wissen? Wenn er jetzt hier vor uns erschiene und es sagte, würden wir ebensowenig verstehen, wie der Neandertaler das Geheimnis des Atoms begriffen hätte. Soll das nun heißen, daß ich die Zukunft als ein Paradies auf Erden betrachte? Keineswegs. Der Mensch braucht all die Kräfte, die der Widerstand der Welt in ihm weckt, als Impulse. Außerdem bleibt noch das Sehnen nach Unsterblichkeit, die Einsamkeit, der Tod. Doch vielleicht gelingt es ihm, auch das zu überwinden? Ich weiß es nicht. Ich weiß lediglich, daß er die Welt, die er vorfinden wird, zu einem Bruchteil unseren Anstrengungen verdanken kann.«[4]

Natürlich wird in dem Roman der Nihilist kompromittiert, während Wieleniecki sich am Schluß als Sprachrohr des Autors darstellt, doch lassen sich an beiden Gestalten gemeinsame Merkmale entdecken, denn beide propagieren einen spezifischen Heroismus, der im Verzicht auf eine persönliche Perspektive besteht. Der Unterschied ist nur, daß sich das »Ich« bei Sekułowski in der Materie, bei Wieleniecki in der Geschichte der menschlichen Gattung auflöst. Wenn also der erstere ein Pessimist und Nihilist ist (da er im unmenschlichen Kosmos nicht den Grund seiner eigenen Existenz zu entziffern vermag), der letztere hingegen ein Optimist und Verkünder der Werte (da er sich durch das Prisma der gesellschaftlichen Aufgaben sieht), so rührt dieser scheinbare Widerspruch der Haltungen schlicht und einfach von unterschiedlichen Erfahrungsebenen her, auf die das Leben des einzelnen bezogen wird.

Wenn man die erwähnten Texte näher untersucht, kann man in der Haltung der beiden Helden aber auch den Pol des Eskapismus ausmachen: Wozu dient denn Sekułowski das kosmische Theater, vor dessen Hintergrund er seine Reden hält, wenn nicht dazu, sich der moralischen Verantwortung für das Leben im gesellschaftlichen Hier und Jetzt zu entziehen. Wieleniecki wiederum macht sich zu einem Rädchen in der Maschine des Fortschritts und gibt damit vor, die dramatischen Fragen nach dem Sinn der Existenz gingen ihn *als Person* nichts an; er schiebt diese Fragen vor sich her und wälzt die Mühe ihrer Beantwortung auf »künftige Generationen«, auf »die Menschheit« usw. ab, so als bräuchte er sich innerhalb seiner begrenzten Lebenszeit keine Antwort darauf zu geben. Sekułowskis Fragen klingen deshalb wie schlechtes Theater, die Wielenieckis rhetorisch, und während der erstere durch die Ereignisse des Romans selbst kompromittiert wird, widerfährt dies dem letzteren gleichsam *ex post*, durch den Beschluß des Autors, keine Neuauflage der weiteren Teile des Buches erscheinen zu lassen.

Tatsächlich wird jedoch sowohl die eine wie die andere Haltung bei Lem alsbald aufgehoben, mehr noch, in seinem späteren Schaffen beobachten wir, daß sie auf paradoxe Weise miteinander versöhnt werden. Denn erst die Vereinigung in einer Persönlichkeit des *homo socius* und des »Menschen des Absurden« machen den ganzen Menschen aus, dessen Existenz durch die Vermählung dieser beiden Haltungen Würde und tragische Größe erhält. Als ein Buch, das von der Wissenschaft handelt, ist *Die nichtverlorene Zeit* zugleich eine Abhandlung über den Rationalismus, und so werden in den Gestalten Sekułowskis und Wielenieckis zwei eigentümliche Abenteurer der Vernunft geschildert. Bei dem einen entfernt sich der »reine Intellekt« so weit, daß er gleichsam an seiner menschlichen Herkunft Verrat übt; der exzentrische Poet gerät mal in Widerspruch zu sich selbst, um sich dann wiederum aller rationalen Beschränkungen zu entledigen und den niedrigsten Instinkten zu folgen, seinem »tierischen« Sensualismus stattzugeben. Der vernünftige Dozent dagegen gestattet der Vernunft keine allzu riskanten Flüge, er spannt sie vielmehr vor die Tretmühle der gesellschaftlichen Nutzung und weist ihr damit einen Wirkungsbereich zu, in dem ihre Peripetien der Kontrolle durch die herrschenden Werte unterliegen. In seinen späteren Werken scheut Lem nicht davor zurück, sich in den eisigen Raum des »Nichtmenschlichen« zu begeben, wobei er sich jedoch als ein kompromißloser Verteidiger der Ethik erweist, die das Werte-Rückgrat einer jeglichen – und nicht nur der menschlichen – Zivilisation bildet.

Man sieht also, daß *Die nichtverlorene Zeit* – und nicht die frühen SF-Arbeiten – einen ersten Umriß jener Problematik liefert, die für das gesamte reife Schaffen Lems im Mittelpunkt steht. Die zitierten Textpassagen belegen eindrucksvoll, daß Lem vom Erlebnis des Krieges, dieser Prüfung der Menschlichkeit in äußersten Situationen, ebenso wie von den kosmischen Abenteuern seiner ersten Science-fiction-Romane zu Reflexionen über das Wesen unserer Existenz in der Perspektive des Weltalls gelangt. Sie zeigen zugleich, daß die Idee des (gesellschaftlichen, wirtschaftlichen, kognitiven) Fortschritts, die dem sozialistischen Realismus vorschwebte, sich bei Lem nicht spurlos verflüchtigt hat. Allerdings sind ihre eigentlichen, in der Wissenschaft liegenden Wurzeln deutlich geworden. Lem ist bis heute bis zu einem gewissen Grade Optimist geblieben, ein Lobsänger des wissenschaftlichen und technischen Fortschritts, ein von der Vision der Menschheitszukunft faszinierter Futurologe. Daneben ist jedoch gleichberechtigt eine Tendenz zum skeptischen Spott über die Anmaßungen der intellektuellen Formel getreten, die sich die Wirklichkeit unterwerfen, als deren allumfassender Ausdruck, als erschöpfende Erklärung gelten möchte. Diese affirmativ-spöttische Haltung kennzeichnet bereits einige seiner Werke in den fünfziger Jahren. Tatsächlich sieht Lem das Ringen des einzelnen mit der Welt und mit der Erkenntnis durch das Prisma dichotomischer Gegensätze, bei deren Zusammenprall eine sonderbare, groteske Sphäre der Vernichtung von geltenden Sinndeutungen entsteht. So heben sich etwa die Fülle der Erkenntnisse und das absolute Chaos, die Allmacht und die Ohnmacht, die Freiheit und die Sklaverei gegenseitig auf.

Lems Belletristik läßt sich, wie gesagt, nicht durch eine eindeutige Grenze von seinen wissenschaftlichen Schriften trennen. Sein Schaffen weist zwei polar entgegengesetzte Brennpunkte auf: einerseits die intellektuelle Argumentation, andererseits die sinnliche, barocke literarische Vision. Alle Werke Lems liegen auf einer Achse, die diese beiden Punkte miteinander verbindet, oder vielmehr: In jedem seiner Texte entdecken wir ein Oszillieren zwischen zwei Arten der Konstruktion der Aussage, die mehr oder weniger der Dichotomie von Rationalismus und sinnlicher Empirie entsprechen. Daß die wissenschaftliche Essayistik von dem belletristischen Schaffen nicht zu trennen ist, liegt daran, daß beide bei Lem lediglich zwei Seiten eines und desselben auf Erkenntnis gerichteten Vorhabens sind. Die Vision tritt dann auf, wenn der Intellekt auf Phänomene stößt, die sich, weil sie allzu kompliziert oder gar in ihrer Aussage nichtmenschlich sind, nicht interpretieren lassen. Sie (die Vision) kann aber als Startplattform für einen weiteren Versuch dienen, die – sei es wahrgenommene, sei es vorgestellte – Welt zu rationalisieren.

Nur scheinbar befaßt Lem sich mit »ausgewählten Problemen der Wissenschaft«; hinter jedem Einzelproblem spürt man bei ihm »allistische« Ambitionen: Nicht umsonst gesteht der Autor scherzhaft, seine *Summa technologiae* wolle ebenso wie die *Philosophie des Zufalls* – jede auf ihre Art – eine »allgemeine Theorie von Allem« sein (dieser Ausdruck stammt von Jan Błoński). Der wissenschaftliche Diskurs treibt bei Lem nach allen Seiten eine üppige Flora abschweifender Kommentare, die ein Maximum an Materialien aus verschiedenen Wissensgebieten in Klammern einzufangen versuchen. Oft scheint der Autor diese wilden Triebe aus Sorge um die thematische Einheit des Buches zurechtstutzen zu wollen, doch muß er alsbald vor ihrer ungestümen Entfaltung kapitulieren. Nichts ist Lem daher fremder als die Haltung des Fachwissenschaftlers. Mit einer ungeheuren, vielseitigen Bildung ausgestattet, ist er nie zum Rädchen in einer gesellschaftlich produzierten »Erkenntnismaschine« geworden, wie sie jedes wissenschaftliche Institut darstellt, das die zu lösenden Probleme unter seine Mitarbeiter aufteilt. Bei Lem geht das »Spiel« jedesmal »um alles«, er bemißt die Wissenschaft nach den Geheimnissen, die ihn *als Individuum und Mikrokosmos* bedrängen, als ein Individuum, das – anders als die spezialisierten Zweige der Wissenschaft – der Herausforderung des Weltalls in der ganzen Spannweite seiner existentiellen Komplexität gerecht werden muß. Wir müssen hier den Akzent auf das »gerecht werden« legen. Lem wagt sich – wie Sekułowski – in die eisigen Unendlichkeiten hinaus, aber nicht, um sich in ihnen aufzulösen, sondern um das eigene »Ich« zu bestärken – sei es durch die rationale Konstruktion, sei es mittels der literarischen Vision. Beide – die Konstruktion wie die Vision – stellen einen Versuch dar, dem Nichtmenschlichen *Sinn* zu verleihen, zwischen der menschlichen Natur und der Summe der Möglichkeiten, die sich nicht in ihr realisiert haben, eine Beziehung herzustellen.

In seiner privaten Auseinandersetzung mit der Welt ist Lem jedoch gezwungen, sich der Terminologie der verschiedensten Wissensgebiete und der vielfältigen überlieferten literarischen Konventionen zu bedienen. Da er seinen Standort zwischen zahlreichen wissenschaftlichen Einflußbereichen hat, in denen man in einer jeweils anderen Sprache verkehrt, hält er es, wie man leicht errät, für die wichtigste Aufgabe, zunächst ein universelles »Esperanto« zu finden, durch das die verschiedenen kognitiven Ansätze miteinander in Einklang gebracht werden könnten. Schon der Held des zweiten Teils der *Nichtverlorenen Zeit*, der geniale Grünschnabel Karol Wilk, versucht die Träume von einer neuen *characteristica universalis* wiederzubeleben, indem er in der Sprache der Formeln beweist, daß die Gelehrten der verschiedenen Fachgebiete ein praktisch einheitliches Weltbild hervorbringen. Eine solche Universalsprache entdeckt Lem im Begriffssystem der Kybernetik. Es wird zur Hauptdeterminante der Situation des Verfassers von *Solaris*, daß er sich »dazwischen« befindet: Über Literatur spricht er in der Sprache der Spieltheorie oder gar der Physik, die Mechanik verkoppelt er mit der Biologie, die Theologie mit der Kybernetik. *Zwischen* heißt immer auch *außerhalb*, und so betrachtet er die einzelnen Wissensgebiete von außen, aus der Sicht des Außenseiters, der sich um die Algorithmen der Erkenntnis, die das Denken der Fachleute begrenzen, ebensowenig schert wie um das spezifische »Forschungsritual«, das sich jede Wissenschaft zulegt und das dann ihre Horizonte einengt.

Dieses Fehlen von Beschränkungen muß durchaus nicht lustvoll sein, denn das Denken, das auf keinen Widerstand stößt, zerstreut sich nach allen Seiten und bringt Visionen hervor, die durch ihre relative Beliebigkeit und die Losgelöstheit von den Realitäten unseres Hier und Jetzt quälend wirken. Den im späteren Schaffen Lems geschilderten Qualen von Wesen, die alles zu konstruieren vermögen, entsprechen in einem gewissen Maße die Konvulsionen eines Geistes, der *alles zu denken* vermag und dann voll Schrecken oder Abscheu vor dem, was er erdacht hat, zurückweicht. Bei der Lektüre der *Summa technologiae* gewinnen wir eine Vorstellung davon, wie das Werk einer »reinen Futurologie« aussehen würde, die alle in ihrem heutigen Zustand enthaltenen Möglichkeiten einer künftigen Evolution der menschlichen Gattung akzeptiert. Das Bild einer Welt, die in einem durch nichts (außer den elementaren Gesetzen der Physik) beschränkten Raum der Wahrscheinlichkeit konstruiert würde, müßte die Struktur eines Labyrinths haben. Die Lemsche Futurologie ist daher nicht das Werk eines reinen Intellekts, der Bilder von der Zukunft generiert, sondern eher ein ständiger Dialog mit einer fremden Reflexion, eine »autothematische« Überprüfung der Beschränkungen, die sich aus der Benutzung der menschlichen Sprache und des menschlichen Begriffsapparates ergeben, ein Spiel, das Lem mit sich selbst als einem Individuum spielt, welches diesen Perspektiven gewachsen sein muß. Deshalb braucht Lem unbedingt die Literatur – als ein Versuchsgelände, auf dem der konkrete, individuelle Mensch die Projekte des Futurologen an sich selbst überprüft. Derjenige, der die intellektuellen Modelle der Wirklichkeit produziert, ist nämlich nicht identisch mit dem, der sie bewohnt. Die Ausblicke, die sich aus diesen beiden Perspektiven darbieten, sind überaus verschieden. Damit sind wir wieder bei den grundlegenden Dichotomien, die den Schriftsteller zerreißen, zerreißen in biologisches Wesen und Intellekt, in die Weltsicht eines »Ergebnisses materieller Prozesse« und die Weltsicht eines »Geistes, der das Weltall begreift und sich unterwirft«.

Den Hintergrund für den nachfolgenden Überblick über Lems Science-fiction-Schaffen wird also seine wissenschaftliche Essayistik bilden, die einen unverändert bedeutsamen und die phantastische Vision wesentlich ergänzenden Bezugsrahmen der kognitiven Reflexion darstellt. Hier sei besonders hingewiesen auf das Repertoire der im belletristischen Bereich benutzten, stets axiologisch eingekleideten kognitiv-kreativen »Gesten« – denn intellektuelle Konstruktion und Wertung gehen bei Lem immer Hand in Hand.

2. Die ersten, in Buchform erschienenen Science-fiction-Arbeiten Lems wecken heute, gemessen an seinen späteren Leistungen, kaum Interesse, wenngleich sie bei anspruchsloseren Lesern sicherlich noch Beachtung finden mögen. Wenn wir jedoch versuchen, sie vor dem Hintergrund der durchschnittlichen Romanproduktion in den Jahren des sozialistischen Realismus zu deuten, begreifen wir sofort, warum sie so populär waren. Denn was *Die Astronauten*, *Gast im Weltraum* und die Erzählungen aus dem Zyklus *Sezam* vor der kruden und schematischen »Produktions«-literatur auszeichnet, ist die *Phantasie*. Diese Werke leben von der Kühnheit der Visionen, der sinnlichen Bilderfülle, dem Mut, mit dem der Autor sich an die Schilderung von unbekannten Welten wagt, die der alltäglichen Erfahrung widersprechen und auf eine eigentümliche Weise wunderbar sind. Die kraft sozrealistischer Dekrete aus der Literatur verbannte märchenhafte Feerie kehrt in den Visionen von einer glücklichen Zukunftsutopie wieder zurück. Nirgendwo ist deutlicher sichtbar, daß die moderne wissenschaftliche Phantastik die Rolle des Märchens übernimmt, und Roger Caillois würde in Lems frühen Werken wahrlich die beste Bestätigung seiner Hypothesen finden.[5]

In den *Astronauten* landet eine irdische Expedition auf dem Planeten Venus und entdeckt dort Überreste einer hochentwickelten Zivilisation, die durch einen mörderischen Bruderkrieg völlig vernichtet wurde. Dieser Krieg und seine tragischen Folgen hatten übrigens die Erde vor einer beabsichtigten Invasion und die Menschheit vor der Ausrottung bewahrt. Die antiimperialistische Moral des Buches ist recht offenkundig, und wenn wir heute zu den *Astronauten* greifen, so nicht, um erneut die Gefahren des Militarismus zu entdecken. Der Roman empfiehlt sich vor allem durch seine sensationelle Fabel, er ist ein mit großem Geschick verfaßtes typisches Epos auf eine Erkundungsreise, in dem einige für den Laien faszinierende Einfälle verwendet werden, deren Inspirationsquelle die wissenschaftlichen Kenntnisse des Autors sind. Was in den *Astronauten* noch immer lebendig ist, sind die Beschreibungen der Landschaften, Städte und technischen Einrichtungen auf der Venus. Die Umwelt wird plastisch und zugleich als bedrohlich geschildert, die Wohnstätten der Bewohner des Planeten werden in dem Roman so gezeichnet, daß das Geheimnisvolle und eine eigentümliche Funktionalität ausgewogen bleiben. So kann man das Netz der Verbindungswege und Geheimgänge benutzen, die Wirkungsweise der Energiegeneratoren erforschen und sogar die »Bibliotheken« der Venusianer studieren, doch das alles bleibt in eine dichte Atmosphäre des Grauens getaucht und erinnert an das Umherirren in einem Labyrinth, in dessen Gängen jeden Augenblick ein Ungeheuer auftauchen kann.

Übrigens kehren recht ähnliche Bilder bei Lem noch mehrfach wieder (besonders in *Eden*). Der Autor läßt in seinen phantastischen Visionen fremder Welten sehr gern »technische« und quasibiologische Formen miteinander verschmelzen (hier, in den *Astronauten*, gilt das z.B. für den »Toten Wald« und den gespenstischen Plasmafluß). Dafür kann es eine dreifache Motivation geben: eine rein literarische – denn den Eindruck wahrer Ungeheuerlichkeit erweckt nicht so sehr ein geheimnisvoller Mechanismus als vielmehr die entartete Natur (die Klassiker der Phantastik des Grauens, z.B. Lovecraft, waren sich dessen sehr wohl bewußt); daneben gibt es jedoch eine wissenschaftliche Motivation: Lem ist von der technischen Nutzung biologischer Mechanismen fasziniert und widmet solchen Einfällen viele Seiten seiner späteren Bücher; schließlich kann man hier eine erkenntnistheoretische Motivation hinzufügen: Der Verfasser der *Astronauten* hat sich wiederholt über das Kriterium geäußert, nach dem Wesen in natürliche und künstliche eingeteilt werden können, und neigt zu der Ansicht, die Grenze zwischen ihnen sei fließend und lasse sich kaum eindeutig festlegen. Den Besuchern von der Erde wird es daher immer schwerfallen, die Realität eines fremden Planeten zu klassifizieren: Sind die biologischen »Fabriken« auf Eden noch »Natur«? Ist die Population der Mikroautomaten im *Unbesiegbaren* eher »künstlicher« oder eher »natürlicher« Art? Auf solche Fragen müssen Lems Astronauten sehr häufig eine Antwort finden.

Wir finden also in den frühen Science-fiction-Werken Lems neben einer recht schematischen Moral die Keime einer gewichtigen Problematik, die dann in seinem reifen Schaffen entfaltet wird. Nicht anders verhält es sich in *Gast im Weltraum*, wo die erste irdische Expedition geschildert wird, die aus dem Sonnensystem hinausführt. Interessanter als die Expeditionserfahrungen ist hier im Grunde die Schilderung der menschlichen Gemeinschaft unter den Bedingungen eines lang andauernden Raumflugs. Das gigantische Raumschiff, in dem man für die Astronauten Bedingungen geschaffen hat, die so weit wie irgend möglich den irdischen Verhältnissen entsprechen, bleibt dennoch ein Käfig, ein Gefängnis, in dem die Besatzungsmitglieder aufeinander angewiesen sind. Diese Gesellschaft im kleinen macht verschiedene Krisen durch, und bestimmte Einzelpersonen, die auf eine schwere Probe gestellt werden, bestehen die Prüfung ihrer Menschlichkeit. Die Kontaktaufnahme mit den Kosmiten, das eigentliche Ziel der Reise, am Schluß knapp angedeutet, ist daher für Lem im Grunde entbehrlich. Nachdem er im ersten Teil des Buches eine glückliche Gesellschaft der erfüllten (technischen und sozialen) Utopie gezeichnet hat, experimentiert er mit der menschlichen Natur und demonstriert, was in ihr auch weiterhin eine Quelle von Tragödien und Konflikten sein wird und was andererseits einen optimistischen Blick auf das weitere Schicksal unserer Gattung zuläßt.

Dennoch vermögen weder die *Astronauten* noch *Gast im Weltraum* insgesamt zu befriedigen, und der Autor würde diese Bücher heute lieber dem Vergessen überantworten. Ihre Schwächen scheinen eher philosophischer als strikt literarischer Natur zu sein; man erkennt in ihnen den Einfluß der Ideologie, die das Universalrezept der gesellschaftlichen Entwicklung zu besitzen vermeinte. Gerade die interessantesten Probleme, etwa die Frage der künftigen Gestalt des Menschen, des Einflusses der Technik auf die Persönlichkeit usw., sind deshalb nach einem schematischen Muster gelöst worden. Da die grundlegende Entwicklungsformel aller Gesellschaften von vornherein bekannt ist, kann den Raumfahrern auf ihrer Reise grundsätzlich nichts begegnen, was ihre theoretischen Erwartungen einer ernsteren Prüfung aussetzen würde. Deshalb erleben die Romanhelden sowohl die mordgierigen Venusianer aus den *Astronauten* als auch die Bewohner des Weißen Planeten aus *Gast im Weltraum* als eine Projektion des Menschen.[6] Gleichzeitig hat ein sechster Sinn den Autor davor gewarnt, es im Buch zu einem direkten Kontakt mit den Kosmiten kommen zu lassen. Dieser Kontakt hätte die *differentia specifica* der fremden Zivilisation enthüllen müssen und wäre für die Ideologie der frühen Bücher Lems zu einer schwierigen Klippe geworden. Ihre Helden möchten im Grunde mit sich und ihren menschlichen Klassifikationen der Dinge im Weltall allein bleiben. Die epistemische »Starrheit« der ersten Science-fiction-Romane des Verfassers von *Solaris* zwingt ihn, die Erkenntnisprozesse künstlich zu dynamisieren, und so führt er den naiven Helden ein (den Piloten Smith in den *Astronauten*, den jungen Arzt in *Gast im Weltraum*), der von der Umwelt bereitwillig instruiert und belehrt wird. Der weniger gebildete Leser, der sich mit dem Helden identifiziert, verschlingt dieses Wissen in der irrigen Annahme, es sei wirklich neu, d.h. aus den Erfahrungen der Expedition erwachsen. Leider erfahren wir nicht einmal über die Menschen irgendetwas Bemerkenswertes, und das treibende Moment der beiden Romane ist in Wirklichkeit eine für die damalige Zeit wahrhaft spannende Feerie technologischer Einfälle. Die Schwäche der Konzeption wirkt sich auf die künstlerische Gestalt des Werkes aus; ärgerlich ist heute z. B. an *Gast im Weltraum* sein deklamatorisches Pathos und die Neigung, die einzelnen Szenen in griffigen, aber banalen Sentenzen zusammenzufassen. Über das, was der Roman an geistigen Inhalten bietet, verfügen uneingeschränkt die Autoritäten (der weisen Gelehrten, der unerschrockenen und moralisch kristallreinen Raumpiloten usw.).

Wo ist aber nun in diesem didaktisch angelegten Diskurs der Platz des Autors? Ist er bloß ein *Demonstrator*, der uns durch die Kabinen von Raumschiffen führt und deren Funktionen erläutert beziehungsweise Thesen über die Natur des Menschen und der Welt vorträgt? Die Funktion eines solchen Mentors könnte man Lem ohne Zweifel zuschreiben; seine frühen Science-fiction-Arbeiten gehen direkt aus populärwissenschaftlicher Literatur hervor, und in Texten wie etwa der Erzählung *Sezam* aus dem gleichnamigen Band findet man kaum mehr als einen leichfaßlichen Vortrag über das Wesen der maschinellen Intelligenz und die Möglichkeiten der Computer. In diesem Werk setzt Lem also lediglich seine publizistische Tätigkeit fort, die er damals in den Zeitschriften »Zycie Nauki« und »Problemy« ausübt. Aber in dem Wunsch, die großartige Vision der neuen Zeiten sinnlich erfahrbar zu machen, verwandelt sich derselbe Autor in einen *Adepten*, weil die Welt gleichsam nur aus dieser Perspektive sich zu einem Ganzen zusammenfügt, das Emotionen freisetzt, spontane Aktivität auslöst, ästhetische und ethische Bewertungen hervorruft. Diese Verdoppelung ist am vollständigsten in den *Astronauten* durchgeführt, wo die beiden Teile mit einer unterschiedlichen Erzählweise arbeiten: im ersten Teil ist der Narrator-Mentor, im zweiten der naive Pilot Smith der Erzähler.

Der narrative Bruch, der dort nur ein Kunstfehler zu sein scheint, erweist sich im weiteren Schaffen als ein konstitutives Merkmal des Lemschen Diskurses. Sein Mensch zerfällt *tatsächlich* in einen »reinen Intellekt«, der fieberhaft nach einer »Metaebene« sucht, von der aus er objektive Urteile über die Realität formulieren könnte, und eine »Psyche«, die in Leiblichkeit, Subjektivität usw. verstrickt ist. Lems Helden sitzen bald in der Stille abgeschlossener Räume und feilen an intellektuellen Modellen der Welt, durchblättern und zitieren dutzendweise wissenschaftliche Arbeiten aus verschiedenen Fachgebieten, bald stürzen sie sich in das Geschehen, saugen es mit allen Sinnen in sich auf und erfassen intuitiv ihren Sinn. Während die Entwicklung anfangs dahin geht, den Didaktismus zu entwerten und dafür den Aktivismus aufzuwerten, stellt sich später ein Gleichgewicht zwischen ihnen und ein Zusammenwirken nach anderen als den anfänglichen Regeln ein, erweisen sie sich als die zwei Seiten ein und desselben kognitiven Prozesses. Das erkennen wir an dem reifen Schaffen Lems.

3. Der Oktober 1956 bedeutet auch für Lem einen Umbruch. Er schreibt zu dieser Zeit die *Dialoge*, sein erstes essayistisches Buch. Verweilen wir einen Augenblick bei ihm, denn es ist ein symptomatisches Werk, aus dem sich die spätere Arbeit des Autors zu einem erheblichen Teil ableiten läßt. Damit keine Mißverständnisse aufkommen: Von vielen Thesen der *Dialoge* hat Lem später Abstand genommen, und in der zweiten Auflage des Buches hat er in einem

Anhang den Fortgang seiner Überlegungen zu den Perspektiven der Kybernetik dargelegt (deutsch in seinen *Essays*; Anm. d. Ü.). Erscheinen diese Perspektiven, denen das Buch gewidmet ist, in den fünfziger Jahren unbegrenzt, so werden sie fünfzehn Jahre später mit großer Zurückhaltung beurteilt. Uns interessiert hier jedoch nicht der Realitätsgehalt der Lemschen Entwürfe, sondern ihr Inhalt und die Art ihrer Darstellung. Das Buch ist in der ein wenig altmodischen Form des Dialogs geschrieben, und die Gesprächspartner sind – nicht zufällig – die uns aus den Schriften Berkeleys bekannten Hylas und Philonous. Die Kompetenzen sind ungleich unter sie verteilt: Hylas übernimmt hier die Rolle des Adepten, Philonous die des Mentors, und während jener sich in den Perspektiven, welche die neuesten Verfahren der Informationsverarbeitung der Menschheit geschenkt haben, ein wenig verliert, korrigiert dieser seine naiven oder »common sense«-Ansichten, indem er Zukunftsaussichten aufzeigt, gegen die der humanistische Traditionalismus des Hylas revoltiert; vor der Beredsamkeit des Mentors lösen diese Widerstände sich indessen rasch auf.

Worum geht es in den *Dialogen*? Am lebendigsten wirkt bis heute ihr »gesellschaftlich-politischer« Teil. Lem führt dort den Beweis für das Vorliegen einer strukturellen Insuffizienz des zentralistischen Sozialismus. Er betrachtet die Gesellschaft als ein informationsverarbeitendes System und erklärt *sine ira*, daß ein solches System unabhängig vom guten oder bösen Willen der Führer krank werden *muß*, denn erstens sind die Wege der in ihm kursierenden Information zu lang, was die Leistungsfähigkeit des Systems mindert, zweitens ist die Zentralinstanz ständig blockiert durch die Notwendigkeit, in den unbedeutendsten Angelegenheiten Entscheidungen zu fällen, und drittens hemmt und verzerrt die Regierung aufgrund ihrer allzu starken Stellung um ihrer unmittelbaren Bequemlichkeit willen den Informationsfluß, wodurch sie sich den Kontakt zur Gesellschaft abschneidet und jegliche Diagnose der Wirklichkeit gründlich verfälscht. Auf längere Sicht funktioniert ein solches System wie eine Dampfmaschine ohne Regler, oder mit anderen Worten, es arbeitet ohne die einfachste Rückkoppelung, welche eine elastische Anpassung der Regierungsentscheidungen an den Zustand des Staates ermöglichen würde. In Ermangelung solcher Mechanismen wird die Regierung dazu neigen, zur Aufrechterhaltung des status quo die Repression zu verstärken und Mißerfolge mit subjektiv-psychologischen Faktoren zu erklären. Führt dies zu negativen Folgen, versucht sie den Druck abzuschwächen, was jedoch nicht die strukturellen Widersprüche beseitigt, die das Funktionieren des gesellschaftlichen Mechanismus verhindern. Langfristig führt das zu einem periodischen »Lockern und Anziehen der Schraube«, das aus der politischen Geschichte Nachkriegspolens so wohlbekannt ist, während das System, das unter den Parolen von Freiheit und Demokratie errichtet wurde, sich in einen Repressionsapparat zu verwandeln droht.

Lems Bemerkungen in diesem Teil der *Dialoge* beeindrucken durch ihren ungewöhnlichen Scharfblick; verfaßt aus dem Anlaß der Abrechnung mit der Stalinzeit, erwiesen sie sich zugleich als eine treffende Diagnose der Ursachen des Sturzes der nachfolgenden Regierungsmannschaften in Polen – im Dezember 1970 und im August 1980. Lem gilt in Polen nicht als politischer Schriftsteller, und seine Abrechnung mit dem Stalinismus blieb im Grunde unbemerkt, aber dennoch hat er, sich der Sprache der Kybernetik bedienend, in dieser Hinsicht mehrfach bedeutend interessantere Dinge geäußert als die »Klassiker« der Tauwetterliteratur, sei es Wazyk, Brandys, Andrzejewski oder Hłasko. Seine politischen Reflexionen sind jedoch im Grunde ein »homophoner« Essay, in dem Hylas nicht viel zu sagen hat. Die Dialogform kommt zur Geltung im ersten Teil des Buches, dessen Thesen nicht mehr ganz aktuell sind, was aber nicht heißt, daß sie für uns nicht von Interesse wären.

Die ersten fünf Dialoge oszillieren im Grenzbereich von Philosophie und Naturwissenschaften, versuchen Fragen zu beantworten wie die nach dem ontologischen Status des Bewußtseins, der psychischen Prozesse, nach dem »Wesen des Menschen« schließlich – ein recht nebelhafter Begriff, der in seinen Grundlagen bedroht ist, sobald wir das Denken mit bestimmten logischen Operationen gleichsetzen, die sich in einer künstlich geschaffenen Maschine nachahmen oder gar vervollkommnen lassen. Im Laufe der Diskussion werden alle Einwände des Hylas, der im Sinne des traditionellen Humanismus einen grundsätzlichen Unterschied zwischen dem »natürlichen« Wesen des Menschen und der »künstlichen« Welt der Maschinen gewahrt sehen möchte, widerlegt – der Triumph fällt Hylonous verdächtig einfach zu. Davon dürfen wir uns aber nicht täuschen lassen! Lem muß – eingedenk seiner spezifisch dichotomischen psychischen Konstruktion – in Wirklichkeit *Hylas und Philonous zugleich* sein; die Einwände des ersteren sind seine *eigenen* Einwände. Der Triumph des Philonous folgt gewissermaßen aus der Gattungsspezifik der *Dialoge*, die zur Essayistik gehören, deren immanenter, »innerer Autor« bei Lem so etwas wie ein »Super-Philonous« ist. Daß von den scheinbar widerlegten Einwänden des Hylas nichts vergessen wurde, belegt die nach den *Dialogen* entstehende Prosa, in der das »Wesen des Menschen«, das »psychische Leben« und die Dichotomie von Denken und physischer Existenz immer wieder als ungelöste Probleme auftauchen, die ein unerforschliches und oft schmerzliches Geheimnis bergen. Aus der Sicht des schlichten Helden, der in das Geschehen eines Romans verwickelt ist, erscheinen die Dinge anders als von der erhabenen Warte aus, die der Autor für Philonous oberhalb von Sein und Denken errichtet. So mag Philonous z.B. hundertmal leugnen, es gebe irgendeinen Unterschied zwischen dem Gehirn, das als »Ding« von außen betrachtet wird, und dem Gehirn als dem Sitz der eigenen Gedanken, des Gedächtnisses, der uns in der inneren Erfahrung erscheinenden Bilder der Wirklichkeit[7]; so mag er auch – im Gegensatz zu Dostojewskis »Mensch aus dem Kellerloch«, auf den Hylas sich beruft – die Perspektiven einer idealen Gesellschaftsordnung heraufbeschwören – die Beweise klingen, auch wenn sie unbestreitbar logisch sind, nicht überzeugend, und die später von Lem geschaffenen fiktiven Welten und Helden mögen sich diesen Gedankengängen nicht unterwerfen.

Wie Dominique Sila, die französische Übersetzerin und Kommentatorin der Prosa Lems, scharfsinnig bemerkt hat[8], will der Verfasser der *Dialoge* auf ein Modell der Welt hinaus, in dem der Gegensatz zwischen dem Natürlichen und dem Künstlichen aufgehoben ist; es scheint eine seiner Obsessionen zu sein, den Kosmos als Produkt eines *Spiels* zu betrachten, als das teils intentionale, teils mißratene Erzeugnis eines machtvollen Konstrukteurs (oder von Konstrukteuren?). Schauen wir nun, was daraus folgt: Einmal werden (in den *Dialogen*) die Produkte der biologischen Evolution mit den bewußt und zielgerichtet vom Menschen geschaffenen Apparaturen verglichen, um so das Geheimnisvolle und Fremdartige der Natur zu entzaubern, dann wiederum wird hinter den natürlichen Erscheinungen eine Intention, ein »Zeichen«, das Wirken Höherer Wesen vermutet – die Welt verliert also erneut ihren dichotomischen Charakter und wird zu einer Pyramide von

Artefakten; diesmal kehrt jedoch das Geheimnis, das zuvor verbannt worden war, verdoppelt zurück, um sich sogar in unser eigenes Handeln hineinzudrängen, denn wer weiß schließlich von sich selbst, ob er nicht von einem mächtigen Demiurgen programmiert wurde? Ein ähnliches oder identisches Modell der Welt kann bei Lem je nach der gewählten kognitiven Haltung eine diametral entgegengesetzte Deutung besitzen. Natürlich handelt es sich nicht um einen Widerspruch im Denksystem, sondern um eine jeglichem System voraufgehende, den Menschen zerreißende unaufhebbare Antinomie. Den Ansatz einer Lösung dieses Dilemmas werden wir kennenlernen, wenn wir die Lemsche Konzeption des »Weltenschöpfertums« untersuchen.

Die Sicht der Wirklichkeit, in der das »Natürliche« sich mit dem »Künstlichen« vermischt, ist bei Lem das Ergebnis einer apokryphen Kosmogonie, aber ihre Wurzeln würde ich in den Kindheitserfahrungen des Schriftstellers suchen. Wenn wir schauen, wie er diese Erfahrungen im *Hohen Schloß* beschreibt, wie er sich selbst in seiner Kindheit nachspürt, seinen frühen Faszinationen, seinen Marotten, seiner sinnlichen Empfänglichkeit für das Konkrete, für die Welt der Gegenstände und Erscheinungen, dann erkennen wir, wie *fremd* im Grunde die vielen Geheimnissen zugleich verfallene Persönlichkeit des Kindes der »konstruktiven«, die Fakten ordnenden Psyche des erwachsenen Menschen ist, erkennen wir aber auch, wie die letztere aus der ersteren hervorgeht, ohne jemals bestimmte Bezauberungen und Einbildungen, ohne das magische Denken abstreifen zu können, das den ersten Erkenntniserlebnissen anhaftet. Lems Intellekt ist in der Tat »kindhaft«[9] – die aus dem ersten Lebensabschnitt mitgebrachten Fähigkeiten des Empfindens, des Staunens, des Sinns für das Spaßige und Spielerische sind ihm nie abhanden gekommen. Wenn wir das nicht sehen, können wir die Eigentümlichkeiten nicht nur seiner Phantasie, sondern auch seiner philosophischen Optionen nicht begreifen. Die Haltung des *bricoleur*[10], der die komplizierte Mechanik von wissenschaftlichen Theorien, lebenden Organismen, ökologischen Systemen oder ganzen Galaxien auseinandernimmt und aus den gewonnenen Elementen neue Wesen, neue Welten, logische oder paralogische Systeme zusammensetzt – diese Haltung entdecken wir im *Hohen Schloß* in der kindlichen Leidenschaft, den Gegenständen die in ihnen verborgenen Geheimnisse zu entreißen, entdecken wir später in dem Sinn für die Mystifikation, für das Spiel, das zugleich einen Versuch darstellt, sich selbst zu erschaffen und das eigene »Ich« in die umgebende Wirklichkeit zu projizieren.

Gerade das *Spiel* hält Dominique Sila, die wir oben zitiert haben, für die zentrale Kategorie in Lems schriftstellerischer Arbeit, und so nimmt sie in ihrem Aufsatz eine Klassifikation der verschiedenen Arten von Spielen vor, die Lem betreibt oder entwirft: es sind »kosmogonische« und »kognitive« Spiele, Sprachspiele usw. Fragen wir uns jedoch zunächst, welche Konsequenzen diese Spielleidenschaft hat.

Spielen ist eine Tätigkeit besonderer Art: Der Spieler willigt ein, daß der Wirklichkeit bestimmte Einschränkungen (die Spielregeln) auferlegt werden, und er selbst tritt in der solchermaßen hergerichteten Welt als eine Persönlichkeit auf, die auf eine bestimmte, durch die Spielregeln festgelegte Rolle reduziert ist. Bei den Aktivitäten, die unsere Kultur als Spiele identifiziert, also bei sportlichen Wettkämpfen, beim Glücksspiel, Gesellschaftsspielen usw., fällt es nicht sonderlich schwer, den »spielerischen« Teil der Realität vom Akzidentellen abzugrenzen. Das »Spiel« in diesem Sinne wird nicht zufällig mit der »Kurzweil«, dem »Vergnügen« assoziiert (einige westeuropäische Sprachen unterscheiden nicht einmal zwischen diesen Begriffen), doch neigen die Forscher dazu, es als eine *spezifische* Betätigung aufzufassen, die sich in einem konventionell festgelegten Raum und einer ebenso definierten Zeit vollzieht und nicht unmittelbar mit den »außerspielerischen« Beschäftigungen der Teilnehmer zusammenhängt.[11]

Ein wenig anders – und vielleicht interessanter – stellt sich die Sache dar, wenn wir beschließen, eine bestimmte Gruppe von Ereignissen *als Spiel aufzufassen*. Wir können dann nicht mehr von vorprogrammierten Einschränkungen sprechen, die die Spielzeit und das Spielfeld aus den im Hintergrund auftretenden Phänomenen *herausheben*. Der Beobachter muß vielmehr diese Einschränkungen selbst ersinnen und willkürlich der Wirklichkeit auferlegen, er muß also in die betrachtete Welt eine Hierarchie und eine Ordnung einführen. Die in den Erscheinungen entdeckten Regeln ihres Auftretens ergeben ein Schema, dessen Wesen zum einen in der angenommenen *Zielgerichtetheit* zumindest einiger Vorgänge im Spielfeld, zum anderen in der *Wiederholbarkeit* des Spiels besteht. Die Betrachtung der Welt als Spiel neigt, anders gesagt, zu einer zugleich *teleologischen und zyklischen* Auffassung. Wenn wir natürlich nicht an die Illumination und die »prästabilierte Harmonie« des Seienden glauben, werden wir hinnehmen müssen, daß der Forscher, der der Welt unterstellt, sie funktioniere nach dem Modell des »Spiels«, sich ständig fragen muß, ob er die Regeln, nach denen die Erscheinungen ablaufen, tatsächlich *entdeckt* – oder ob er der Welt seine eigenen Ansichten überstülpt. Wenn wir nun annehmen, die Regeln steckten objektiv in den Ereignissen, entsteht die Frage, ob sie »natürlicher« (und damit nichtintentionaler) Herkunft sind oder ob sie im Gegenteil eine Menge von Zeichen darstellen, die ein hypothetischer Demiurg (oder Demiurgen) gesetzt hat.

Auf die so gestellte Frage, in der die Physik unverhofft mit der Metaphysik oder der Theologie zusammentrifft, findet man, wie schon gesagt, bei Lem keine definitive Antwort. Der Schriftsteller kann auf die Herausforderung, die in diesem Dilemma steckt, nur so reagieren, daß er die demiurgische Geste auf dem Gebiet der Literatur nachahmt. Es ist unschwer zu erkennen, daß auch der Prozeß der Erschaffung und der Rezeption literarischer Werke Regeln unterliegt, die im Sinne der Spieltheorie interpretiert werden können.[12] Der Prozeß der Lektüre eines Werkes hat eindeutige Berührungspunkte mit dem Prozeß der »Lektüre« der Welt, nur daß im ersteren Falle die »demiurgischen« Handlungen enthüllt werden. Ich will hier nicht die ausführlichen Darlegungen wiedergeben, mit denen Lem in der *Philosophie des Zufalls* begründet, warum er sich gerade für diese Methodologie der Beschreibung der Welt und der Literatur entschieden hat. Anzumerken ist nur, daß seine Ansichten einer Reflexion über das Wesen von Kultur und Sprache entspringen, bei deren Beschreibung der Autor dem Konfliktmodell den Vorzug vor dem strukturalistischen Modell gegeben hat. Für Lem ist der Mensch sowohl als Rezipient von Literatur wie als Erforscher der ihn umgebenden Wirklichkeit in Handlungen verwickelt, die Gewinn oder Verlust mit sich bringen. Die Kultur wäre mitsamt der Sprache so etwas wie ein zwischen diesen unterschiedlichen Erfahrungen vermittelndes System, denn schließlich können wir ja nicht mit der Welt *in crudo* in Berührung kommen; eingehüllt in kulturell bedingte Voraussetzungen, Sinndeutungen und Bedeutungsgehalte, erscheint sie uns stets als ein *Text*, den wir mühsam und oft fehlerhaft dechiffrieren. Lem schreibt:

»Die Kultur ist vor allem ein System von Spielen. Wir sprachen davon, daß jeder Mensch an mehreren kulturellen Spielen gleichzeitig teilnimmt, wie diese Spiele sich herausbilden, aufeinandertreffen und in Interessenkonflikten selbst ihre Regeln gestalten und wie sie zergehen oder gleichsam ihre Formen an andere situative Inhalte vererben. Es sind darunter symmetrische Nullsummen-Spiele, bei denen eine Seite ebensoviel gewinnt, wie die andere verliert, es sind darunter Verfolgungsspiele, bei denen es wiederum einen neueren Zweig von Prozessen der differentiellen Verfolgung eines entweichenden Zieles (mit einer sogenannten Todesbarriere) gibt, es sind darunter sich selbst liquidierende und simulierte Spiele (...). Bisweilen sind in größeren Spielen kleinere enthalten (wenn beispielsweise bei der Aufführung eines Theaterstücks die Schauspieler gleichzeitig ihre «private Partie» nach Regeln spielen, die von einer Taktik gehässiger Hinterlisten und Fallen bestimmt sind), so daß wir ständig beteiligt sind an Spielen mit unterschiedlichen Versionen, an Spielen ohne jegliche Version (wenn beispielsweise jemand am Klassenkampf teilnimmt, ohne sich dessen bewußt zu sein) und an Versionen ohne Spiel (Mythen kann man auch so einstufen, denn sie stellen Versionen von Spielen dar, die in Wirklichkeit nie stattgefunden haben). Ferner gibt es Spiele mit einem fiktiven Partner (dem Teufel, Gott) usw. usw. Schließlich wird eine asymmetrische Partie, ein Spiel mit einer von Null verschiedenen Summe, zwischen der Kultur und der Natur ausgefochten. Die überwältigende Mehrheit der Spiele ist unumkehrbar, und viele Spiele hängen derart zusammen, daß die Gewinne aus dem einen in den anderen verspielt werden. Die Sprache muß all diese Zustände semantisch ausdrücken können, und sie kann das auch, zumindest in der Weise, wie sie es in diesem Augenblick auf meine Anweisung tut, nämlich allgemein.«[13]

Daraus folgt, daß der Erforscher der Kultur, der sich des Begriffsapparats der Spieltheorie bedient, bei der Modellbildung auf einen höchst undurchsichtigen Erfahrungsbereich stößt (entsprechend undurchsichtig ist, zugegeben, auch der Gang der Argumentation in der *Philosophie des Zufalls* selbst). In dem Galimathias der gleichzeitig auf verschiedenen Ebenen stattfindenden Spiele ist es unendlich schwer, einzelne »Partien« und die sie bestimmenden Regeln auszumachen. Es gilt ferner zu bedenken, daß auch *der Forscher selbst* in das Spiel verwickelt ist – als Subjekt der Erkenntnis und als Benutzer einer bestimmten Sprache der Beschreibung. Hier interessiert uns jedoch vor allem die Situation des Physikers oder des Kosmologen, verglichen mit der Situation des Literaturrezipienten; zwischen dem »Spiel mit der Natur«, das der erstere betreibt, und dem Spiel zwischen zwei konkreten, persönlichen Partnern, nämlich dem Autor und dem Leser eines literarischen Werkes, gibt es scheinbar eine feste Abgrenzung. Tatsächlich dürfte es anders sein: Die »Natürlichkeit« der physikalischen Welt, die ausschließlich Wahrscheinlichkeitsverteilungen und nicht irgend jemandes bewußten Entscheidungen unterliegt, kann ein Trugbild sein; die Vorstellung, der Autor habe die vollständige Kontrolle über sämtliche Elemente und Bedeutungsgehalte eines Werkes, ist aber mit Sicherheit ein Wunschtraum. Die Grundsituation, die Lem in seinem Schaffen benutzt, ist der Zusammenprall zweier unterschiedlicher Deutungen der Natur des »Partners« in dem kognitiven Spiel, das der Held betreibt, und darüber hinaus die ontologische Unbestimmtheit der dargestellten Wirklichkeit. Recht eigenartig, daß der Autor, der sich in seinen wissenschaftlichen Essays entschieden für die wissenschaftliche Weltanschauung ausspricht und kompromißlos alles verwirft, was nicht den Stempel der methodologisch korrekten, szientifischen Verifikation trägt, in seinen Romanen und Erzählungen ein *anderes Spiel* spielt; das Subjekt des Dramas der Erkenntnis, das durch seine apodiktischen Urteile über die Transzendenz z.B. in den Essays nicht selten Ärgernis erregt, zeigt auf literarischem Gebiet Unsicherheit und eine ganz fundamentale *Ungewißheit*, was die Natur der Welt und der sie bewegenden Kräfte betrifft. »Ockhams Rasiermesser« schneidet demnach bei Lem verschieden, je nach den Umständen: Mal holt es weit aus und trennt alles ab, was empirischer Bestätigung ermangelt, ein andermal verschont es die »Idole« des menschlichen Geistes und der Kultur, was den Dialog zwischen der menschlichen Natur und dem Nichtmenschlichen überhaupt erst ermöglicht.

Wie man sieht, läßt sich das »Spiel mit dem literarischen Werk« bis zu einem gewissen Grade dem »Spiel mit der Welt«, das der naturwissenschaftliche Forscher betreibt, anpassen. Die »Natur« tendiert dann zum »Text«, der »Text« zur »Natur«. Der Schriftsteller wird zum Generator fiktiver Ereignisse, die ein wenig dem strategischen Plan des Spiels mit dem Rezipienten gehorchen, aber es spricht auch aus ihm der bewußtlose Zufall, die Intuition, es sprechen aus ihm alle dunklen Geheimnisse der nur zum Teil vom Bewußtsein und zum anderen Teil von der »Natur« bestimmten Persönlichkeit. Die Frage »Wie erschafft man eine Welt?« richtet sich deshalb bei Lem ebensosehr an die Welt wie an ihn selbst; der Schriftsteller wird zum Leser und Interpreten der eigenen Werke, um sich in die Welt zu projizieren, aber auch, um das Geheimnis der Welt in sich selbst zu finden. Die Werke, die er nach 1956 geschrieben hat, werden wir im folgenden untersuchen als ein Geflecht aus Erkenntnis und Selbsterkenntnis, aus Weltenschöpfertum und Selbsterschaffung.

4. Bei genauerem Hinsehen erweisen sich die Werke Lems als erstaunlich homogen, was die Problematik, und zugleich als ungewöhnlich heterogen, was die Gattungszugehörigkeit, den Stil und die Thematik betrifft. Vor allem die Unterschiede in der Tonart, das Abwechseln von feierlichem Ernst und groteskem Humor haben Kritiker veranlaßt, Lems Phantastik in zwei verschiedene Strömungen einzuteilen: »seria« und »buffa«. Durch eine solche Einteilung wird jedoch nicht recht klar, worin sich der kreative Gestus des Schriftstellers in den einzelnen Werken unterscheidet. Dabei ist der Lemsche Humor nicht etwa der philosophischen Problematik aufgepfropft, sondern das Komische ist vielmehr den ontologischen, erkenntnistheoretischen und axiologischen Fragen immanent, weil sie, aus der partikularen menschlichen Perspektive formuliert und beantwortet, etwas zu erfassen trachten, was über diese Perspektive hinausgeht. Eine Philosophie, die als ein System von Behauptungen konstruiert ist, muß früher oder später auf Probleme stoßen, die ihre Möglichkeiten übersteigen, und wenn sie ihre eigenen Mängel nicht erkennt oder nicht einsehen will, gerät sie rasch in Selbstwidersprüche und hebt sich unter grotesken Windungen und Krämpfen selbst auf. Solche Dramen des Denkens werden bei Lem vielfach beschrieben.

Das Komische an einem Intellekt, der seine logischen Kategorien überanstrengt, um die Welt in ihnen zu erfassen, sieht aus der Sicht dessen, der sich mit einem Problem herumschlägt, natürlich anders aus als aus der Perspektive eines Beobachters, der nicht in die Geschehnisse der Romanhandlung verwickelt ist. Mal sieht der Leser das Gestrüpp der Probleme mit den Augen des Helden aus solcher Nähe, als müsse er selbst sich mit ihnen abplagen, ein andermal erscheinen ihm die literarischen Gestalten wie lächerliche Marionetten, die ganz in ihrer konventionellen Welt befangen sind. Läßt ihn die eine Leseerfahrung metaphysisch erschauern, so sorgt die andere für einen frenetischen Heiterkeitsausbruch, und doch können beide, wie das bei Lem häufig vorkommt, auf ein und dasselbe philosophische Dilemma zurückgehen.

Aus diesem Grunde verzichte ich hier auf eine strenge Aufteilung des Lemschen Werkes und schlage stattdessen vor, die einzelnen Titel in einer Fläche anzuordnen, die durch zwei senkrecht aufeinander stehende Achsen definiert ist. Die eine Achse kennen wir bereits: sie verläuft zwischen den Polen des Essays und der Vision. Die andere Achse verbindet den Punkt, an dem die Perspektive eines hypothetischen Rezipienten mit der Perspektive des (oder der) Helden teilweise identisch ist, mit dem Punkt größter Distanz zwischen den Perspektiven. Das sieht etwa folgendermaßen aus:

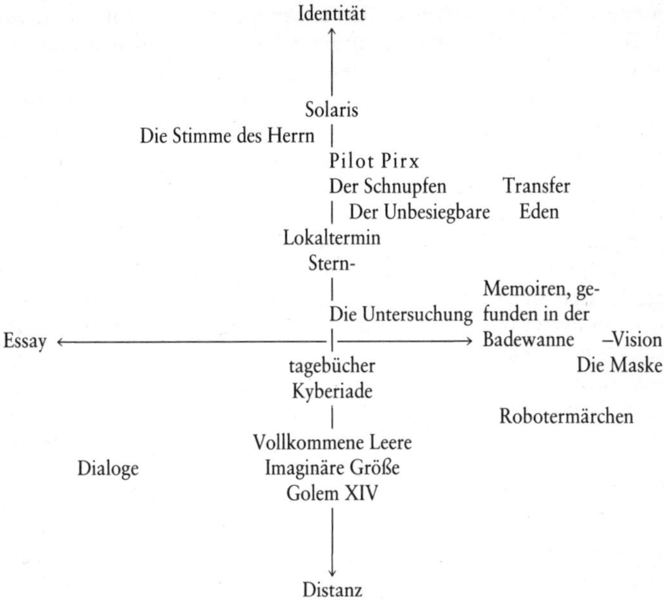

In der obigen Darstellung habe ich, wie man sieht, die nach 1956 erschienenen fiktionalen Prosawerke erfaßt. Darunter sind, wegen ihrer Form und der Einführung von »Helden«, auch die *Dialoge*; unberücksichtigt bleiben die dramatischen Formen und die übrigen Essays, die sich aus offenkundigen Gründen nur schwer auf der senkrechten Achse einordnen lassen. Die Lage der einzelnen Werke (und besonders der Zyklen) zueinander ist in hohem Maße Ansichtssache, denn eigentlich lassen sie sich nicht in ein exaktes Koordinatensystem einpassen, doch denke ich, daß die Darstellung eine gewisse Orientierungsfunktion erfüllen kann.

Woran liegt es nun, daß die kreativen Strategien bei Lem eine so verhältnismäßig große Streuungsbreite aufweisen? Leicht sagt man ihm eine Nachahmungs- und Stilisierungsmanie nach, einen geradezu weiblichen Hang zur fortwährenden Verkleidung, zum Paradieren in immer wieder neuen Kostümen. Dabei ist in Wirklichkeit wohl nicht der Spieltrieb die Haupttriebfeder der Verwandlungen (auch wenn ich seine Rolle nicht leugnen will), sondern eher ein »Unbehagen« des Autors, der es in keinem Gestus lange aushält, sei es, weil er eine ungenügende Aussicht bietet, sei es, weil Lem hofft, von einer anderen Position aus mehr zu sehen. Aber es gibt natürlich keinen Punkt, von dem aus man eine *vollkommene* Sicht hätte. Literarische Erkenntnis verlangt, sich sowohl in die Stellung des Forschers wie in die des Kreators zu versetzen, denn in diesem Fach ist man nicht nur Entdecker, sondern auch Schöpfer neuer Erfahrungsfelder. Lem ist offenbar nicht an einer Situation interessiert, in der der Held lediglich der Erkunder einer Welt ist, die zuvor vollständig in der Vorstellung des Autors geformt wurde. Das hieße gewissermaßen, wider besseres Wissen zu handeln. Lems Welten sind daher durch und durch geheimnisvoll – sowohl für den Helden wie für den Schriftsteller selbst; Erkennen und Erschaffen vollziehen sich quasi gleichzeitig und sind nicht voneinander zu trennen.

Mit dem Verzicht auf die Position des allwissenden Schöpfers büßt der Autor jedoch nicht die Möglichkeit ein, die im Werk dargebotene kognitiv-kreative Tätigkeit »in Anführungszeichen zu setzen«. Zum Thema seiner Schriften werden immer mehr statt der Welt als solcher verschiedene Varianten des kognitiven Diskurses. Je mehr man sich der Gegenwart nähert, um so häufiger findet man bei Lem »Metawissenschaft« und »Metaliteratur«; zu einem der dominierenden Elemente der Narration wird das *Resümee* im Sinne eines recht allgemeinen »Metadiskurses«, der den konventionellen, »sprachlichen« Charakter der aus einer gewissen Distanz interpretierten kognitiv-kreativen Unternehmungen enthüllt. Dabei ist es aber nicht so, daß dieser Metadiskurs Lems Schriftstellerei völlig dominierte. Er pflegt von Zeit zu Zeit Sammelbände mit Erzählungen zu veröffentlichen, deren jede an einen anderen Zyklus – und zugleich an einen anderen kognitiven Gestus anknüpft (z. B. *Bezsenność*/»Schlaflosigkeit«, *Maska*/»Die

Maske«, *Powtórka*/»Die Wiederholung«). So als könnte er nicht einen Augenblick auch nur eine der verschiedenen Haltungen aufgeben! Die Zuordnung einzelner Texte zu den *Sterntagebüchern*, den *Erzählungen vom Piloten Pirx*, zur *Kyberiade* usw. kann erst später erfolgen, denn diese »monostrategischen« Bände entstehen *ex post*, durch Entflechtung der gleichzeitig gesponnenen literarischen Motive. Aus der Tatsache, daß die verschiedenen Arten von Diskursen eine hierarchische Pyramide bilden, folgt jedoch nicht, daß man automatisch den größten Erkenntnisgewinn erzielt, wenn man sich auf die *Meta*ebene begibt. Das kritische Denken vermag einen anderen Gedanken zu widerlegen (und genau in diesem Sinne mißt sich Professor Hogarth in der *Stimme des Herrn* die Rolle eines »Destruktors«, eines Zerstörers anerkannter Wahrheiten zu), es ersetzt jedoch nicht das physische Eintauchen in die Welt, bei dem man den eigenen Körper zu einer Sonde macht, welche die Wirklichkeit erfährt. Das kognitive Spiel, das Lem für sich entworfen hat, erfordert, daß er alles zugleich wird: die Figur auf dem Schachbrett, der Spieler, der sie verschiebt, und der Theoretiker, aber auch der Historiker des Schachspiels.

Wie sich diese Makrostrategie herausbildet, werden wir sehen, wenn wir die einzelnen Gruppen von Werken untersuchen, die durch ihre Nachbarschaft in der obigen Darstellung miteinander verknüpft sind. Man sieht auf den ersten Blick, daß der Zyklus der *Sterntagebücher* dort eine besondere Stellung einnimmt; er ist der chronologisch älteste, wird aber zugleich bis heute fortgeführt und ist überdies, was die Tonart und die Problematik betrifft, der heterogenste. Deshalb werden wir uns nun ein wenig ausführlicher mit ihm befassen.

5. Die ersten Teile des Zyklus wurden noch in dem Sammelband *Sezam* (Warschau 1954) veröffentlicht. Es begann in einer heiteren Tonart:

»Der berühmte Sternfahrer Ijon Tichy, Kapitän der galaktischen Fernfliegerei, passionierter Meteor- und Kometenjäger, der mit nimmermüdem Forschergeist dreiundachtzigtausendunddrei Gestirne entdeckte, Doktor honoris causa der Universitäten beider Bären, Mitglied der Vereinigung zum Schutze kleiner Planeten sowie vieler anderer Gesellschaften, Ritter ungezählter Milch- und Nebelorden, wird dem Leser auf den vorliegenden Tagebuchblättern in seiner ganzen Größe als Persönlichkeit gegenübertreten, die solch unerschrockenen Männern vergangener Zeiten wie Karl Friedrich Hieronymus Freiherr von Münchhausen, Pawel Maslobojnikow, Lemuel Gulliver und Maître Alkofrybas würdig an die Seite gestellt werden kann«.[14]

So stellt Lem dem Leser seinen Helden im ersten Vorwort zu den *Sterntagebüchern* vor, das die Unterschrift eines anderen ständigen Helden seiner späteren Werke trägt, des Professors Astral Sternu Tarantoga. Für den Leser des Jahres 1954 war die Sache sicherlich klar: In den *Astronauten* sagt Lem ernste Dinge, hier dagegen macht er *Spaß*. Im Laufe der Zeit hat sich die Situation gewendet: Während die frühen, in einer Stimmung feierlichen Ernstes verfaßten Werke schnell verblaßt und in die Kategorie der Jugendliteratur übergewechselt sind, entdecken wir in den *Sterntagebüchern* heute die Anfänge eines überaus ernsthaften Vorhabens, einer Kritik des menschlichen Erkenntnisvermögens.

Die *Sterntagebücher* sind offensichtlich eine Anhäufung der unterschiedlichsten Stilisierungen und Parodien, zu denen uns der Autor teilweise schon in dem zitierten Vorwort die Schlüssel liefert. Die Abenteuer Ijon Tichys erinnern in der Tat an die Erzählungen des sagenhaften Lügners, des Freiherrn von Münchhausen. Was bei beiden auffällt, ist die ungewöhnliche und – wie man sagen könnte – fröhliche Leichtigkeit, mit der sie sich über alle physikalischen Beschränkungen hinwegsetzen. Wenn Münchhausen auf den Mond gelangen möchte, sät er einfach eine türkische Bohne und klettert an ihren Trieben hinauf; in Tichys Kosmos grassieren verwilderte Kartoffeln, die vorüberfliegende Raketen überfallen. Zugleich sind die Welten, in denen die beiden Phantasten umherreisen, irgendwie vertraut, »heimelig«: Münchhausen klettert auf den Mond, weil er versehentlich (von der Erde aus) eine Axt hinaufgeschleudert hat, und Tichy besucht einen ganzen Sternhaufen, weil er nach seinem geliebten Taschenmesser sucht, das er auf einem der Planeten zurückgelassen hat. Den Helden beider Bücher geht es im Grunde nicht um die Erkundung der Welt, sondern um die Suche nach möglichst ausgefallenen und unwahrscheinlichen Abenteuern. Keiner von ihnen ändert sich aufgrund der gemachten Erfahrungen[15], denn diese beziehen sich ja allesamt nicht auf den, der sie durchmacht, sondern auf den, der sie erzählt, so daß sie alle auf einer einzigen zeitlichen Ebene liegen, gleichzeitig »sich zutragen«, dann nämlich, wenn ein Kreis von Zuhörern bereit ist, lustige Geschichten zu vernehmen.

Wenn es also nicht darum geht, irgend jemandem zu suggerieren, daß es Planeten wie Enteropien, Pinta oder Panta tatsächlich gibt, und ebensowenig darum, die »Menschlichkeit« Tichys in der Konfrontation mit den sonderbaren Babudinern oder Ardriten auf die Probe zu stellen, dann muß der Schwerpunkt der *Sterntagebücher* anderswo liegen, eher im Bereich der Konstruktion der geschilderten Diskurse und Welten. In der Tat liegt Lem hier näher bei Swift als bei Bürger. Die *Sterntagebücher* benutzen das Modell der philosophischen Fabel insofern, als sie deutlich machen, daß die Ereignisse und Gestalten nur ein Vorwand sind, und die Kritik an den theoretischen Konzeptionen der gesellschaftlichen und kosmischen Ordnung in den Vordergrund rücken. Das, worauf es in den Erzählungen ankommt, stößt nicht Tichy zu, sondern den Bewohnern der von ihm besuchten Planeten.

Der Held der *Sterntagebücher* hat uns über sich selbst nicht viel zu sagen, und das nicht nur deshalb, weil er – wie jeder echte Reisende – vor allem in die Ferne aufbricht, um zu *erleben* und zu *lauschen*. Vielleicht liegt es eher daran, daß die anderen sich nicht sonderlich für das interessieren, was er ihnen vermitteln könnte; allzusehr sind sie von ihren eigenen Problemen, Vorstellungen und Klassifikationen eingenommen, eingenommen bis hin zur Blindheit, denn selbst das Zeugnis der Sinne vermag sie nicht in ihren eingefahrenen Denkweisen zu beirren. So besucht Tichy, als *Zuhörer* von den politischen Reden vor der Organisation der Vereinten Planeten betäubt, anschließend eine Schule, deren Eleven seine Existenz regelrecht leugnen, weil sie den schematischen Beweisen mehr Glauben schenken als ihren eigenen Augen; Pater Lazimon, ein Missionar, führt bei ihm bewegte Klage über die Säkularisierung des Kosmos; die Bewohner Enteropiens bieten ihm ein reiches Repertoire ihrer merkwürdigen Vergnügungen usw. Beim Besuch fremder Planeten wird Tichy zumeist recht brüsk in irgendwelche örtlichen, oft genug lästigen Rituale hineingezogen, oder bestenfalls indoktriniert man ihn im Sinne der dort herrschenden Ansichten. Auf diese Weise wird gewöhnlich die typische Denkgewohnheit der Erdlinge, eine höchst subjektive Meinung für eine allgemeingültige Wahrheit auszugeben, parodiert. Die Ironie wäre jedoch nicht so schneidend, wenn die Idee der *Sterntagebücher* sich darin erschöpfen würde. Dieses Buch verbirgt indessen noch andere Gifte, und die verspottete menschliche Neigung, sich von Illusionen zu nähren, enthüllt ihre grausigeren Folgen.

Die unglücklichen Indioten, Pinter und Panter sind Opfer eines »rationalen Gesellschaftssystems«, das errichtet wurde, um sie glücklich zu machen. Was Pinta betrifft, ist die Lemsche Groteske nichts anderes als eine politische Satire, die für jeden, der noch das stalinistische System kennt, durchschaubar ist; was die Indioten angeht, so werden sie zum Opfer der »Antinomie der Freiheit«, welche mit der Handlungslogik der Maschine vermählt wurde; den faszinierendsten Einfall bietet die Verfassung des Planeten Panta, dessen Bewohner um der Vollkommenheit des gesellschaftlichen Daseins willen ihrer individuellen Identität entsagen müssen.[16]

Der wahre Held der *Sterntagebücher* ist, unabhängig von den unterschiedlichen Fassungen im einzelnen, der Geist, der eine Formel zu finden versucht, um die Wirklichkeit zu definieren. Ob diese Formel nun in der politischen Rede, in einem Schulprogramm oder im theologischen Disput gefunden wird – jedesmal besteht zwischen ihr und der Welt ein groteskes Mißverhältnis. Die Kritik an Denksystemen, welche sich rühmen, die Wirklichkeit im Griff zu haben, wird zu einem konstitutiven Element des Lemschen Denkens – auch in den folgenden Werken. Doch in der Zwischenzeit gibt es noch eine Weiterentwicklung der *Sterntagebücher* selbst.

Zunächst ergänzt sie der Autor um den Zyklus »Aus den Erinnerungen Ijon Tichys« und einige gesondert veröffentlichte Erzählungen (»Doktor Diagoras«, »Die Anstalt des Doktor Vliperdius«, »Retten wir den Kosmos«). Sofort ändert sich der Ton des Zyklus: Tichy wirft das Kostüm eines Münchhausen ab und wird eher zu einem passiven Empfänger, einem Zeugen, einem Vertrauten von zumeist verkannten Genies der kybernetischen Technik. Den früheren *Sterntagebüchern* noch am nächsten kommen der parodistische »Appell eines Naturschützers« (»Retten wir den Kosmos«) und die köstliche »Waschmaschinen-Tragödie«, in der gelehrte Juristen, die durch entsprechende Gesetze auf die Ausbreitung von Waschmaschinen in Menschengestalt reagieren müssen, die Qualen des Geistes erleben, der die Wirklichkeit erfassen und klassifizieren möchte. Dieses Thema – die rechtliche Konfusion angesichts neuer, unvorhergesehener Situationen, die man in irgendwelche Kategorien fassen muß – kehrt wieder in »Schichttorte«, aber auch in einigen weiteren Werken. Die Gesetzgebung, stets hinter der gesellschaftlichen Realität herhinkend, ist bei Lem in der Regel eine Quelle grotesker Lächerlichkeit.

Die »Waschmaschinen-Tragödie« ist aber vielleicht noch aus

anderen Gründen interessant: Es handelt sich um eine Spielart des aus der Literatur bekannten »Aufstands der Roboter«, in der es nicht denkende Maschinen sind, die ihren Schöpfern untreu werden, sondern ein anderer, im großen Maßstab wirksamer Mechanismus, nämlich der Mechanismus der kapitalistischen Konkurrenz. Er verselbständigt sich auf einmal, hört auf, den Menschen zu dienen, und wirkt im Sinne einer unbegrenzten, sinnlosen Produktion. Der Kampf mit juristischen Kniffen wird unter diesen Umständen zur Verteidigung der Identität des Menschen und der Gesellschaft gegen das gleichsam unpersönliche, sich wie Bakterien naturwüchsig ausbreitende Vordringen der künstlichen Apparate. Hinter den humoristischen Peripetien verbergen sich somit Inhalte von fundamentaler Bedeutung. Was ist denn der Gesetzgeber, aus dieser Perspektive betrachtet? Eine Parodie auf den Gelehrten, der ja gleichfalls die Prinzipien festzulegen versucht, nach denen die Welt sich bewegt. Der Gesetzgeber aber will mehr: Die von seinen Regeln bestimmte Welt soll nicht nur gut funktionieren, sie soll obendrein noch gerecht, moralisch und »humanistisch« sein. Der Gesetzgeber eifert folglich einem Forscher nach, der von den Atomen eine nicht nur pragmatische, sondern auch ethische Ordnung fordert, der die Dynamik der Wirklichkeit aufzuhalten versucht, um ihr menschlich, kulturell und historisch determinierte Regeln aufzuzwingen. Es ist schwer zu sagen, worauf Lem hinauswollte, als er sich mit den Peripetien der Justiz befaßte, doch lohnt es sich, diese Betrachtungsweise als eine Interpretationsmöglichkeit im Gedächtnis zu behalten.

Es gibt jedoch noch eine andere, nicht minder interessante Deutung dieser Werke. Sie schildern nämlich meistens Probleme spezifisch ontologischer Natur. Wenn Mr. Johns nur noch aus mechanischen Prothesen besteht, *existiert* er dann noch als menschliche Person?[17] *Wer ist* der aus den Körperteilen verschiedener Opfer einer Katastrophe zusammengestückelte Rennfahrer wirklich?[18] Sind die intelligenten »Waschmaschinen« in Menschengestalt noch Mechanismen oder schon Wesen, denen menschliche Rechte und Freiheiten zustehen?[19]

Der Streit der Advokaten spielt sich ab in einer Atmosphäre des Grand Guignol, doch seine Grundlage ist eine philosophische Problematik par excellence. Das Recht versucht hier zu klären, was für das Wesen eines Objekts ausschlaggebend ist: seine Funktionsweise oder das materielle Substrat – und schon sind die ernsthaften Dispute aus den *Dialogen* in eine Fabel gekleidet. So gesehen, erscheint das Recht durchaus nicht lächerlich. Während die Kybernetik gern über die humanistischen Vorurteile hinweg zur Tagesordnung übergehen würde, indem sie den Menschen als »System« oder »Automaten« bezeichnet und ihn lediglich als einen Sonderfall eines komplexen Systems von Elementen und der zwischen ihnen auftretenden Beziehungen untersucht[20], versuchen die Gesetzessammlungen der Juristen zaghaft den subjektiven Standpunkt der Gattung *homo* zu wahren, irgendwelche angeblich »natürlichen« ethischen Grundsätze, die älter und elementarer sind als alle Paragraphen. Das macht den Streit der Advokaten überhaupt erst möglich, deshalb kann man überhaupt von einem Konflikt zwischen dem Geist und dem Buchstaben der menschlichen Gesetze sprechen, während in der Physik oder der Chemie eine solche Unterscheidung sinnlos wäre.

In einer völlig anderen Tonart sind in den *Sterntagebüchern* die Erzählungen über verkannte Entdecker gehalten. Ihr Hauptthema ist das Problem der Konstruktion künstlicher Intelligenz beziehungsweise der Übertragung der menschlichen Persönlichkeit auf die Maschine. Über die »ingenieurtechnischen« Aktivitäten gibt es hier keine eingehenderen Berichte, denn was Lem an diesen Unternehmungen interessiert, ist ja der philosophische und ethische Aspekt. Einen besonders empfindlichen Punkt scheint in dem ganzen Fragenkomplex die Erkenntnistheorie zu bilden, welche die in Mechanismen eingesperrten Geister entwickeln. Ihre Schöpfer verschaffen ihnen die Illusion physischer Existenz in einer sinnlich wahrgenommenen, wenn auch »in Wirklichkeit« künstlichen Welt. Die in der Maschine gefangenen Intelligenzen haben in der Tat keine Möglichkeit, irgendetwas über die Natur ihres Daseins in Erfahrung zu bringen; die in der elektronischen Apparatur fließenden Ströme fügen sich für sie zum Trugbild einer »Materie«, die die unsere imitiert, oder einer anderen, wie es der Konstrukteur gerade wünscht – aber diese Ströme selbst bleiben auf einer anderen, unerreichbaren ontologischen Ebene.

Lems Maschinenwesen werden von ihrem Konstrukteur im Grunde ähnlich ausgestattet wie Berkeleys Menschen von Gott, der ihnen Bündel von Sinneseindrücken liefert. Bischof Berkeley entwickelte im 17. Jahrhundert seine Vorstellungen bei der Arbeit an einer Abhandlung zur Optik, während Lem über die Situation eines Menschen nachdachte, der ständig an eine Apparatur angeschlossen ist, welche Sinnesreize produziert und die vollkommene Illusion einer nichtvorhandenen Realität erzeugt (*Summa technologiae*). Der Ausgangspunkt ist in beiden Fällen der Solipsismus, oder zumindest eine Art von philosophischem Alptraum, den es durch Humor zu entzaubern gilt, da ihm mit logischen Argumenten nicht recht beizukommen ist. Natürlich ist Lem kein Solipsist – dem steht seine weltanschauliche *Entscheidung* entgegen, und so beziehen denn auch diejenigen, die alles, was nicht »Ich« ist, liquidieren, eine gehörige Tracht Prügel von ihm. Hier nun die Überlegungen von Professor Urlipan (»Die Anstalt des Doktor Vliperdius«), der in der Negation noch weiter geht:

»Ihr (seiner Theorie) zufolge besteht nichts, nicht einmal er selbst. Das Nichts des Daseins ist vollkommen immanent. Die Tatsache, daß dieses und jenes scheinbar existiere, hat nicht die geringste Bedeutung, denn die Überlegung verläuft entsprechend Ockhams Rasiermesser folgendermaßen: Scheinbar existieren das Wachsein oder die Realität und der Traum. Aber die Hypothese des Wachseins ist nicht unbedingt notwendig. Es existiert also der Traum. Aber der Traum erfordert den Träumenden. Das Postulieren eines Träumenden ist wiederum eine nicht notwendige Hypothese, denn manchmal pflegt es so zu sein, daß einer im Traum einen anderen, einen zweiten Traum träumt. So ist alles ein Traum, den der nächste Traum träumt, und so geht es weiter bis ins Unendliche. Und weil nun – das ist der wichtigste Punkt – jeder nächstfolgende Traum weniger real ist als der vorhergehende (der Traum grenzt unmittelbar an die Realität, der im Traum geträumte Traum nur mittelbar, das heißt über den Traum, der dritte seinerseits über zwei Träume und so weiter), ist die Grenze dieser Reihe Null. Ergo träumt niemand in der letzten Instanz Null, ergo existiert nur nichts: das heißt: Es gibt nichts.«[21]

Lem findet Gefallen an solchen Ketten von Paralogismen, doch in diesem Fall läßt sich das Problem nicht durch Witz entzaubern, sondern kehrt sehr oft in ernster Gestalt wieder. Die Wirklichkeit, die sich wie ein Käfig um die Helden schließt, ist übrigens ein Leitmotiv seiner schriftstellerischen Arbeit, hinter dem man einen elementaren Komplex des Autors vermuten muß.

In höchster Reinheit und Präzision wird das Berkeleysche Dilemma in der Geschichte von »Professor Corcorans Kisten« (aus den Erinnerungen Ijon Tichys I) dargestellt, einer Sammlung von Elektronengehirnen, welche synthetische Persönlichkeiten enthalten, die in ein für sie erzeugtes Trugbild der realen Welt eingetaucht sind. Scheinbar haben wir es hier mit einer der kybernetischen Gaukeleien zu tun, von denen es in der Science-fiction-Literatur wimmelt, doch die Deutung der Erzählung ist in diesem Fall abgründig: Corcoran konstruiert seine Kisten, weil er *selbst* von dem Gedanken besessen ist, eine Kiste zu sein, die ein Demiurg höheren Grades zurechtgebastelt und im Regal seines Laboratoriums abgestellt hat. Hier haben wir Berkeleys Dilemma in moderner Version! Für den Bischof ist Gott allerdings die letzte, unteilbare Realität; die Beziehung Schöpfer – Geschöpf ist ein einmaliges »Geschehen«. Corcoran hingegen sieht die Welt als eine *Hierarchie von Kisten*: Letztlich kann jeder seiner synthetischen Menschen innerhalb seiner Welt seine eigenen Kisten bauen – bis ins Unendliche hinein. Über eine Reihe von technischen Schwierigkeiten, die sein Einfall mit sich bringt (die Maschine vollständig mit allen nötigen Daten zu versorgen, würde letzten Endes wahrhaft göttliche Fähigkeiten beim Konstrukteur voraussetzen), geht Lem hinweg, doch schließlich ist er kaum an den praktischen Aspekten des Problems interessiert. In Corcorans Äußerungen über seine schon in der Kindheit erlebten Obsessionen klingen Töne an, die wir aus dem *Hohen Schloß* kennen, so daß wir annehmen dürfen, daß Lem sich in dieser Erzählung mit einer ganz persönlichen Angelegenheit auseinandersetzt. Aber mit welcher? Tichy »dechiffriert« den Professor, doch ist sein Kommentar nicht ganz verständlich:

»Aber dann ist es auch möglich, daß der Eigentümer des verstaubten Labors, auf dessen Regalen WIR stehen, selbst eine Kiste ist, die ein anderer, in der Rangordnung noch höherer Gelehrter erbaut hat, der über originellere und phantastischere Konzeptionen verfügt ... und so bis ins Unendliche. Jeder dieser Experimentatoren ist ein Gott – der Schöpfer seiner Welt, dieser Kisten und ihres Schicksals, und er hat seine Adame und seine Evas und über sich – seinen in der Hierarchie nächsthöheren Gott. Und deshalb haben Sie das gemacht, Professor ... «[22]

Gerade das Ende dieser Ausführungen ist unklar: »deshalb«? *Weshalb*? In diesem Punkt scheint die Logik der Aussage zu hinken. Dennoch müssen wir versuchen, das *Ziel* zu ergründen, das Corcoran vorschwebte. Es geht ihm ja nicht darum, sich an der »Allmacht« zu berauschen. Ein Mensch, der von dem Gedanken besessen ist, er sei eine Kiste, besitzt keine Möglichkeit, in die Welt der höheren ontologischen Ebene vorzustoßen, und so liegt die

Beschränkung der Erkenntnismöglichkeiten schon im Wesen seiner Existenz. Er kann natürlich ein »Wahnsinniger« sein, wie jenes von Corcorans Elektronengehirnen, das sich – wir wissen nicht, ob nicht dank einer diskreten »Erleuchtung« durch seinen Schöpfer – gerade für eine Kiste hielt und in den Unvollkommenheiten der ihm vorgespiegelten Realität Mängel der programmierenden Maschinerie und des Intellekts, der diese konstruiert hatte, aufspürte. Diese Einstellung verdammt ihn jedoch dazu, fruchtlos mit dem Kopf gegen die Wand ontologischer Besonderheit zu rennen, die auf ewig die beiden Welten voneinander trennt. Dies eine Version der »künstlichen Transzendenz«, die Lem in der *Summa technologiae* entworfen hat!

Dem Menschen bleibt somit nur der Weg »abwärts«: statt der Versuche, aus seiner »conditio« auszubrechen, die Imitation des Schöpfungsaktes innerhalb seiner eigenen Welt. Es mag paradox sein, aber aus Lems Gedankengängen folgt, daß man, um auf dem Wege der Selbsterkenntnis einen Schritt weiterzukommen, *zum Schöpfer-Gott werden*, den Schöpfungsakt wiederholen muß. Diese Schöpfung wird zugleich unsere Würde wiederherstellen, ist sie doch verknüpft mit der Übernahme der ethischen Verantwortung für das von uns Geschaffene. Ähnlich dachte Schulz, der den »niederen Wesen« eine schöpferische Potenz zuerkannte und in einer solchen Imitation der göttlichen Tat zugleich das Wesen der Existenz suchte. Aber Schulz' Welt ist eine endliche Hierarchie: Gottes Schöpfungen sind »solide« und vollkommen, die des Menschen »stümperhaft«, mit dem Widerstand des Materials ringend. Anders bei Lem: Die Hierarchie der Kisten bildet eine unendliche Reihe, und *jeder* der Demiurgen ist ein unvollkommenes, durch Unwissenheit begrenztes, »krüppelhaftes« Wesen. Das Erschaffen einer Welt setzt nicht Allmacht und Allwissenheit voraus – so löst Lem das Problem der Theodizee. In seinem Denksystem wird der *Fehler* zur Grundlage der Welt, zum Kern des Seienden, zum Motor des Wandels; in den Plan der Evolution schleicht sich der Zufall, der Defekt ein; das Chaos kämpft mit dem Determinismus und dem teleologischen Projekt der Existenz. Die zahlreichen Witze Lems über die Menschheit als ein häßliches Produkt einer Seitenlinie der Entwicklung der kosmischen Fauna verbergen hinter einer humoristischen Fassade einen vollkommen ernsten Sinn. Das müssen wir bedenken, wenn wir die drei später verfaßten »Reisen« Ijon Tichys lesen.

Diese Arbeiten befassen sich vor allem mit der Kosmogonie sowie mit der biologischen und der gesellschaftlichen Evolution. Münchhausensche Phantasie und Prahlerei führen Tichy hier zu einer Art Omnipotenz und »Göttlichkeit«. Tichy wagt sich an eine »erneute Erschaffung der Welt« – und bei dieser Gelegenheit an die Ausbesserung all ihrer Mängel; mal schießt er gegen den Strom der Zeit ein mit der Information über die ganze künftige Entwicklung beladenes »Urelektron« ab, ein andermal leitet er ein Institut, das mit Hilfe von Reisen in der Zeit Korrekturen an der Geschichte des Universums und der Menschheit vornimmt. Hier wiederum beginnt jedoch statt all dieser »Fehler«, die sich durch zufällige Mutationen der Organismen, durch kosmische Katastrophen usw. in die Entwicklung der Arten eingeschlichen haben, eine ähnliche Verflechtung von Indeterminiertheit und Zielgerichtetheit zu spielen, nun aber auf der gesellschaftlichen Ebene: Die Eingriffe mißgünstiger Mitarbeiter (Boels E. Bubb, Ast A. Roth!) lassen die Verbesserungsbemühungen Tichys scheitern, und die Welt bleibt, wie sie ist: sonderbar, sinnlos, fehlerhaft. Hier berühren sich die grotesken »Reisen« mit den ernsten »Erinnerungen«. Tichy nimmt die Mühe des Weltenschöpfertums auf sich, beginnt aber mit der *eigenen* Welt, was ihn natürlich in die Paradoxien der Zeitschleife verwikkelt und einen Mechanismus von absurdem Witz auslöst. Wenn wir Fragmente der *Sterntagebücher* aus verschiedenen Schaffensperioden Lems nebeneinander stellen, erkennen wir jetzt ihr gemeinsames Thema: die *Anmaßung des Intellekts*. Der Geist erzeugt ständig Trugbilder einer »vollkommenen Ordnung« der Wirklichkeit, unablässig möchte er das Bestehende verbessern, die Welt in seinem Sinne interpretieren, an die Projektion des eigenen Ideals heranführen. Bei den ersten »Reisen« enden solche Versuche mit einem grotesken Fiasko, in den »Erinnerungen« oszillieren sie zwischen psychischer Abweichung und Verbrechen, und in der umfangreichen »Einundzwanzigsten Reise«, die in einem gewissen Sinne den Schlußstein des gesamten Zyklus bildet, wird das Wissen geradezu als satanisches Element des Seins bezeichnet.

Man darf das nicht falsch verstehen – Lem ist schließlich kein Irrationalist, ganz im Gegenteil! Er meint aber, daß die Vernunft unbedingt einer Basis in einem Archimedischen Punkt bedürfe, der seinerseits nicht mehr vernünftiger Natur ist – anderenfalls wird sie zu einem Hebel, der zwar alles zu bewegen vermag, aber in einem richtungslosen Raum wirkt, an keinem Koordinatensystem orientiert, wo es nicht mehr möglich ist, »konstruktive« Erfolge zu erringen und zu messen, so daß sie (die Vernunft) letztlich nur in einem leeren Raum mit Massen jongliert. Eine solche Basis, ein solcher Stützpunkt kann für die Vernunft die »Menschheit« sein, verstanden als die Gesamtheit der Merkmale der Bewohner der Erde, welche deren Möglichkeiten für immer oder vorübergehend beschränken. Ebendiese biologisch und kulturell bedingte Gattungsbeschaffenheit definiert den Abstand zwischen den Träumen der Menschen und ihrer möglichen Realisierung. Diese Distanz, die der Mensch – immer wieder erfolglos – zu überwinden sucht, bewahrt ihn zugleich vor dem Verlust der Identität und vor der Auflösung im »Nichtmenschlichen« der erfüllten Wünsche. Was die Gattung *homo* ausmacht, ist also einerseits festgelegt durch das, was er nicht zu leisten vermag, andererseits durch das, was er *nicht tun darf*, weil es das kulturelle Verbot so will. Alle Versuche, diese den Menschen beschränkenden Gesetzmäßigkeiten zu überspringen in einen Freiraum hinein, in dem allein die »reine Vernunft« regiert, enden sehr traurig. Ein Beispiel liefert die Geschichte des Planeten Dychthonien, die in der »Einundzwanzigsten Reise« zusammengefaßt ist.

Am Beispiel Dychthoniens werden die (philosophischen und zivilisatorischen) Konsequenzen technologischer Allmacht erörtert. Nachdem sie die absolute Freiheit in der Gestaltung der Welt, mehr noch, ihres eigenen Körpers und Geistes erlangt haben, geraten die Bewohner Dychthoniens in die grausamste »Sklaverei der Freiheit«. Mit einer Art fatalistischer Ergebenheit betrachten die Mitglieder eines verbotenen Mönchsordens, auf den Schrotthaufen der dortigen Zivilisation geworfene intelligente Roboter, das wahnwitzige Treiben der Dychthonier; einer von ihnen erklärt:

»Eine solche Gesellschaft gleicht von oben einem Insektenschwarm auf einer glühenden Platte. Von weitem mutet ihre Qual wie eine Farce an, denn es belustigen einen die Sprünge von der Weisheit in den Stumpfsinn und die Früchte des Verstandes, die dazu benutzt werden, auf dem Bauch wie auf einer Trommel zu spielen, auf hundert Beinen zu laufen oder Wände mit Hirn zu tapezieren. Wenn man ein geliebtes Wesen doublieren kann, gibt es keine geliebten Wesen mehr, sondern einen Hohn auf die Liebe, und wenn man jeder sein und beliebige Überzeugungen nähren kann, ist man niemand mehr und hat keine Überzeugungen.«[23]

Es scheint wahrlich, als sei Allmacht das am wenigsten begehrenswerte Geschenk, mit dem man eine Zivilisation bedenken kann, und eines der unmenschlichsten Attribute Gottes. Aber gerade durch den Glauben an Gott heilen die Mönche Dychthoniens die Wunden der Seele, die der Flirt mit der Omnipotenz hervorgerufen hat. Bemerkenswert, daß gerade dieser Glaube, mit dem man sich freiwillig beschränkt und der Allmöglichkeit begibt, den Mönchen ihre Würde zurückgibt. In Wirklichkeit bedeutet dieser philosophische *acte gratuit*, die *Allmacht zurückzuweisen*, zurück an Gott. Dieser taucht noch einmal auf, als eine krüppelhafte Gestalt, die an einer ihre Kräfte übersteigenden Last trägt.

»Der Glaube«, sagt O. Memnar, »ist das einzige, das man einer bewußten Existenz nicht wegnehmen kann, solange sie bewußt darin verharrt. (...) Er ist, dieser unser Glaube – wie soll ich dir das sagen –, völlig nackt und völlig wehrlos. Wir hegen keine Hoffnungen, wir verlangen nichts, wir rechnen mit nichts, wir glauben einfach nur.«[24]

Die Mönche haben sich also einen Rückhalt geschaffen, der in nichts anderem besteht als einem Akt der Wahl, welcher in einer Leere schwebt, die jeder »rationalen Begründung« entbehrt. Die Anmaßung des Intellekts, der sich am Ende als eine destruktive Kraft erweist, wird in der »Einundzwanzigsten Reise« aufs Äußerste getrieben, spielt aber auch in den weiteren, separat veröffentlichten Teilen des Zyklus der Abenteuer Tichys eine Schlüsselrolle. Zu einer solchen Anmaßung wird im *Futurologischen Kongreß* die Futurologie, als Glaube an die Möglichkeit der wissenschaftlichen Vorhersage der zivilisatorischen Zukunft. Lem entwirft hier ironisch eine Welt, in der sich zwei extreme Prognosen gleichzeitig erfüllt haben – die optimistischste und die pessimistischste. Das technologische Zukunftsparadies erweist sich am Schluß der Erzählung als eine pharmakologisch hervorgerufene Illusion. Aus der Halluzination erwacht, kann Tichy beobachten, wie die Menschheit des 21. Jahrhunderts, die viele Milliarden zählt, in unbeschreiblichem Elend haust. Bei näherem Zusehen erkennen wir auch hier eine gewisse Variante des »Weltenschöpfertums« und des »Dilemmas der Kisten«, denn was, so könnte man fragen, ist »Wirklichkeit« für Menschen, deren Sensorium ständig von der Chemie kontrolliert wird? Jeder Bewohner einer solchen Utopie/Antiutopie wird in einem gewissen Sinne zu einer »Kiste des Professor Corcoran«, und der Verteiler der

Halluzinogene avanciert zur Rolle eines – wiederum krüppelhaften und moralisch zweifelhaften – Schöpfer-Gottes.

In »Professor A. Donda« werden die Resultate geistiger Arbeit bereits mit solcher Nonchalance behandelt, daß sie jeglichen Rang einbüßen: Die Theorie Einsteins und die Tagesnachrichten der Zeitung sind dort »im physischen Sinne« gleichwertig. Die gesamte, von der Zivilisation angehäufte Information zerplatzt nach Überschreiten einer »kritischen Masse«, und aus der Explosion entsteht ein kleines, undurchdringliches »Kosmoschen«. Wieder einmal erweist sich die Schöpfung also als Ergebnis eines Fehlers, eines Zufalls, einer merkwürdigen Fluktuation innerhalb des informationalen Abfalls. Der Professor selbst und seine grotesk-komische Geschichte liefern übrigens die beste Illustration dieser Regeln. Donda schließt seine Ausführungen mit einer Apologie des Fehlers und des Zufalls als den Triebkräften der Evolution:

»Schau dir die Evolution des Lebens an. Vor Milliarden Jahren entstanden die Uramöben, nicht wahr? Was konnten sie? Sich reproduzieren. Auf welche Weise? Dank der Beständigkeit der Erbanlagen. Wäre die Vererbung wirklich fehlerlos gewesen, gäbe es bis zum heutigen Tage auf diesem Globus nichts als die Amöben. Was ist geschehen? Nun, es kam zu Irrtümern. Die Biologen nennen sie Mutationen. Doch was ist eine Mutation anderes als ein blinder Irrtum? Ein Mißverständnis zwischen dem Erzeuger-Sender und dem Nachkommen-Empfänger. Nach seinem Bilde und ihm gleich, ja ... aber unordentlich! Ungenau! Und weil die Gleichheit immer mehr verdarb, entstanden die Trilobiten, Gigantosaurier, Sequoias, Gemsen, Affen und wir. (...) Wir haben, mein Teurer, die geschichtliche Rolle des Fehlers als einer fundamentalen Kategorie des Seins nicht richtig eingeschätzt. Denke nicht manichäisch! Nach dieser Schule schafft Gott die Ordnung, der der Satan ständig ein Bein stellt. So nicht! Wenn ich Tabak bekomme, schreibe ich im Buch der philosophischen Gattungen das fehlende letzte Kapitel, und das ist eine Apologie der Apostasie, also eine Theorie des Seins, das auf dem Fehler basiert, denn der Fehler prägt sich als Fehler aus, verkehrt sich in Fehler, arbeitet mit Fehlern, bis das Losen sich in das Los der Welt verwandelt.«[25]

Ijon Tichys Abenteuer gehen weiter. Nach den bisher besprochenen Werken hat Lem den Roman *Lokaltermin* veröffentlicht (auf den wir noch eingehen werden), und 1984 schloß Lem einen weiteren Roman um Ijon Tichy ab: *Pokój na Ziemi*, der unter dem Titel »Frieden auf Erden« 1986 im Insel Verlag erscheinen wird. Die *Sterntagebücher* und ihre Fortsetzungen geben uns einen Überblick über die Entwicklung der philosophischen Anschauungen Lems im Laufe von dreißig Jahren. Wir können beobachten, wie der Autor nach und nach die Überzeugung demontiert, es gebe eine »historische Vernunft«, Gott sei die höchste Weisheit, und wie er andererseits von der Ansicht abgeht, man könne Schritt für Schritt, durch rationales, intellektuelles Nachdenken über die Welt zu deren Wesen, deren Funktionsprinzipien vorstoßen, so als sei sie eine Uhr, die nach der Zerlegung in die einzelnen Rädchen ihr unwandelbares Konstruktionsprinzip vor uns enthüllt.

Die *Sterntagebücher* enden in den Trümmern der positivistischen Weltanschauung. Der Kult der Tatsachen und die wissenschaftliche Faktensammlerei führen am Ende dazu, daß wir auf einem informationalen Müllhaufen sitzen; der »Gesellschafts-Organismus« quält die Individuen, und wahre Vollkommenheit erlangt er erst, nachdem er seine Bürger zu einförmigen und konfliktfreien Scheiben verarbeitet hat; wie zum Hohn führen die wissenschaftliche Weltanschauung und der solide Minimalismus am Ende geradewegs zum Solipsismus. All diese Peripetien waren schon im ausgehenden 19. Jahrhundert der positivistischen Doktrin immanent.

Das andere philosophische System, das neben dem Positivismus bei Lem auf die Folterbank kommt, ist der Hegelianismus mitsamt der Ansicht vom Primat des Geistes gegenüber der Welt der Dinge bzw. des Staates gegenüber dem Individuum. Man errät unschwer, worin das Vergehen der beiden Doktrinen besteht: In der Zeit, da Lem noch ein junger Literat ist, bedient sich die politische Propaganda einer Populärversion des Marxismus, die im Grunde so etwas wie ein philosophisches *Volapük* darstellt, das sich aus Fragmenten der Systeme des 19. Jahrhunderts zusammensetzt. Unter diesen sticht der Hegelianismus dadurch hervor, daß er den Vorrang der Herrschaft gegenüber dem einzelnen und den Widerspruch zwischen »historischen Entwicklungsgesetzen« und individuellen Alltagserfahrungen am besten rechtfertigt. Was den Positivismus betrifft, so wärmt man ihn als die wichtigste fortschrittliche Tradition der polnischen Literatur wieder auf, was sich leider auch auf die landläufigen Vorstellungen über Wissenschaftslehre auswirkt. In den ersten Romanen Lems ist der Einfluß dieser Doktrinen und der untrennbar mit ihnen verbundenen, von naivem Optimismus erfüllten Fortschrittsideen deutlich erkennbar. Im Laufe vieler Jahre hat sich Lem dann mit offensichtlicher Leidenschaft von diesen Ansichten befreit.

Der Hohn auf die Anmaßungen einer Vernunft, die ein »Modell für das Weltall« konstruiert, ist bei einem Liebhaber Schopenhauers nicht verwunderlich. Dieser letztere hatte schließlich – in der Auseinandersetzung mit Hegel – eine Philosophie des radikalen Empirismus formuliert, er hatte also das Denken auf die Erfahrung zurückgeführt und die angeblich die Welt durchdringende »absolute Idee« verspottet, in der er den Irrtum, das Böse, die Unvollkommenheit ausmachte. Auch das Bild des Kosmos, wie es die jüdische und die christliche Religion entwerfen, hatte ihn nicht befriedigt: »Überhaupt aber schreiet gegen eine solche Ansicht der Welt als des gelungensten Werkes eines allweisen, allgütigen und dabei allmächtigen Wesens zu laut einerseits das Elend, dessen sie voll ist, und andererseits die augenfällige Unvollkommenheit und selbst burleske Verzerrung der vollendetsten ihrer Erscheinungen, der menschlichen«, heißt es bei dem Philosophen[26], und das erinnert uns unfehlbar an die Tiraden der Lemschen Helden.

Der Schopenhauersche Pessimismus, der sich einst gegen den Leibnizschen bzw. Hegelschen Glauben an den rationalen Charakter des Universums richtete, wird nun als Waffe gegen bestimmte, von Grund aus irrationale Überzeugungen gewendet, auf denen der Marxismus, zumindest aber seine vereinfachte Spielart aus den fünfziger Jahren beruht. Natürlich hat sich die wissenschaftliche »Rüstung« der pessimistischen Doktrin in der Zwischenzeit stark verändert: Der voluntaristische Faktor, der bei Schopenhauer die Unzulänglichkeiten des Seienden bedingt, verwandelt sich bei Lem in den Zufall, in Freiräume des Determinismus, die ein Schlupfloch bilden, durch das der blinde Zufall in die Ordnung des Weltalls eingreift. Der Philosoph des 19. Jahrhunderts faßt das Böse als immanenten Bestandteil des Daseins auf, während es sich bei Lem unerwartet aus einer Serie unverhersehbarer Ereignisse ergeben kann. Der Schopenhauersche Mensch enthält sich deshalb des Handelns, in dem Wissen, daß es sich ohnehin gegen ihn verkehrt – der Lemsche Mensch ist in eine heroische Aktivität verstrickt, von der er nicht von vornherein weiß, ob sie ihm Erfolg oder Verderben bringen wird.

6. Betrachten wir nun die weiteren Abenteuer, die der Schriftsteller seinen Helden bereitet. Neben dem im »strategischen« Sinne uneinheitlichen Zyklus der *Sterntagebücher* entstehen Werke, die sich bedeutend leichter in der obigen Darstellung unterbringen lassen. Den oberen Teil nehmen, wie man unschwer erkennt, Texte ein, in denen es um das Drama der Erkenntnis aus der Sicht des Forscher-Helden geht. Sie setzen in einem gewissen Sinne die Linie der klassischen Science-fiction fort, die mit den *Astronauten* und *Gast im Weltraum* begann, wobei die Problematik in den späteren Werken augenfällig komplizierter wird.

Die relativ geringste Komplexität weisen zwei Romane auf, in denen das Thema des Kontakts mit einer anderen Zivilisation aufgegriffen wird: *Eden* und *Transfer*. Das Problem der Kontaktaufnahme und der Erkundung einer neuen, fremden Welt ist in ihnen übrigens nicht die Dominante. Die »kognitive Aufgabe« tritt in der Prioritätenliste hinter die »axiologische Aufgabe« zurück, denn die Struktur und die Eigentümlichkeiten der Gesellschaften, die man entdeckt, sind – wenn es schließlich gelingt, sie zu enthüllen – einigermaßen faßbar; der Akzent liegt eher auf den nicht einfachen Problemen der Bewertung, die häufig verlangen, angeblich »natürliche« ethische Reflexe zu zügeln.

In *Eden* besucht eine irdische Expedition einen Planeten, dessen Bewohner eine Zivilisation geschaffen haben, die auf der Biotechnologie beruht. Es stellt sich jedoch heraus, daß die Genetik nicht hinreichend präzise gesteuert wird: Erst wurden in den Pflanzenfabriken »Defekte« erzeugt, dann traten unter den Bewohnern des Globus mißlungene Mutationen auf. Die Erdlinge tauchen in dem Augenblick auf, als auf dem Planeten eine Ausrottungsaktion stattfindet: Die anonymen Herrscher von Eden versuchen, die mit dem Defekt behaftete Generation von Mutanten zu beseitigen. Die Grausamkeit dieser Jagd auf die Mitbrüder ist umso größer, als sie im Bewußtsein der Edener überhaupt nicht existiert. Die Machthaber herrschen dort unumschränkt über die *Sprache* und entfernen aus ihr rücksichtslos alle Formulierungen, die den tatsächlichen Zustand *beim Namen nennen*: die Pfuscherei der Genetiker, die mißratene Mutation, die Massenmorde; stattdessen tauchen Ausdrücke auf, welche die Wirklichkeit entstellen – die unglücklichen Opfer des Systems gelten dort z.B. als »Kranke«.

Das wahrhaft Orwellsche Bild der Verhältnisse auf dem Planeten läßt die Besucher von der Erde anfangs an ein Eingreifen denken, um ihr verletztes Moralempfinden zu wahren, doch zum Glück setzt rechtzeitig die Überlegung ein, daß dieses aus einer anderen Welt mitgebrachte Empfinden angesichts der Normen der örtlichen Bevölkerung falsch sein könnte. Die Erdlinge verzichten darauf, Eden mit Gewalt glücklich zu machen, und fliegen davon. *Eden* bietet vor allem das interessante Bild einer Zivilisation, die einen anderen Entwicklungsweg als die irdische gewählt hat (die Biotechnologie hat Lem im übrigen immer fasziniert). Was den Lesern in den fünfziger Jahren jedoch näher lag und sie stärker berührte, war wohl die politische Ordnung auf dem Planeten. Indem er eine Gesellschaft vorführte, in der die Machthaber das System der Vermittlung und Kodierung von Informationen unumschränkt kontrollieren, knüpfte Lem zweifellos an seine Thesen aus dem soziologischen Teil der *Dialoge* an.

Wie Andrzej Stoff zu Recht bemerkt hat[27], ist *Eden* jedoch auch (oder vielleicht vor allem?) eine Manifestation des kognitiven Skeptizismus. Den irdischen Reisenden ist es hier – anders als in den *Astronauten* – endlich gelungen, Wesen zu begegnen, die sich prinzipiell von ihnen unterscheiden, aber dieser Kontakt hat ihnen nichts als Enttäuschungen beschert. Die fremde Zivilisation hat den Besuchern unerwartet den Rücken gekehrt und Zusammenarbeit oder Verständigung abgelehnt. Gewiß waren die Erdlinge für die Machthaber des Planeten politisch unbequem, aber die Aussage des Werkes erschöpft sich nicht in politischen Inhalten (wer weiß im übrigen, was »Politik« auf Eden zu bedeuten hatte?). Die Kosmonauten besuchen eine merkwürdige, etwas gespenstische Stadt, besichtigen eine biologische »Fabrik«, probieren ein Edener Fahrzeug aus, und es gelingt ihnen sogar, mit einem der dortigen Gelehrten ein Gespräch anzuknüpfen. Aber das bleibt folgenlos. Die Zivilisation von Eden erweist sich insgesamt als völlig in sich gekehrt, ist nicht zum Erfahrungsaustausch bereit, wahrt ihre *splendid isolation*. Die Edener kann man also nur begreifen, indem man sie anthropomorphisiert, die Lücken in den Erkenntnissen über sie mit Inhalten ausfüllt, die aus der menschlichen Erfahrung abgeleitet sind. Das Phänomen des Romans beruht darauf, daß er gleichsam zu einer Interpretation im Geiste Orwells einlädt, aber gleichzeitig vor einer solchen Vereinfachung warnt. Es ist also nicht so, wie Stoff vermutet, daß die politischen Inhalte in *Eden* unwichtig seien[28], doch sind sie durch einen eigentümlichen Relativismus der Erkenntnis temperiert. Letzten Endes ist das Gesamtbild der planetaren Zivilisation das Werk der irdischen Raketenbesatzung, die auf das trügerische Zeugnis der Sinne, auf Mutmaßungen und auf die alles andere als perfekte Übersetzung der Äußerungen ihres sonderbaren Gastes angewiesen ist.

Deshalb können auch die Erdlinge keines der mythischen Schemata des Kontakts mit anderen erfüllen: Sie hätten ein wackerer Haufen von Konquistadoren sein können, oder Missionare unter Wilden, Verteidiger der Kultur und der höheren Ethik unter Barbaren, der Vorposten einer anderen Zivilisation, der Erfahrungen mit Brüdern im Kosmos austauscht, usw. Nichts davon kommt jedoch in Betracht – sei es aus moralischen, sei es aus praktischen Gründen. Der Abflug der Rakete signalisiert daher auch, daß der Autor die literarischen Konventionen ablehnt, die in der stereotypen Science-fiction gemeinhin die Begegnung mit Wesen aus dem Kosmos bestimmen.

Woran liegt es also, daß man *Eden* mit nicht nachlassendem Interesse liest? Wie zumeist in Lems Romanen, die sich um den Kontakt mit anderen drehen, liegt der Hauptakzent auf alldem, was sich dort *zwischen den Menschen* abspielt. Der Autor macht im Text Anspielungen auf die Abenteuer Robinsons, doch verweist das Handlungsschema von *Eden* eher auf Jules Vernes *Geheimnisvolle Insel*: Die Besatzung der auf einem unbekannten Globus zerschellten Rakete ist vor allem eine Gruppe von *Fachleuten*; der Autor hat ihre Namen sogar durch Berufsbezeichnungen ersetzt (Doktor, Ingenieur, Kybernetiker usw.). Ähnlich wie Vernes Helden befreien sich die Kosmonauten von *Eden* mit außergewöhnlichem Geschick aus einer scheinbar hoffnungslosen Lage, erleben die Aufregungen einer Erkundung, reparieren schließlich ihr Raumschiff und fliegen davon.

Die verdächtige Leichtigkeit, mit der es den Astronauten gelingt, die von der Erde mitgebrachten, zerstörten technischen Geräte nachzubauen, kontrastiert mit der Ratlosigkeit, die sie in der Frage des Kontakts an den Tag legen. Nicht nur das: Diese Geräte gewähren ihnen zwar Sicherheit, legen ihnen aber gleichzeitig bestimmte Verhaltensweisen nahe, die den Kontakt vereiteln beziehungsweise vom ersten Augenblick an mit Blut und Opfern belasten. Ich denke hier an all die Vernichtungsinstrumente, die die Erdlinge bei ihren Ausflügen mit sich führen und die ein bißchen zu oft losgehen – so als würde sich der Mensch im gepanzerten Verteidiger in ein wildes, gefährliches Geschöpf verwandeln, bereit, jeden Augenblick auf den Abzug des Antiprotonengeschützes zu drücken. Sowohl die Edener als auch die Erdlinge sind in dem Roman von der undurchdringlichen Hülle ihrer jeweiligen Technik umgeben. Vielleicht liegt es gerade an ihr, an der allein durch ihre mechanischen Konsequenzen »vernunflos« wirksamen Technik, daß Besucher und Ortsansässige sich nicht richtig verständigen können.

Transfer gehört zu den Werken, die der Autor für mißlungen hält (er hat Jahre später übrigens eine vernichtende Kritik des Buches geschrieben, in der er ihm wegen der Naivität und Inkohärenz seiner sozialpsychologischen Thesen jeden Wert abspricht).[29] Eine irdische Raumexpedition kehrt von einer Reise zu den Sternen zurück, aber aufgrund des Einsteinschen Zeitparadoxons findet sie die Zivilisation bereits in einem anderen Entwicklungsstadium vor. Den Bewohnern unseres Planeten ist es gelungen, ein technologisches Paradies zu schaffen, und alle sozialen Konflikte sind ausgeschaltet, teils dank der unbegrenzten Verfügbarkeit materieller Güter, teils durch die pharmakologische Vernichtung der aggressiven Antriebe des Menschen. Leider geht mit ihnen auch die Fähigkeit unter, ein Risiko zu tragen, die Bereitschaft, sich für andere Menschen, für erhabene Ziele zu opfern; auch die kognitive Unruhe, die die Menschen einst dazu gezwungen hat, ihre eigene Welt zu verlassen und sich ins Unbekannte zu wagen, selbst wenn es das Leben kosten sollte, verschwindet völlig, und schließlich verschwindet jede echte Leidenschaft. Kein Wunder, daß die Erdlinge die Erforschung des Kosmos aufgeben und sich mit der auf ihr Maß zugeschnittenen »Welt der erfüllten Wünsche« begnügen.

Der eigentliche Held des Buches, der Kosmonaut Hal Bregg, versucht sich an die konfliktlose Existenz in diesem künstlichen Paradies anzupassen, macht jedoch schwere Prüfungen durch – und wenn er sich, statt zusammen mit den kosmonautischen Gefährten, die wie er von der Erde angewidert sind, wieder zu den Sternen aufzubrechen, zum Bleiben entschließt, dann nur deshalb, weil ihn die Liebe zu einer Frau und der Anblick des schönen Landschaftsbildes bei einer Gebirgstour schließlich den Faden finden lassen, der ihn emotional mit dem seltsam veränderten Planeten verbindet.

Transfer hat eine so strenge Selbstbeurteilung, wie sie der Autor dem Roman nicht erspart hat, vielleicht doch nicht verdient. Weit näher am Pol der »Vision« als am Pol des »Essays« gelegen, empfiehlt es sich dem Leser eher durch seine sinnenhafte Fülle an Bildern und bewegenden Ereignissen als durch die Komplexität des Diskurses. Dieses Panorama einer irdischen Zivilisation der Zukunft ist unzweifelhaft ein Versuch der Vermittlung zwischen den Modellen der Utopie und der Antiutopie, für die man symbolhaft *Gast im Weltraum* auf der einen und Huxleys *Schöne neue Welt* auf der anderen Seite anführen kann. Wir finden hier deshalb sowohl die technische Perfektion einer Zivilisation, verknüpft mit sozialem Frieden, als auch den Preis, den man in Gestalt der Reduktion der menschlichen Natur für diese Wunder zu entrichten hat. Wenn wir über einige inkohärente Lösungen hinwegsehen, die den Autor nicht gerade als einen Futurologen ausweisen, verbleibt als Aktivum allein schon das Vorhaben, eine ernsthafte Zukunftsvision zu schaffen, die nicht in die Extreme eines schematischen Optimismus bzw. Pessimismus verfällt. Andrzej Stoff hat sicherlich recht, wenn er schreibt, Lem habe sich in diesem Roman bei der Beschreibung der Perspektive des »guten Wilden« bedient, die man aus den philosophischen Erzählungen des 18. Jahrhunderts kennt.[30] Versuchen wir dennoch, die Unterschiede zu bestimmen, die etwa zwischen dem Voltaireschen *ingénu* und dem Helden von *Transfer* bestehen.

Wie ist das bei Voltaire? Der nach Europa verbrachte unverbildete Wilde erlernt zunächst theoretisch den in seiner neuen Heimat geltenden moralischen Dekalog und erkennt spontan die angeeigneten Normen an. Das könnte bedeuten, daß der Autor der Erzählung diese Normen nicht nur für anerkennenswert hält, sondern für »natürlich« – nicht umsonst hat der »Wilde« ihnen so inbrünstig zugestimmt. Der Schriftsteller rückt die Gesellschaft, die ihre eigenen Gebote und Verbote nicht beachtet, ins Blickfeld. Es gibt folglich nur eine Moral (und nur eine Ordnung der Natur), bloß die Haltungen zu ihr sind verschieden. Anders in *Transfer*: Niemand bestreitet, daß Hal Bregg der Natur näher steht als die zukünftigen Bewohner der Erde; ähnlich verhält es sich mit seinen moralischen Normen, was der Leser, der aus der gleichen Welt stammt, welcher Bregg auf immer entflohen ist, zusätzlich zu bestätigen bereit ist. Der Kosmonaut ist also gewissermaßen im Besitz der »besseren Wahrheit« über die Welt und den Menschen, aber das bleibt – anders als bei Voltaire – im Grunde folgenlos. Das »gesunde und natürliche« Wertsystem Breggs hat im Verlauf der Handlung keine gesellschaftliche Basis, d.h. es ist ein Überbleibsel aus der Vergangenheit, das niemand mehr versteht und teilt. Die Zukunftswelt funktioniert dagegen auf der Grundlage einer durchaus kohärenten und nicht übel begründeten Wertlehre, so sehr diese uns auch abstoßen mag. Verglichen mit ihr scheint das System, das Bregg mit sich schleppt, wie bei seinen Vorgängern im 18. Jahrhundert tatsächlich die Emanation eines »Naturrechts« zu sein, doch ist die Autorität der Natur in der Zwischenzeit abgebröckelt: Man kann nicht nur, man muß geradezu in sie eingreifen, Triebe beschneiden, die biologisch begründete Rangordnung der Bedürfnisse und Werte verändern. Wenn also der Dialog des Wilden mit der Gesellschaft des 18. Jahrhunderts in Wirklichkeit nur Schein war, weil es immer nur darum ging, das bestehende Wertsystem zu bekräftigen, so ist Hal Breggs Dialog mit der Zivilisation der Zukunft authentischer, und die Einwände, die sich aus unserer Sicht ergeben, erscheinen nicht mehr ganz so stichhaltig. Dieses Thema hat Lem nicht mehr losgelassen, und in dem jüngst erschienenen *Lokaltermin* hat er erneut ein Modell einer Gesellschaft der technologischen Perfektion konstruiert. Eingedenk der unguten Erfahrungen in *Transfer*, hat er den Faktor, der die Aggression innerhalb der menschlichen Herde dämpft, aus den individuellen Organismen herausverlegt, und er hat noch genauer den Preis zu bestimmen versucht, den die Gemeinschaft für innere Stabilität und Sicherheit bezahlt. Was sich aus diesen Überlegungen ergeben hat, werden wir weiter unten sehen.

Beide Romane – *Eden* wie *Transfer* – weichen, was das Genre betrifft, nicht sehr stark von *Gast im Weltraum* oder den *Astronauten* ab, obwohl sie auf einer anderen Ideologie aufbauen. Wenn die Helden der ersten Romane zu den Sternen reisen, nehmen sie ihr eigenes Wertsystem mit, dessen Grundlagen noch zu unseren Zeiten gelegt wurden, und überdies »genügen« ihnen ihre Ideale, um die Phänomene, auf die sie stoßen, zu klassifizieren und zu bewerten. Ihre Nachfolger in den beiden nächsten Romanen müssen lernen, Dinge zu respektieren, die entschieden von dem abweichen, was sie gewohnt sind. Jene bejahten also vor allem *Formeln*, für welche die Welt nur eine Widerspiegelung war, diese dagegen können das, was sie bejahen, nicht rational begründen (es sei denn mit Hilfe der allgemeinen These des Respekts vor dem Anderssein); die fremde Wirklichkeit fordert von ihnen lediglich eine positive Gefühlsreaktion, die nach und nach durch eine Serie von Abenteuern in einer ungewöhnlichen, heftig auf die Gefühle und Sinne eindringenden Szenerie vorbereitet wird.

Hier tritt ein merkwürdiger Widerspruch zwischen den spontanen Reaktionen des »ethischen« und des »ästhetischen Empfindens« zutage: das erstere lehnt ab, das letztere akzeptiert – trotz allem. Denselben inneren Kampf erleben anschließend die Helden von *Solaris* und *Der Unbesiegbare*, doch ist das Fremde, das sie bejahen müssen, schon um einige Größenordnungen seltsamer und weiter von irdischen Kategorien entfernt als in den vorhergegangenen Werken. Im *Unbesiegbaren* nimmt es die Gestalt einer aggressiven »schwarzen Wolke« an, die sich aus Milliarden von elektronischen Mikroelementen zusammensetzt. Eine irdische Expedition, die auf der Suche nach Spuren einer verschollenen früheren Expedition auf dem Planeten Regis landet, findet auf den Kontinenten lediglich die Produkte einer eigentümlichen Evolution lebloser Automaten vor, die vor Jahrhunderten von einer fremden Zivilisation dort eingeschleppt worden waren. Eine künstliche »Nekrosphäre« hatte die Reste biologischen Lebens in die Ozeane abdrängen können und unumschränkt die Kontinente und die Atmosphäre beherrscht, und es war ihr auch gelungen, durch eine drastische »Enthirnung« die ersten irdischen Exploratoren zu töten. Die folgende Expedition verwickelt sich gleichsam wider ihren Willen in einen Konflikt mit der Wolke und erleidet schwere Verluste.

Die Menschen bemerken nicht sogleich, daß sie nicht mit einem intelligenten, listigen Gegner kämpfen, sondern gewissermaßen mit einem »Naturphänomen«, das instinkthaft, ohne böse Absichten handelt. Den Höhepunkt des Buches bildet die Expedition des Haupthelden Rohan, der sich direkt in das Gebiet begibt, in dem die Wolke sich aufhält. Während die bis an die Zähne bewaffneten Expeditionen gescheitert sind, führt Rohan seine Aufgabe allein und gleichsam mit bloßen Händen aus, und dabei entdeckt er, daß man unter Einhaltung bestimmter Bedingungen friedlich mit der »Nekrosphäre« koexistieren kann, in der gleichen Weise, wie bestimmte Vorkehrungen dem Bergsteiger in der bedrohlichen Gebirgslandschaft Sicherheit gewähren. Erst diese Expedition, die eine Reihe von starken Erlebnissen und sinnlich-emotionalen Erfahrungen mit sich bringt, befreit Rohan endgültig von den stereotypen Ansichten, die ihn in der Wolke einen *Feind* sehen ließen; bei dieser Gelegenheit lernt er auch die fremdartige, unmenschliche Landschaft bewundern, die durch die leblose Evolution geschaffen wurde.

Der *Unbesiegbare* tritt in einen eigentümlichen Dialog mit der in Amerika so populären Phantastik vom Schlage der »Sternenkriege«. Angefangen mit der Rakete, die ein »Kreuzer« ist – und was für einer! –, über die zahlreichen Führergestalten und die Beschreibungen komplizierter strategischer Manöver bis hin zu den eigentlichen »Schlacht«szenen, die ungemein plastisch sind und in großem Maßstab mit Effekten arbeiten, dient alles scheinbar der Affirmation des Bildes vom Menschen als Eroberer und Bezwinger. Alles außer der Wolke selbst, die einen tückischen und wütenden Gegner nur vortäuscht. Die ganze kosmische Schlacht, welche die Menschen auf Regis ausfechten, erweist sich also als ein sinnloser Kampf mit dem eigenen Schatten, als ein Ringen mit dem Trugbild eines »Feindes«, den die Raketenbesatzung in die geheimnisvolle Wolke verlegte. Man beachte, daß Lem hier einen Kunstgriff, den wir aus der dokumentarischen ebenso wie der phantastisch-abenteuerlichen Kriegsliteratur kennen, auf die Spitze treibt: die Entpersönlichung des Gegners. Die psychologische Individualisierung gilt immer nur für unsere eigenen Reihen; die *anderen* treten stets als eine undifferenzierte Masse von standardisierten Wesen mit mechanisierten, herdenhaften Reflexen auf, gesteuert von einem Zentrum, das die reine Essenz des Bösen verkörpert. Nachdem sie mit einem extrem einheitlichen und mechanischen »Heer« in Gestalt von elektronischen Kristallen zusammengestoßen sind, suchen die Kosmonauten des »Unbesiegbaren« hartnäckig nach dem »Gehirn« des Ganzen, wobei sie eine Reihe sinnloser Taten ausführen, vergebliche Opfer bringen und rundum Vernichtung säen.

Wie schon in *Eden* sind auch im *Unbesiegbaren* die Formen und Bedingungen des Kontakts zunächst von den technischen Mitteln bestimmt, durch die die Astronauten sich schützen, zugleich aber von der Welt, die sie kennenlernen wollen, abgeschirmt werden. Erst als er auf die zweifelhafte Überlegenheit verzichtet, welche die Atomwaffe und die Kraftfelder ihm verleihen, ist Rohan imstande, sich in die Höhle des Löwen zu begeben und die wundersame Welt der künstlichen Insekten sozusagen am eigenen Leib zu erfahren. Was ihn dorthin führt, sind die Ethik der Solidarität mit den verschollenen Gefährten, das wißbegierige Interesse an der Welt, der persönliche Mut und der Glaube an den Erfolg – all das urmenschliche Gefühle und Charaktereigenschaften, deren die Zivilisation von *Transfer* sich entledigt hatte. Wenn in diesem letzteren Roman ein Diskurs über Werte geführt wird, bei dem eine objektive Schlußfolgerung nicht angegeben werden kann, so ist doch offenkundig, welcher Art Lems *private* Optionen sind, und in diesem Sinne ist der *Unbesiegbare* sein persönlicher Beitrag zur Diskussion. In seinen Werken »läßt« der Autor in der Regel diejenigen »gewinnen«, die noch nicht zu Marionetten, zu »Anhängseln der Maschine«, zu gedanken- oder gefühllosen Egoisten oder Exekutoren von Routine-Maßnahmen geworden sind. Auf dieses Thema werden wir noch zurückkommen.

Der *Unbesiegbare* wurde 1963 beendet und ist wohl der letzte klassische SF-Roman Lems. »Klassisch« heißt, daß der Hauptakzent auf einer von sensationellen Ereignissen erfüllten Fabel liegt, in der es um die Erkundung des Kosmos geht. Seither hat sich dieses Modell weiterentwickelt und in wachsendem Maße philosophisch-anthropologische und erkenntnistheoretische Inhalte in sich aufgenommen. Ein Beispiel für einen derart angereicherten Roman über den Kontakt von Menschen mit einem Wesen von einem anderen Planeten ist Lems wohl berühmtestes Werk: *Solaris*.

7. »Solaris« ist der Name eines Globus, der zum größten Teil von einem gewaltigen Plasma-Ozean bedeckt ist, von dem die Gelehrten vermuten, daß er nicht nur Leben besitzt, sondern zugleich ein riesiges denkendes »Gehirn« darstellt. Die Handlung des Buches setzt – anders als beim *Unbesiegbaren* – in einem Augenblick ein, da die Erforschung des Planeten bereits auf eine längere Tradition zurückblicken kann. Auf der über dem Ozean schwebenden wissenschaftlichen Station trifft ein neuer Abgesandter von der Erde ein, und die Situation, auf die er dort stößt, ist so merkwürdig, daß sie sein Begriffsvermögen übersteigt. Die Bewohner der Station werden nach und nach von sogenannten »F-Gebilden« heimgesucht, einer Materialisierung von Personen, mit denen sie Jahre zuvor sehr bedeutungsvolle, in den meisten Fällen drastische und intime Erlebnisse verbanden. Auch der Neuankömmling Kris Kelvin steht bald Auge in Auge einem Mädchen gegenüber, das – nicht ohne sein Verschulden – vor längerer Zeit Selbstmord begangen hat. Von den anderen »F-Gebilden« erfahren wir nicht viel, denn wir betrachten die Ereignisse mit den Augen Kelvins, und die

beiden anderen Bewohner der Station verbergen eifrig ihre unerwartet Gestalt gewordenen Komplexe.

Die Handlung des Romans besitzt gewissermaßen zwei Brennpunkte, zum einen in der »Solaristik« – der Geschichte der Erforschung des Planeten, der Hypothesen zur Natur des Ozeans und schließlich den vor unseren Augen sich abspielenden verzweifelten Versuchen einer Kontaktaufnahme –, zum anderen in der romantischen Geschichte von Kris und Harey. Während die Helden unter dem ersteren Aspekt als »öffentliche Persönlichkeiten«, als Abgesandte der irdischen Zivilisation, als Diener der Wissenschaft usw. auftreten, nimmt der letztere sie völlig als Privatpersonen in Anspruch. Der Kontakt, um den sich die Besucher von der Erde bemühen, müßte natürlich über den »öffentlichen Kanal« erfolgen, und dementsprechend bestehen die Inhalte, die nach Sartorius' groteskem Programm dem Ozean übermittelt werden, aus einer Art von »Slogans der menschlichen Gattung«. Umgekehrt beweist der Ozean ein Interesse an den Privatangelegenheiten der Abgesandten und nimmt seinerseits die Verbindung in dieser Sphäre auf, indem er aus der seelischen Konstruktion der ihn besuchenden Menschen diejenigen Inhalte auswählt, die am tiefsten verborgen, am besten gehütet, aber auch subjektiv am bedeutendsten sind und insgeheim die Persönlichkeit formen. Man darf die Hypothese wagen, daß der Ozean, der ja der einzige Bewohner des Globus ist, seinerseits ebenfalls ein durch und durch privates, ganz sich selbst hingegebenes Wesen ist, so daß der Bereich gesellschaftlicher Erfahrungen ihm fremd und unzugänglich sein muß. Kelvin erfaßt das instinktiv, und da er es ist, der den »Brief« mit der von Sartorius verfaßten Botschaft an den Ozean abschickt, tauscht er dessen »Slogans« aus und ersetzt sie durch persönliche, emotionale Inhalte.

Solaris ist aber auch eine Geschichte über die Unmöglichkeit der Kontaktaufnahme, ungeachtet dessen, daß der Ozean die Gehirne seiner Besucher bis in den letzten Winkel durchdrungen und selber versucht hat, gewichtige Inhalte, die dort verborgen sind, zu artikulieren. Im Spiegel der Kommunikation haben die Besucher nur ihr eigenes Bild erblickt und sich um so eifriger mit sich selbst befaßt. Damit nicht genug: Kris Kelvin hat seine Harey so bekommen, wie er sich sie gedacht, eingeprägt, vorgestellt hat, aber als sie unerwartet Gestalt annahm, hat sie sich sogleich gegen ihn verschlossen, ist sie unfaßbar geworden. Der Umstand, daß die aus Neutrinos bestehende Harey buchstäblich »aus Hirngespinsten abgeleitet« ist, daß sie ein künstliches Phantom einer wirklichen Person darstellt und Kris dennoch wie ein romantischer Liebhaber durch und durch authentische Liebesgefühle gegenüber seinem »Gespenst« hegt, dieser Umstand legt uns nahe, umfassender über den Charakter unserer Beziehungen zu anderen nachzudenken. Lieben oder hassen wir nicht tatsächlich nur fremde Bilder in unserer Vorstellung, Bilder, die wenig mit der Realität zu tun haben? Auch die Natur von Gruppenbindungen wird in der Solaris-Station auf die Probe gestellt: Die Forscher, ganz von den »F-Gebilden« absorbiert, schließen sich in ihre Kabinen ein; die Invasion des Privaten läßt die Gruppe sofort zerfallen und enthüllt, daß es bloß die Oberfläche unserer Persönlichkeit ist, was die Menschen zu größeren Gruppen oder gar zu ganzen Gesellschaften verknüpft, die sich an titanenhafte Aufgaben wagen. Verständigung und Informationsaustausch ist auch nur an der Oberfläche möglich. Unter der Oberfläche finden wir Inhalte, die nur noch eine ganz intime Beziehung zwischen »Ich« und »Du« zu vermitteln imstande ist, und darunter erstreckt sich ein ganz und gar persönlicher Ozean, den wir selbst nur bis zu einer gewissen Tiefe zu sondieren vermögen; andere lassen wir schon gar nicht an ihn heran.

Dieses Wort »Ozean« habe ich unbewußt hingeschrieben, ohne daran zu denken, daß ich damit die Klammer um die Existenz der Helden von *Solaris* schließe. Sie leben ja in einer metaphorischen Welt. Den Ozean, der sich in ihrem Inneren wie auch ringsum erstreckt, kann man ganz allgemein als ein Symbol alles dessen auffassen, was »Nicht-Ich« ist, was unerkannt und dem Bewußtsein äußerlich ist und durch Zeichen spricht, die wir nicht ganz verstehen. Hin und wieder erheben sich lokal aus dem Chaos – der Materie? der Psyche? – irgendwelche Gestalten, die wir begreifen können, die wir als etwas Vertrautes, Rationales aufnehmen, aber wir brauchen nur einen größeren Abstand einzunehmen, um zu erkennen, daß es sich um winzige Inseln im Wirrsal des Unbekannten handelt. Genau diesen Kunstgriff – die Verwendung einer Gummilinse – hat der Autor der Filmfassung des Romans, der russische Regisseur Tarkowski, angewandt. Am Ende des Films zeigt die Kamera Kelvins Elternhaus, bis sie auf einmal zurückweicht und enthüllt, daß um dieses idyllische Bild herum das Chaos des Ozeans brodelt.

Die privaten Bemühungen des einzelnen, der mit sich selbst und der Welt ins Reine zu kommen versucht, werden auf eine paradoxe Weise *gleichgesetzt* mit den Anstrengungen, welche die Menschheit als Gattung – mit anderen Mitteln, auf einem anderen Gebiet – unternimmt, um das Nichtmenschliche zu verstehen. Die Schilderung der Geschichte der Solaristik, ein für das reife Schaffen Lems charakteristischer Metadiskurs, erweist sich als eine Metapher für die Wissenschaft schlechthin, die gewissermaßen die gesellschaftliche Spielart jener Hinneigung zum Unbekannten darstellt, die der einzelne aus seiner inneren Erfahrung kennt. Ebendies hat Kris Kelvin offenbar begriffen, und so entschließt er sich nach einer Betrachtung des faszinierenden Panoramas von Solaris, auf der Station zu bleiben, und das bedeutet, daß er sowohl seine private, individuelle Existenz als auch seinen der überindividuellen Erkenntnis dienenden Forscherintellekt weiteren, vielleicht auch schmerzlichen Prüfungen aussetzt. Die Geschichte des Ringens mit dem Phänomen Solaris ist aber nicht nur eine Metapher für die Wissenschaft. Verweilen wir noch einmal kurz beim »Metadiskurs«:

»Die Solaristik«, schreibt Muntius, »ist die Ersatzreligion des Weltraumzeitalters, sie ist Glaube, eingehüllt in das Gewand der Wissenschaft; der Kontakt, das Ziel, dem sie entgegenstrebt, ist ebenso nebelhaft und dunkel wie die Gemeinschaft der Heiligen oder die Herabkunft des Messias. Die Erkundung kommt einem in methodologischen Formeln existierenden Liturgie-System gleich; die demütige Arbeit der Forscher ist das Warten auf Erfüllung, auf die Verkündigung, denn Brücken zwischen Solaris und Erde gibt es nicht und kann es nicht geben. Aber diese Selbstverständlichkeiten werden wie andere, wie das Fehlen gemeinsamer Erfahrungen, wie das Fehlen von Begriffen, die man übermitteln könnte, von den Solaristen zurückgewiesen, so ähnlich, wie von den Gläubigen die Argumente zurückgewiesen wurden, die ihres Glaubens Grundlage umstürzten. Im übrigen, was erwarten sich Menschen, was können Menschen sich vom ›Anknüpfen einer Nachrichtenverbindung‹ mit denkenden Meeren versprechen? Ein Register der Erlebnisse im Zusammenhang mit zeitlich endloser Existenz, die so alt ist, daß sie sich bestimmt nicht an den eigenen Anfang erinnert? Eine Beschreibung der Begierden, Leidenschaften, Hoffnungen und Leiden, die sich in spontanen Geburten lebender Berge freisetzen, der Umwandlung aus der Mathematik in die Existenz, aus Einsamkeit und Resignation – in die Fülle? Aber das alles ist doch unübertragbares Wissen, und wenn ihr es in eine beliebige unter den irdischen Sprachen zu übersetzen versucht, dann gehen alle die gesuchten Werte und Bedeutungen verloren, bleiben drüben auf der anderen Seite. Im übrigen, nicht diese Art von sensationellen Erkenntnissen, wie sie eher eines poetischen Systems als einer Wissenschaft würdig wäre, erwarten sich die ›Bekenner‹, nein, denn ohne sich selbst darüber klar zu werden, harren sie der Offenbarung, die ihnen den Sinn des Menschen selbst auseinandersetzen soll!«[31]

Ein Echo findet diese Hypothese einige dreißig Seiten weiter in der Vorstellung, der Ozean sei ein »krüppelhafter Gott« oder ein »göttlicher Säugling«, in der sich gegen Ende des Romans Kelvin und Snaut ergehen. »Göttlichkeit« wäre demnach so etwas wie das Attribut eines Wesens, das, nicht den Begriff des Anderen kennend, allein im Weltall ist. Die Überlegungen des weisen Muntius enthalten jedoch einen erheblichen Bedeutungsüberschuß. Denn was geschieht, wenn wir für den Ozean die Welt einsetzen? Die Suche nach »Zeichen« innerhalb der physischen Erscheinungen, das Aufspüren einer bewußten Intention innerhalb der Ordnung des Universums wird zu einem spezifischen Merkmal nicht nur der Solaristik, sondern der Wissenschaft schlechthin, die sich von der teleologischen Verfahrensweise des Denkens nicht freimachen kann und ergebnislos nach einer universalen Formel sucht, die das Wesen der Welt und des Menschen umfassen würde. Die Hypothese vom »krüppelhaften Gott« avanciert zu einer eigentümlichen »kognitiven Prothese«, mit deren Hilfe das Gewirr von Sinnhaftem und sinnlosem Gestammel, welches uns in den Tatsachen entgegentritt, aufgelöst werden kann. Dies ist nicht die letzte Konstruktion bei Lem, welche menschliche Glaubensvorstellungen und Mythologien mit der unpersönlichen Kühle der exakten Wissenschaft kurzschließt.

Lem hat einmal gesagt, er habe selber *Solaris* nicht völlig verstanden, und das heißt, daß die Bedeutungen, die sich aus diesem Werk ableiten lassen, nicht restlos seiner Kontrolle als Autor unterliegen; wie können wir uns da an eine erschöpfende Exegese des Textes wagen? Vielleicht versuchen wir trotzdem, noch einmal auf das zurückzukommen, was in dem Roman über erkenntnistheoretische oder theologische Inhaltselemente hinausgeht. Schließlich handelt es sich um ein sehr persönliches Buch. Was Kris widerfährt, ist folgendes: Er hatte sich gegen seine Liebe vergangen und die Geliebte in den Tod getrieben, und das hat ihm Leid und Selbstvorwürfe eingetragen. Auf Solaris erhält er die einzigartige Chance, die Romanze noch einmal durchzuspielen, doch wieder endet das Ganze – diesmal sogar zweifach – mit dem Tode oder vielmehr mit der physischen Vernichtung des Mädchens. Dieses Motiv kann man auf zweierlei Weise interpretieren.

Zunächst sei bemerkt, daß hier etwas geschehen ist, was Lem theoretisch in den *Dialogen* erörtert hat: Von einer authentischen Person sind nacheinander zwei Kopien entstanden, mit denen Kris jeweils anders verfährt. Harey Nr. 2 wird wie ein lästiges »Gespenst« behandelt, das im Grunde nicht mit dem Original identisch und daher keines echten Gefühls würdig ist. Eine solche Harey könnte man hintergehen und mitleidlos in den Weltraum hinausbefördern. Mit Harey Nr. 3 ist es anders: Hier neigt Kris eher zu einer »funktionalistischen« Interpretation und erkennt spontan die Vollendetheit der Kopie an, die durch die Echtheit seiner eigenen Empfindungen bestätigt wird. An dieser Stelle verwickelt er sich jedoch in neue Probleme. Die Veränderung seiner Einstellung hat sich natürlich nicht im Kopf, sondern im Herzen vollzogen – Kris hat sich ganz einfach wieder verliebt; dieses scheinbar absurde Gefühl enthält aber dennoch einen rationalen Kern: Würde Kris sich beharrlich dagegen sträuben, Harey als einen (und sei es auch künstlichen) Menschen anzuerkennen, dann müßte er ebenfalls die Liebe anzweifeln, die das aus Neutrinos bestehende Mädchen in ihm geweckt hat, er müßte also annehmen, er sei selbst gewissermaßen eine Marionette, die nach der Pfeife einer fremden Macht tanzt, oder anders gesagt, der Ozean habe seiner Seele irgendetwas eingeimpft, was nicht aus ihr stammt. Die Wissenschaftler, die den beiden jungen Leuten nahelegen, ihre sinnlose Beziehung aufzugeben, haben also durchaus recht, aber auch Kris hat auf seine Weise recht, wenn er darauf besteht, die tragische Romanze bis zum Ende durchzuspielen – und zwar auf *menschliche* Weise, entsprechend den Vorbildern, die seine Kultur ihm bereitstellte. Nur dadurch kann er – über die Komplikationen hinweg, die aus der Reflexion über »substantielle Identität« u.dgl. entstehen – seine *persönliche Identität* und das Spezifische seiner gattungsmäßigen Eigenart bewahren.

Kris' Kollegen verhalten sich quasi vernünftiger, aber auch sie spielen schließlich mit dem Feuer, denn sie versuchen zu entscheiden, was an ihnen wert ist, bewahrt und zur Geltung gebracht zu werden, und was es umgekehrt als ein Resultat blinder Triebe oder fremder Eingriffe schleunigst zu verbergen oder auszurotten gilt. Man kann sich daher vorstellen, daß eine Fortsetzung der Experimente des Ozeans bei diesen in sich gefestigten Wissenschaftlern zum völligen psychischen Zerfall führen würde. Für die Besatzungsmitglieder der Solaris-Station stehen somit zwei verschiedene Höllen bereit: Sie könnten wie Kris alle Phantome als »ihr eigenes Werk« betrachten und sich in deren Welt verlieren, so wie es dem grotesken Robinson widerfuhr, den Lem in der *Vollkommenen Leere*[32] geschaffen hat; sie könnten aber auch fieberhaft ihre Alpträume bekämpfen und sich alles amputieren, was nicht dem offiziellen Bild ihrer Menschlichkeit entspricht – was sie wiederum in eine klägliche Schlacht mit ihrem eigenen, sich ständig neu materialisierenden Unterbewußtsein verwickeln und ganz sicher im Wahnsinn enden würde. Die Unglücksgefährten müssen einander also gegenseitig helfen. Kris' Lösung, der das Liebesdrama bis zu Ende durchspielt, ist wohl nur unter der Bedingung richtig, daß der Held am Schluß imstande ist, sich der grausamen, aber unerläßlichen Operation zu unterwerfen, welche die Kollegen für ihn ausführen. Die wiederum hätten nicht viel ausgerichtet, wenn der Ozean nicht seine Experimente eingestellt hätte, und daß er darauf (möglicherweise – in *Solaris* ist schließlich alles nur Hypothese) verzichtete, lag gerade am »Gelingen« des Experiments an Kris, also daran, daß dieser imstande war, dem seltsamen Wesen die ganze Spannweite der Gefühle zu vermitteln, die er im Zusammenhang mit seinem Drama durchlebte.

Die Ereignisse auf der Solaris-Station lassen den uralten Kern des Tragischen im Schicksal des Menschen sichtbar werden, denn wir finden dort sowohl eine *tragische Wahl* als auch eine *tragische Erkenntnis*. Die Wahl ist zu treffen zwischen der Versuchung, sich in seine kleine Welt zu verschließen und sich seinem persönlichen Glück hinzugeben, und andererseits der Berufung des Forschers, dem der Rückzug ins Private versagt ist und der sich der nichtmenschlichen Welt zu stellen hat; die »Erkenntnis« stellt sich überall dort ein, wo die Kosmonauten aufhören müssen, sich selbst zu belügen, um das Bewußtsein ihres ganzen Scheiterns und ihrer Lächerlichkeit zu ertragen. Die Geschichte der Solaristik, die im Roman beschrieben wird, ist nicht deshalb bedeutsam, weil sie eine Sammlung von Hypothesen und intellektuellen Konstrukten bietet, sondern als ein Drama der Hoffnungen und Enttäuschungen, der unablässigen Versuche, das Unerkennbare zu fassen. Nachdem der Schriftsteller vor jenen, die im Bereich von Vernunft und Sprache mit dem Ozean Kontakt aufnehmen möchten, unüberwindliche Schwierigkeiten aufgetürmt hat, scheint er den anderen, die sich für die mühsame und schmerzhafte *Quasi*-Verständigung im emotionalen Bereich entscheiden, gewisse Chancen zu lassen. Extrem verschiedene Wesen, die sich mit ihrer Oberfläche, mit dem, was dort irgendwie »geäußert« wird, aneinander wenden, können sich nicht miteinander verständigen; ein solcher Kontakt müßte immer dem berühmten »Gespräch mit einem Stein« von Wisła Szymborska ähneln. Um wirklich die *Fremdheit* zu erfahren, muß man sich wohl seinem Inneren zuwenden und auf die Angst und den Schmerz lauschen, den die Berührung des Anderen in uns auslöst. In diesem Sinne ist die Romanze zwischen Kris und Harey ein weiteres Drama der Erkenntnis, das einen weiteren Band im Regal der solaristischen Bibliothek füllen könnte.

Auch wenn wir annähmen, daß Liebe und Erkenntnis Hand in Hand gehen, bliebe dieser Verbindung der tragische Konflikt nicht erspart. Hier kommen wir zu der zweiten Interpretation der romantischen Geschichte aus *Solaris*. Dies ist eine sonderbare, weil bei Lem recht seltene Liebe, denn während sich der Autor gern mit Fragen der Erotik befaßt, schweigt er sich über die Regungen des Herzens eher aus, so als wären sie in einer von philosophischer oder wissenschaftlicher Reflexion dominierten Welt ewas Ungebührliches. Schließlich verschwindet Harey ja auch dreimal aus dem Leben Kris Kelvins, um ihm gewissermaßen zu ermöglichen, daß er sich dem Abenteuer der Erkenntnis hingibt. Gewiß, der Held bleibt nicht nur aus reiner wissenschaftlicher Neugier auf Solaris, sondern getrieben von der unklaren Hoffnung, der Ozean werde ihm die Geliebte wiedergeben. Dieses Gefühl bleibt jedoch ein bloß privater, persönlicher Antrieb, der die Erkenntnisleidenschaft weckt oder in Gang hält. Sagen wir es anders: Kris hat sich mit Harey an seiner Seite immer tiefer in einem schmerzlichen Spiel und im Selbstbetrug verloren; er muß sich also mit ihrem Verlust abfinden, um im reinigenden Schmerz die Klarheit des Blicks auf die Welt und auf die eigene existentielle Situation wiederzuerlangen. Zugleich kann das Mädchen nicht gänzlich aus seinen Gedanken und Gefühlen verschwinden, denn die Erinnerung an sie erhält in Kris den Zustand gespannter Neugier und die Hoffnung auf die Zukunft aufrecht, also jene Gefühle, die es ihm ermöglichen, die unvermeidlichen Niederlagen beim Abenteuer der Erkenntnis zu ertragen. Und noch etwas: Harey verschwindet nicht »von selbst«; man muß sie entweder eigenhändig beseitigen, oder man muß sie funktionieren lassen, um dann mit dem Bewußtsein ihrer äußersten Hingabe zu leben. Die Geste, sich an die grausamen Wunder der umgebenden Welt zu wenden, ist somit von Grund auf mit einem Schuldkomplex behaftet, und für die Forschungsexperimente ist eine nicht minder gesalzene Rechnung zu bezahlen, als sie einst der an den Teufel verkaufte Held Goethes entrichten mußte. Ist es vielleicht das, warum der Gedanke, daß der Ozean ein Gott sei, in den Köpfen der irdischen Sendlinge in dem Augenblick auftaucht, da sie sich nach einer Autorität sehnen, die ihre Sünden *verstehen und vergeben* könnte?

Solaris bildet als eine Geschichte romantischer Gefühle unter den Werken Lems eine Ausnahme, und man fragt sich, warum. Liebe haben die Helden gewiß auch in *Hospital der Verklärung* und *Gast im Weltraum* erlebt, doch nach *Solaris* verschwindet dieses Thema aus dem Schaffen Lems, wird verdrängt durch das kühl und zumeist aus ironischer Distanz behandelte Problem der Erotik, die in der Regel in einem grotesken und komischen Zusammenhang auftaucht; bald zur Elephantiasis aufgebläht, bald verdrängt, bleibt sie eine gleichsam mechanische Kraft, einer von vielen Faktoren, welche die Maschine der Gesellschaft zusammenschweißen oder sprengen, ein Faktor, dem es jedoch völlig an einer romantischen Aura mangelt. In künstlichen Marionetten-Gesellschaften können daher einzelne Individuen, von einer monströsen Gier getrieben, übereinander herfallen oder auch – auf Befehl des Schöpfers – das Interesse am Sex verlieren, doch wird daraus nie eine romantische Fabel entstehen. Hat Lem also in *Solaris* alles gesagt, was er über die Liebe zu sagen hatte? Hat er einen persönlichen Komplex – der Unerfülltheit, der Schuld? – aufgedeckt, auf den er dann nie wieder zurückkommen wollte? Ich wage in einer so heiklen Sache kein Urteil zu fällen. Vielleicht hat auch der Autor, der so vielen menschlichen Schwächen erbarmungslos zu Leibe rückt, hier innegehalten, von einem elementaren Schamgefühl geleitet, das es ihm nicht erlaubt, an ein letztes Residuum unserer Intimität zu rühren. Die romantische Geschichte von Kris und Harey, in der die literarische Tradition des 19. Jahrhunderts einen Widerhall und eine Fortsetzung findet, bleibt somit eine Hieroglyphe, die sich definitiver Entzifferung und Deutung entzieht.

8. Bevor die persönliche Beichte und der metawissenschaftliche Diskurs von *Solaris* sich in den *Memoiren, gefunden in der Badewanne* und in der *Stimme des Herrn* zu einem noch höheren Grad der Abstraktion aufschwingen, schreibt Lem Werke mit einer bedeutend schlichteren Aussage, deren Sinn in einer gewissen »methodologischen Direktive« enthalten ist. In der Erzählung »Die Invasion« aus dem Band *Inwazja z Aldebarana* (»Invasion vom Aldebaran«, Krakau 1959) fallen aus dem Weltraum Keime merkwürdiger »Pflanzen« auf die Erde und sterben dann, da sie keine geeigneten Entwicklungsbedingungen vorfinden, rasch ab. Diese ziemlich schockierende und in gewaltigem Maßstab auftretende Erscheinung geht einher mit exzentrischen Phänomenen, an denen sich die Gelehrten die Zähne ausbeißen. Die gläsernen Birnen aus dem Kosmos haben nämlich die Eigenschaft, in ihrem Inneren das Aussehen von Gegenständen, die sich am Ort ihres Aufpralls auf die Erdoberfläche befanden, exakt zu reproduzieren. Gerade zu dieser Frage verfügen wir über eine Mitteilung des Autors selber, aus der die oft ungewöhnlichen Wege deutlich werden, auf denen der Schriftsteller zu seinen erkenntnistheoretischen Schlußfolgerungen gelangt:

»Weder zu der Zeit, als ich diese Erzählung schrieb, noch viele Jahre später war ich mir darüber im klaren, wie ihre allgemeine Bedeutung aussieht. Lange Zeit danach, im Jahre 1967, formulierte ich (auf einem außerliterarischen und zwar dem philosophischen Gebiet) die Hypothese, daß zwischen der Variabilität der Formen, die man in der evolutionären Bewegung antrifft, und der durch die Umwelt bedingten Selektion jener Formen immer eine gewisse *Toleranz* existiert, die nicht von einer Adaptationsform ausgefüllt wird, sondern dem Spiel reiner Zufallsfaktoren unterliegt (d.h. daß nicht alle Erscheinungen der Bioevolution oder der Linguoevolution einen adaptiven Charakter haben). Danach versuchte ich, diese These noch mehr zu verallgemeinern, damit sie alle denkbaren Arten evolutionärer Prozesse, die Kulturentwicklung inbegriffen, umfassen kann. Als ich dies schrittweise versuchte, war ich mir nicht im entferntesten darüber im klaren, daß die erwähnte Erzählung ›Invasion‹ ein konkretes Beispiel für diese allgemeine Regel war, daß sie eine gewisse (phantastische) Partikularisierung der ›Toleranz‹-Hypothese darstellte, weil gerade ›nichts‹ das seltsame, imitierende Verhalten der ›gläsernen Birnen‹ veranlaßte. Die Erzählung suggeriert, daß diese Erscheinung nicht erklärbar ist, weil es für sie keine andere als nur eine inzidentale Erklärung gibt.«[33]

Eine ähnliche Botschaft wird der im gleichen Zeitraum entstandene *Quasi*-Kriminalroman *Die Untersuchung* enthalten, wo sich der Autor mit dem Paradigma des Detektivromans auseinandersetzt. Er verlegt die Handlung ins zeitgenössische England (Engländer beschwerten sich zwar über Fehler, was die Realien betrifft, doch schließlich handelt es sich um eine ganz konventionelle Parodie einer »Holmesiade«), macht einen reichlich stereotypen Leutnant des Scotland Yard zum Haupthelden und läßt ihn das Rätsel einer Leiche lösen, die unter merkwürdigen Umständen aus der Leichenhalle verschwunden ist. Die Untersuchung, die der Sache den Titel gibt, wird auf klassische Weise betrieben: durch Sammeln von bruchstückhaften Informationen, Lokaltermine, die Beobachtung Verdächtiger usw. Der Leutnant nimmt seinen ganzen Verstand zusammen, um diese Fakten zu einer rationalen Erklärung des Rätsels zusammenzufügen, alle Augenblicke meint er, wichtige neue Indizien zu erkennen, doch vergeblich: die scheinbar logische Beweisführung läuft an der Dummheit auf.

Die Originalität von Lems »Krimi« besteht darin, daß dem Leser (und der Polizei) schon von der ersten Szene an eine gegenüber den abgegriffenen Stereotypen konkurrierende Lösung vorgeschlagen wird: Ein exzentrischer Kenner der mathematischen Statistik stellt einen Katalog von Parametern zusammen, die für das Auftreten des Phänomens notwendig erfüllt sein müssen (bei der Aufzählung der Requisiten aus einer typischen Horror-Story glänzt Lem, nebenbei gesagt, durch schwarzen Humor), er untersucht die Häufigkeit und die geographische Verteilung ungewöhnlicher Vorfälle, um dann zu verkünden, wo und wann die nächste Leiche »wiederauferstehen« wird und daß damit die Serie beendet sein wird. Und so kommt es in der Tat. Ist das schon alles?, fragt sich der Leser unwillig. Ebenso enttäuscht ist der Leutnant, der sich in dem Wunsch, eine Erklärung für die Ursachen und Ziele des Phänomens zu finden und am Ende den Täter zu fassen, zu offenkundig absurden Mutmaßungen versteigt. Vergeblich: Das Phänomen »gehorcht« den Gesetzen der Statistik, während es allen teleologischen Ansätzen den Gehorsam versagt. Die Überlegungen des Leutnants sind durchaus richtig, nur spürt er in den Ereignissen irgendjemandes Intentionen nach (gleichgültig, ob sie vernünftig oder wahnwitzig sind). Der Kriminalroman ist ja im Grunde ein geistiges Duell zwischen Polizist und Verbrecher. Wenn sich hinter der Ansammlung der Indizien-Tatsachen ein Kopf verbirgt, dem diese Tatsachen entsprungen sind, dann ist es möglich, daß ein anderer Kopf die Kette rekonstruiert und die darin enthaltene Zielgerichtetheit aufdeckt. Anders verhält es sich, wenn die Natur zum Generator der Tatsachen wird. Sie produziert davon gewissermaßen zuviel, und der Forscher, der Zusammenhängen zwischen ihnen auf der Spur ist, hat, je besser er informiert ist, eine um so größere Chance, auf Korrelationen zu stoßen, die sich zufällig ergeben und aus menschlicher Sicht sinnlos sind. Der Leutnant gelangt am Ende zum Verständnis seiner eigenen Situation, und was ihn dazu bringt, sind nicht nur die theoretische Inspiration und die Lehren, die der unerträgliche Sciss ihm erteilt, es liegt auch daran, daß er in sich hineinhorcht – und auf die Stimmen, die aus der Umwelt zu ihm dringen. London und seine Umgebung, durch die Gregory irrt, haben die Struktur eines Labyrinths: Dieses ganze Gewirr von Sträßchen und Gäßchen, von untergeordneten Landstraßen und kleineren Ansiedlungen fügt sich nicht zu einem übersichtlichen Plan. Was der Held unternimmt, wird mal von einer Absicht bestimmt, die sich herauskristallisiert hat, mal vom Zufall, der denn auch häufig für unverhoffte Begegnungen, auffallende Tatsachen und Assoziationen verantwortlich ist, welche die Untersuchung auf ein neues Gleis bringen. Gregory hat übrigens bei sich zu Hause ein im Vergleich zu dem Kriminalfall minder schweres Rätsel, das er mit eigenen Kräften nicht zu lösen vermag (es geht um den sonderbaren Lärm, der aus dem Zimmer seines Vermieters dringt), und wie soll er da erst mit einer so verwickelten Sache wie den verschwindenden Leichen fertig werden! In der *Untersuchung* taucht noch einmal ein Problem auf, das wir aus früheren Überlegungen Lems kennen, nämlich der Gegensatz zwischen dem »Natürlichen« und dem »Künstlichen«. In der Flut der Tatsachen sucht der Detektiv nach Kausalketten, die auf einem »künstlichen« Prinzip beruhen – dem bewußten Plan eines Verbrechers. Lem führt ihn in eine Welt, in der solche strengen Unterscheidungen nicht getroffen werden können. Lauschen wir der Rede, die der Leutnant hält, als es ihm endlich wie Schuppen von den Augen fällt:

»Sie erinnern sich an unser Gespräch in diesem Zimmer – über die Ordnung. Die natürliche Ordnung der Dinge. Diese Ordnung kann man imitieren, haben Sie damals gesagt. (...) Und wenn es nicht so ist? Wenn es nichts zum Imitieren gibt? Wenn die Welt nicht ein vor uns verstreutes Puzzlespiel ist, sondern lediglich eine Suppe, in der chaotisch Stücke umherschwimmen, die von Zeit zu Zeit rein zufällig zu einem Ganzen zusammenkleben? Während alles, was existiert, fragmentarisch, unvollendet, fehlgeboren ist, während alle Vorgänge ein Ende haben ohne Anfang oder nur eine Mitte, ein Vorderteil ohne Abschluß, sortieren wir fortwährend, sondern aus und rekonstruieren, bis wir Liebe, Verrat und Niederlage als Einheit zu sehen beginnen, obgleich wir in Wirklichkeit partikulär und zufällig sind. Unsere Gesichter, unsere Schicksale determiniert die Statistik, wir sind das Ergebnis der Brownschen Bewegung, der Mensch ist eine unvollendete Skizze, ein zufällig entworfenes Projekt. Perfektion, Vollkommenheit, Vollendung – das sind rare Ausnahmen, die nur deshalb auftreten, weil die Fülle der Erscheinungen so unerhört, so unvorstellbar ist! Das gewaltige Ausmaß der Welt, ihre grenzenlose Vielfalt sind der Regelungsmechanismus der Alltäglichkeit, durch ihn werden scheinbare Lükken und Risse ausgefüllt, für seine eigene Erlösung sucht das menschliche Denken die zerstreuten Fragmente aus und fügt sie zusammen. Religion und Philosophie sind der Leim, fortwährend sammeln und fügen wir die auseinanderstrebenden Bruchstücke in der Statistik zusammen, um sie in ein sinnvolles Ganzes einzubinden wie zu einer Glocke unseres Ruhmes, so daß sie als eine einzige Stimme vernehmbar wären. Dabei ist es lediglich eine Suppe ... Die mathematische Ordnung der Welt ist unser Gebet an die Pyramide des Chaos. (...) Die Statistik steht bei unserer Empfängnis Pate, sie lost das Konglomerat der Gene aus, durch die unsere Körper geformt werden, sie bestimmt durch das Los unseren Tod. Die Begegnung mit der Frau, die ich lieben werde, meine Lebenserwartung, alles bestimmt der statistische Durchschnitt, also vielleicht auch, daß ich unsterblich werde? Vielleicht wird diese Unsterblichkeit auch jemandem zuteil, blindlings, durch den Zufall, von Zeit zu Zeit, ebenso wie Schönheit oder Gebrechen? Wenn aber keine eindeutigen Abläufe existieren, wenn Verzweiflung, Schönheit, Freude und Häßlichkeit Produkte der Statistik sind, dann liegt die Statistik unserer Erkenntnis zugrunde, dann existiert nur der blinde Zufall, das ewige Arrangement zufälliger Muster. Die unendliche Vielzahl der *Dinge* spottet über unsere Liebe zur *Ordnung*. Sucht – und ihr werdet sie finden; ihr werdet sie am Ende immer finden, wenn ihr nur eifrig genug sucht, denn die Statistik schließt nichts aus, sie macht alles möglich, sie hält es lediglich für mehr oder weniger wahrscheinlich. Die Geschichte aber ist die Realisierung des Brownschen Bewegungsgesetzes, ein statistischer Tanz der Moleküle, die nicht aufhören, von einer anderen irdischen Welt zu träumen ... «[34]

Als hörten wir Sekułowski! Aber der sympathische Leutnant ist kein Nihilist, und im übrigen wacht über ihm mit gutmütiger Ironie Chefinspektor Sheppard, der ihn sogleich weiter am Abenteuer einer konventionellen Untersuchung teilnehmen läßt. Wenn »alles möglich ist«, dann besitzt vielleicht – durch Zufall – auch diese Geschichte eine klassische Lösung (in dem Sinne, daß es einen Täter, Motive und die kausale Logik gibt). Wir wissen sehr wohl, daß es so ganz sicher nicht ist, aber was sollen der Polizist und die ganze Institution, der er dient, letztlich machen? Das Bewußtsein, daß die Welt von statistischen Prinzipien regiert wird, macht dem einzelnen das Leben durchaus nicht leichter (als Beweis sei hier das betrübliche Bild angeführt, das Sciss' Privatleben bietet); Gregory muß also erneut das »Untersuchungs-Spiel« aufnehmen, obwohl er und sein Vorgesetzter den Schwindel durchschauen, der sich dahinter verbirgt; er muß »das Schema der Tragödie erfüllen«, nur von einer verschwindend geringen Hoffnung getragen, daß der Zufall ihm – wie im Falle des Geheimnisses der Familie Fenshaw – gnädigerweise die Lösung des Rätsels beschert.

Die Untersuchung, scheinbar ein »Krimi«, ist im Grunde ein Buch über die Dilemmata der Wissenschaft, die nach dem Erreichen eines gewissen Komplexitätsniveaus der Erkenntnis gezwungen war, ihre methodologischen und philosophischen Grundlagen neu zu formulieren und auf die Vision einer stabilen, vollkommenen Ordnung des Universums, damit aber auch auf eine vollständige Erkenntnis der Tatsachen zu verzichten. Die heutige Wissenschaft nimmt daher mit einer gewissen Demut hin, daß ganze Bereiche von Beobachtungstatsachen für sie zu so etwas wie kybernetischen »black boxes« werden, über deren inneren Aufbau sie nichts sagen kann, auch wenn sie fehlerlos vorherzusagen vermag, was an deren »Ausgängen« auftreten wird. Vor ähnlichen Problemen steht der Held des *Schnupfens*, und auch in diesem Roman übersetzt der Autor wissenschaftliche Visionen in existentielle Dilemmata des einzelnen; allerdings finden sie hier eine etwas andere Lösung.

9. Eine weitere Etappe dieser Überlegungen stellen gewissermaßen die 1960 entstandenen *Memoiren, gefunden in der Badewanne* dar. Wir finden hier – wie in *Solaris*, das aus der gleichen Zeit stammt – die »Welt als Metapher« und die Verschmelzung der inneren mit der äußeren Erfahrung; wir finden auch die »methodologische Direktive« aus der *Untersuchung*, nur wird sie hier auf den Versuch angewandt, die Rätsel der eigenen Existenz (des Helden) zu lösen.

Im Vorwort »aus dem 32. Jahrhundert« erfahren wir, daß die *Memoiren* einen wertvollen Fund darstellen, den man in den Ruinen des Dritten Pentagons entdeckte, wo einst der Militär- und Spionage-Verwaltungsapparat der ihrem Untergang entgegengehenden Vereinigten Staaten seine letzte Zuflucht gefunden hatte. In den Rocky Mountains von der Welt abgeschnitten, entartet das »Gebäude« zu einer vollkommen geschlossenen Institution, deren Aktivitäten sich in fortwährenden inneren Umschichtungen erschöpfen, die im übrigen nur darin bestehen, daß innerhalb des Personals die Rollen getauscht werden, während sich an der Grundstruktur des »Gebäudes«, dem zugrundeliegenden System der Masken und Funktionen, nichts ändert.

Die endlosen Korridore des »Gebäudes« durchmißt ein frisch angeworbener Mitarbeiter – der Erzähler –, der treuherzig versucht, hinter das »Wesen« des »Gebäudes«, den Sinn seiner Mission zu kommen, die von Anfang an mit einem Geheimnis umgeben ist. Der Roman ist nach dem Prinzip des Alptraums aufgebaut: Alle Augenblicke schimmert die Hoffnung auf, der Held habe den Kern, das »Authentische« erreicht, doch stellt sich immer wieder heraus, daß es nur eine weitere Prüfung, eine Provokation, ein abgekartetes Spiel war. Allmählich gelangen wir zu der Überzeugung, daß es die *Wahrheit* über das »Gebäude« nicht gibt, oder vielmehr, daß seine bloße Existenz und sonst nichts die »Wahrheit« ist.

Es kann natürlich keine Rede davon sein, daß das Gattungsmuster der direkten politischen Satire derartige Inhalte trägt. Der Autor zwinkert dem Leser verständnisinnig zu, wenn er ihm zu verstehen gibt, daß »die Hyberiadischen Gnostoren die ersten elf Seiten als ein späteres Apokryph ansehen«. Das ist genau die Seitenanzahl des Vorworts.[35] In einer Welt der totalen Bespitzelung und Verstellung kann auch der Text der *Memoiren* nur eine Chiffre sein, und zwar eine mehrschichtige, wie das Fragment von

Romeo und Julia, das im Roman durch die Dekodierungsmaschine auf mehrfache Weise »geknackt« wird.

Nur äußerlich sind die *Memoiren* also eine Satire auf den bürokratischen Apparat der modernen Spionage; der Autor gibt übrigens zu, daß der Einfall zu dem Buch ihm gekommen sei, nachdem er die Memoiren von Geheimdienstagenten gelesen habe: »Ich stellte nämlich fest, daß der Spion, der notorisch für beide gegnerischen Seiten arbeitet, nachdem er diese Tätigkeit eine Zeitlang ausgeübt hat, selbst nicht mehr wissen kann, wen er betrügt und wem er Nutzen einbringt; die Differenz zwischen der patriotischen und der verräterischen Tätigkeit ist dann einfach eine statistische Differenz (sie besteht darin, wem er durch die von ihm übermittelten Nachrichten mehr und wem er entsprechend weniger geschadet beziehungsweise geholfen hat).«[36]

Von einem solchen Spion könnte man sagen, sein ganzes Leben werde zu einer Chiffre mit zwei Deutungen. Den *Sinn* der Handlungen des Spions können wir dann deuten, wenn wir beide Missionen kennen, denen er gleichzeitig dient. Mit diesem Schlüssel in der Hand ziehen wir alles, was bloß »Rauschen« ist, von seinem Verhalten ab und konzentrieren unsere Aufmerksamkeit auf jene Handlungen, die unter dem Aspekt der Mission wesentlich sind. Wenn wir die andere Mission als Schlüssel betrachten, wird natürlich etwas anderes als »Rauschen« oder umgekehrt als verschlüsseltes Signal erscheinen. In den *Memoiren* spitzt Lem diese Situation zu bis hin zur Absurdität, wenn er das ganze »Gebäude« von Agenten wimmeln läßt, die nicht mehr nur zwei, sondern drei, vier, fünf oder mehr Missionen gleichzeitig erfüllen. Jeder Mensch, den man dort antrifft, erweist sich als ein Palimpsest, eine Anhäufung übereinandergeschichteter Text-Masken, die ihm nur der Eingeweihte eine nach der anderen herunterzureißen vermag. Das gilt auch für ausgedehnte Situationen, beispielsweise die Sauferei mit den »Professoren«, für die der Priester Orfini dem Helden zahlreiche Deutungen liefert. Verallgemeinernd kann man sagen: Hatten wir es bei der »Invasion« oder der *Untersuchung* mit Phänomenen zu tun, die Intentionalität nur vortäuschten und bei denen am Ende des Werkes die Enthüllung steht, daß sie *nichts* bedeuten und *niemandem* dienen, so führt uns der Autor in den *Memoiren* in eine Welt ein, in der umgekehrt *alles* irgendeine verborgene Bedeutung hat, in der die Wirklichkeit semantisch dermaßen überfrachtet ist, daß es unmöglich wird, sie einheitlich zu deuten.

Das »Gebäude« stellt eine Spielart von Labyrinth dar, bei der das Zentrum – der gehütete Ort – zugleich überall und nirgends ist. Der Held dringt ohne weiteres ins »Allerheiligste« – das Amtszimmer des Oberbefehlshabers – vor, aber er findet dort nichts, was Beachtung verdiente, nichts, was das Wesen des »Gebäudes« erklären würde.[37] Das Motiv des Labyrinths spielt bei Lem eine Schlüsselrolle und tritt in mancherlei Gestalt auf: als Eingeweide eines kosmischen Ungeheuers (»Die Ratte im Labyrinth«), als gespenstische Städte auf fremden Planeten (*Die Astronauten*, *Eden*), als gigantische Gäa (*Gast im Weltraum*), als Flughäfen in *Transfer* und *Der Schnupfen*, als die Stadt London in der *Untersuchung*, schließlich in der bedrohlichen Vision des Seelen-Labyrinths in dem bis zum Ausmaß einer Stadt ausgebauten mechanischen König Murdas (*Robotermärchen*). In der europäischen Kultur, ja in allen Kulturen der Welt ist dieses Symbol mit zahlreichen Bedeutungen behaftet: es bildet die Struktur des Himmels, aber auch die der menschlichen Seele ab, es kann das Göttliche und das Teuflische verbergen, für die einen ist es nur ein Gewirr von Irrwegen, für die anderen das Bild des mühseligen Lebensweges, des Strebens nach Wissen und Heiligkeit.[38] Im Grunde treffen *alle* oben genannten Bedeutungen auf das Lemsche »Gebäude« zu, nur koexistieren paradoxerweise die Glieder der Gegensatzpaare miteinander. Im Vorwort wird knapp die Hypothese angedeutet, »dieses Gebäude sei – als Werk des Glaubens, der Imagination – in den Köpfen der Bekenner errichtet worden«[39], und wenngleich anschließend vorgegeben wird, man habe die Ruinen des Bauwerks entdeckt, so wird doch im Grunde der Sinn der Hypothese keineswegs erschüttert, denn *nichts* ist im »Gebäude« einfach nur Wahrheit oder Lüge, durch die Realisierung aller Varianten des Seins strebt es nach Vollendung. Das »Gebäude« kann daher aufgefaßt werden als eine bestimmte psychische Struktur, aber ebensogut als Kosmos, was wiederum im Roman eine ausdrückliche Deutung findet:

»Schon seit einiger Zeit vermutete ich, daß das Oberkommando des Kosmischen Bezirks – offenbar allzu groß geworden, um jede der Trillionen von Angelegenheiten individuell zu steuern – zum System der Zufallswirkung übergegangen sei, von der Annahme ausgehend, daß jede Akte, indem sie zwischen den Myriaden seiner Schreibtische zirkuliert, schließlich auf dem richtigen landen muß. Eine ähnliche, zwar zeitraubende, aber unfehlbare

Methode wendet der Kosmos selbst an; bei einer Institution, die ebenso unvergänglich war wie er – und das war das Gebäude ja – kam es auf das Tempo jener Zirkulationen und Perturbationen natürlich nicht an.«[40]

Die Frage, ob ein solcher Kosmos satanischen oder göttlichen Wesens ist, scheint sinnlos zu sein, da er »das Gute« und »das Böse« zufällig hervorbringt und man in jedem Augenblick über die jeweils entstandene Struktur von Tatsachen und Interpretationen hinweg in das Antlitz sei es des Teufels, sei es Gottes blicken kann. Das von Lem entworfene Welt-Gebäude ist somit ein *Text*, ein Text freilich, den man nach Millionen von Codes deuten kann. Mehr noch, jeder dieser Codes ist »wahr«, weil er, auf den »Text« angewandt, irgendwelche sinnhaften Bedeutungen erzeugt.

Bei der Interpretation von Borges' literarischen Gleichnissen findet Lem, daß die *Memoiren* mit jenen vergleichbar sind, die die Welt als eine Struktur auffassen, welche als ein System von Abläufen und Rollen unabänderlich verharrt, gleichgültig, welche Wesens-Interpretation man ihm zuschreibt, und unabhängig von den austauschbaren Akteuren, die fertige Handlungsschemata exekutieren.[41] Eine Ähnlichkeit in der Konzeption ließe sich auch bei anderen Texten von Borges feststellen, die Lem bespricht, ohne auf seinen eigenen Roman Bezug zu nehmen, vor allem bei der *Bibliothek von Babel*, in der die Welt als eine Bücherei konzipiert wird, die eine unermeßliche Zahl von Bänden enthält, welche alle in einem üblichen Folioband möglichen Zusammenstellungen graphischer Zeichen ausschöpfen. Eine solche Bibliothek wird, wie man unschwer bemerkt, sämtliche Entdeckungen der Vergangenheit und der Zukunft enthalten, sofern sie sich in der Sprache ausdrücken lassen, aber auch Werke der Inspiration und der Perversion, wahre Beschreibungen von Planeten, die wir nicht kennen, und die Telefonbücher jeder beliebigen Stadt der Erde; leider enthält sie auch einen Ozean von Unsinn und Gestammel, und das alles wird erzeugt nach der mühseligen, aber absolut wirksamen Methode, eine gewisse Menge von Buchstaben, Ziffern und Satzzeichen gedankenlos zu kombinieren.[42]

Der solchermaßen gedachte Kosmos ist ein Versuch, zwei scheinbar widersprüchliche Qualitäten miteinander zu versöhnen: das totale Chaos und die totale Ordnung, die völlige Gedankenlosigkeit und die ausgeklügeltste Intention. Man bemerkt unschwer, daß auch Lems »Gebäude« auf ähnlichen Prinzipien basiert (nicht umsonst, nebenbei gesagt, *funktioniert* es nicht bloß, sondern es *sammelt* auch – Bücher, museale Sammlungen), und die senile Morschheit der Führung schadet ihm durchaus nicht, denn Vollkommenheit des Handelns muß sich auf jeden Fall – zufällig – irgendwo in seinem Inneren realisieren.

Die *Memoiren, gefunden in der Badewanne*, ein Entwurf des Kosmos und zugleich eine Allegorie des Lebens des einzelnen unter den mannigfaltigsten Aspekten (der Erkenntnis, des Strebens nach Werten, des Dienstes an Gesellschaft und Staat, der individuellen Selbstverwirklichung usw.), lassen sich zu den verschiedensten Werken anderer Autoren in Beziehung setzen. Ein fernes Vorbild ist sicherlich die – ähnlich »labyrinthische« – *Handschrift von Saragossa* von Jan Potocki; die existentielle Allegorik, die Verwicklung des einzelnen in die Institution verbinden sie mit Kafkas *Schloß* und Genets *Balkon*, die Kategorie des »Zwischenmenschlichen« als Gegengift gegen die Maßlosigkeit der Inhalte und der potentiellen Bedeutungen des Weltalls mit Gombrowicz' *Kosmos*, die aktuelle politische Metapher mit Tadeusz Brezas *Urząd* (»Das Amt«). Das ließe sich weiterführen. All diese (und andere, ähnliche) Texte müssen in der Struktur der Bedeutungen des »Gebäudes« sozusagen in potentia enthalten sein, so wie in ihm (dem Gebäude) auch der Text der *Memoiren* selber versteckt ist, der dem Helden für einen Augenblick in die Hände fällt.[43]

Wir haben die Botschaft von Lems Buch eingangs auf die »methodologische« Strömung zurückgeführt, die durch »Die Invasion« und *Die Untersuchung* repräsentiert wird, sowie auf die anthroplogisch-philosophische, in der *Solaris* den *Memoiren* unmittelbar voraufgeht. Die Weltsicht, die wir aus den beiden ersteren Werken kennen, ist, wie schon bemerkt wurde, vollkommen auf den Kopf gestellt. Aber das scheint nur so: Eine Welt, in der *alles* intentional, *alles* bedeutungsvoll ist und in der zugleich jedes Element und jedes Ereignis mit einer Unmenge von – widerspruchsvollen – Sinngehalten überhäuft wird, ist für schlichte Untersuchungsverfahren ebenso unzugänglich wie die Realität des geschilderten »Antikrimis«. Nach Überschreiten einer gewissen Schwelle der Komplexität ist der intentionale Apparat des »Gebäudes« kaum noch von der richtungslos wirkenden Natur zu unterscheiden. Wir sehen ja, daß der Held, wenn er nach dem Sinn der geheimdienstlichen Mission fragt, im Grunde nach dem Sinn seines eigenen Lebens fragt, und daß das Gebäude, das zugleich der Kosmos ist, ihm dermaßen ausweichende und unklare Antworten gibt, als wäre es die Natur selbst, für die die Frage nach dem »Sinn« überhaupt keinen Sinn hat. Nicht der »wesensbezogene« Subtext ist für das kognitive Verfahren bestimmend, sondern die informationale Komplexität des Forschungsgegenstandes. Die »methodologische Direktive« bleibt unverändert.

Sehr viel interessanter ist der Versuch, die anthropologisch-philosophischen Inhalte der *Memoiren* zu deuten. Ihr Held ist unverkennbar eine Allegorie auf jeden von uns, und die kognitiv-axiologischen Mühen, die ihn im Gebäude erwarten, lassen sich keinesfalls mit Hilfe erkenntnistheoretischer Direktiven bewältigen. Sie sind für das Individuum, das mit dem Leben im Labyrinth irgendwie zurechtkommen muß, vollkommen ungenießbar. Ist es verwunderlich, daß der Held herauszubekommen versucht, was seine Mission ist? Soll er vielleicht abwarten, daß ihr Sinn sich nach Jahrhunderten zufällig einem seiner Nachfolger enthüllt? Vom Standpunkt des einzelnen wäre ein solcher Stoizismus zumindest wenig wahrscheinlich. Der Held hält sich also an den Faden seiner Mission, der alles ist, was er besitzt, und der ihn, wie er glaubt, durch die Irrgänge des Gebäudes führen und ihm helfen wird, zum Kern, zum Wesen, zur Struktur des Kosmos-Bauwerks vorzustoßen. Der sonderbare Alte versichert ihm rasch, daß es eine unendliche Zahl von *authentischen* »Mustern des Labyrinths« gibt, und anschließend erfährt er, daß es keinen Text gibt, der sich *restlos* entziffern ließe, daß die Mission bloß eine Umschreibung hilfloser Versuche ist, das eigene Schicksal zu erkennen.

Wenn aber das Gebäude ein Abklatsch des Kosmos ist, dann kann man es auch als eine Parodie auf einen vollkommen geschlossenen Moloch Staat bezeichnen. In diesem Sinne kann man die Frage: »Wozu lebe ich?«, die der Held an die Natur und ihren hypothetischen Schöpfer richtet, auch den Machthabern der organisierten Gesellschaft stellen. Der Held wäre dann nicht nur ein »Mensch«, sondern auch ein »Bürger«, dem der Staat dermaßen überlegen ist, daß er dessen Handeln im ganzen nicht mehr verstehen noch als einzelner einen sinnvollen Platz innerhalb seiner Struktur finden kann. Dieser Moloch kümmert sich auf spezielle Weise um den Bürger, das heißt, er »nimmt ihn wahr«, aber nur noch als eine statistische Person ohne alle individuellen Eigenschaften. Im Handeln des Staates gegenüber dem einzelnen ist schwer auszumachen, was intentional und was unbeabsichtigt ist, was aus einer fürsorglichen und was aus einer repressiven Haltung erwächst. Im übrigen beleidigt alles gleichermaßen die Menschenwürde und die Souveränität des einzelnen. Das Gebäude ist außerdem eine Parodie auf den Polizeistaat, der auf der totalen Überwachung aller Bürger beruht. Dieses Modell ist hier allerdings, wenn man so will, »zu Ende gedacht«: Der Staat ist über jeden Schritt jedes Bürgers unterrichtet, nicht, weil er ihm beharrlich nachspürt, sondern weil er schon von vornherein *alles weiß, was man überhaupt wissen kann*, also auch das, was dem Helden erst einen Augenblick, eine Stunde, einen Monat oder ein Jahr später in den Sinn kommen wird. Deshalb erscheint das Gebäude dem Umherirrenden bald als eine Institution, die seine Existenz vollkommen ignoriert, bald als eine ausschließlich für ihn konstruierte Realität. Aus dem Wirrwarr aller zufallsbedingten Schritte des »Agenten« ergibt sich letzten Endes dennoch eine konsequente Linie, und der Geheimdienstkollege sagt bevorstehende Ereignisse fehlerlos voraus. Aber auch diese beiden diametral entgegengesetzten Hypothesen vertragen sich miteinander.

Authentisch zu leben, spontan Gutes oder Böses zu tun, ist im Gebäude unmöglich, denn jegliches menschliche Handeln ist bereits in ihm enthalten und vorhergesehen; man kann nach nichts streben, es sei denn nach dem »Ausgang«, der gleichbedeutend ist mit dem Tode (doch auch der Tod entgeht am Schluß des Romans nicht dem Verdacht der Fälschung und Verstellung). In dieser Situation läßt sich der Held, der alle Versuche, die Nemesis zu täuschen, ausgeschöpft hat, auf die »Verschwörung« mit dem Priester Orfini ein, eine »Verschwörung«, in der alles nach dem Szenario ablaufen wird, das in der Struktur des Gebäudes vorgezeichnet ist. Die Geheimorganisation wird natürlich sofort »aufgedeckt«, denn der treulose Genosse gibt den Helden vorsätzlich preis. Aber das hat keine größere Bedeutung. Beide Verschwörer sind von vornherein mit dem Preis einverstanden, den sie für das Unternehmen zu zahlen haben, und betrachten den ganzen rituellen Rahmen des Komplotts als etwas völlig Unwesentliches. Wichtig ist allein die »innere Zustimmung«, die sie diesem neuen Spiel zuteil werden lassen – sie allein bleibt ihnen in der Wüste der allgegenwärtigen Täuschung als etwas Eigenes. Die private, zwischenmenschliche »Realität« erweist sich in einer vom totalen Verdacht durchdrungenen Welt als die einzige Zuflucht.

Bei der Kritik hatten die *Memoiren* kein Glück. Die Rezensenten vermochten aus dem Roman oft nichts anderes herauszulesen als seine Oberflächenschicht, sie schrieben von einer »Satire auf den Geheimdienst« und verbreiteten sich über die groteske Komik der Abenteuer des Helden. Heute sehe ich, daß ich selber in das andere Extrem verfiel, und es ist aus den obigen Bemerkungen schwerlich zu entnehmen, mit was für einem witzigen Text wir es zu tun haben. Der Humor der *Memoiren* ist allerdings ein bitterer, weil philosophischer Humor. Es fällt uns leicht, über das Elend der Existenz der Romangestalten zu lachen, denn sie bieten uns anstelle von Gesichtern lediglich Masken, sie haben – wie die Mannequinfiguren des Bruno Schulz – nur die eine Seite, die sie der Öffentlichkeit zeigen. Selbst der Hauptheld besitzt weder eine Biographie noch eine eindeutigere psychologische Individualität. In der graphischen Darstellung der narrativen Strategien Lems nimmt dieser Roman deshalb einen Platz unmittelbar auf der horizontalen Achse ein, die die »Zone der Identifikation« von der »Zone der Distanz« trennt. Weit leichter fällt es dem Leser, den Standpunkt einer anderen Gestalt einzunehmen, die der Autor erstmals konsequent durchzukonstruieren und mit einer sinnvollen Biographie sowie einer sich glaubhaft entwickelnden Psyche auszustatten versucht hat. Ich denke natürlich an den Titelhelden der *Geschichten vom Piloten Pirx*.

10. Der Pirx-Zyklus wurde schon in den fünfziger Jahren begonnen (einige der ersten Erzählungen wurden in *Inwazja z Aldebarana* aufgenommen), und sein bislang letzter Teil fand sich in dem Band *Bezsenność* (»Schlaflosigkeit«) aus dem Jahre 1971. Pirx debütiert in *Test* als Kadett der Schule für Raketenpiloten, in der den Zyklus abschließenden Erzählung »Ananke« ist er bereits Kommandant, ein Vertreter der abtretenden älteren Kosmonautengeneration. Als Kadett zeichnet er sich durch Zerstreutheit und einen etwas kindlichen Hang zur Träumerei aus, als reifer Mann durch eine nachdenkliche Haltung, die nicht so leicht der Routine ausgetretener Denkpfade verfällt, aber auch durch den Glauben an die schlichte Intuition und durch Mißtrauen gegen die algorithmisierten Verfahren der Lösung intellektueller Probleme. Diese Eigenschaften bringen ihn übrigens sehr oft in Konfliktsituationen.

Was macht Pirx? Natürlich das, was jeder Raketenpilot im Zeitalter der üblich gewordenen »Nutzung des Kosmos« tut: Zunächst lernt er, dann unternimmt er Patrouillenflüge zu fernen

Sternen, lenkt er Transportraketen, kurz, er kommt beruflich voran, um am Ende seiner Karriere bereits Spezialaufgaben zu leiten wie das Testen von Robotern in Menschengestalt (»Die Verhandlung«). Im Laufe dieser – wie der Autor suggeriert – recht gewöhnlichen Karriere hat der Held zahlreiche nicht alltägliche Abenteuer zu bestehen, wobei die Kompliziertheit der Probleme, vor denen Pirx steht, immer mehr zunimmt. Auch die Stimmung der Erzählungen ändert sich: Bei der Schilderung der Erlebnisse des jungen Mannes ist sie vergnügt, in der den Zyklus abschließenden »Ananke« ist sie recht bitter.

Die »Pirxiaden« haben ein zentrales Thema: die Konfrontation von Mensch und Mechanismus, von menschlicher und »maschineller« Denk- und Handlungsweise. Dabei gibt es eine Reihe von Lösungsvarianten: Es kommt vor, daß die Maschine auf eine kaum vorhersehbare Art ausfällt und die Menschen, die ihr blind vertraut haben, ins Verderben stürzt (»Die Patrouille«, »Der bedingte Reflex«, »Ananke«), daß sie menschliche Eigenschaften annimmt (»Terminus«, »Die Jagd«, »Der Unfall«, »Ananke«), daß sie sich schließlich gegen ihren Schöpfer erhebt und nach Weltherrschaft strebt (»Die Verhandlung«). In den Text werden all diese Themen über Situationen eingeführt, die nach dem Muster der Sensationsliteratur aufgebaut und gelöst werden; es ist also nicht so, daß Pirx über intellektuelle Rätsel brütet – er riskiert vielmehr seine eigene Haut, indem er sich auf gefährliche Abenteuer einläßt.

Im Gegensatz zu den Helden der zuvor besprochenen Werke ist der zerstreute Pilot ein »Erfolgsmensch«, man muß aber auch zugeben, daß die Rätsel, die er löst, erheblich einfacher sind als jene, die der Autor in *Solaris* oder in den *Memoiren, gefunden in der Badewanne* schilderte. Dort stürmen die Menschen gegen die Grenzen der ihnen als Repräsentanten der Gattung zugänglichen Erkenntnis an; hier wird gleichsam ein Bereich des erreichbaren – was nicht heißt: leicht erreichbaren – Erfolges abgesteckt. Bei den Erkenntnisturnieren – denn auch Pirx muß in der Regel ein Duell um die Lösung irgendeines Rätsels gegen jene, die es nicht geschafft haben, »gewinnen« – steht auf der einen Seite der wissenschaftliche, fachmännische und zugleich ein wenig abstrakte Denkstil, auf der anderen die Intuition, die geistige Wendigkeit, die Unabhängigkeit von eingefahrenen Untersuchungsverfahren und – das ist wohl am wichtigsten – die Bereitschaft, mit vollem

Einsatz seiner selbst zu experimentieren. Die Experten, die mit Pirx rivalisieren, befolgen gewissermaßen nur eine unpersönliche Prozedur, die nur zu Lösungen zu gelangen vermag, welche der Autor ihr zuvor einbeschrieben hat. Pirx wirft seine ganze Person, physisch wie psychisch, in die Waaagschale, und natürlich weiß er selber nicht, wie er es schafft, den Erfolg zu erringen; er »weiß es selber nicht«, weil er die Geheimnisse des Funktionierens seines eigenen Körpers und Geistes nicht vollständig kennt, sich dafür anfangs nicht einmal sonderlich interessiert.

Die erkenntnistheoretische Aussage des Erzählungszyklus besteht also darin, daß eine Welt, die unendlich viel reicher ist als alle formalisierten Forschungsverfahren, mit deren Hilfe nicht restlos erklärt werden kann. Einem Rätsel, das mit diesen Verfahren nicht zu knacken ist, müssen wir mit einer »Problemlösungsmaschine«, einem Aggregat begegnen, das ihm an Komplexität gleichkommt und möglichst elastisch funktioniert. Das einzige derartige Aggregat, über das wir verfügen, ist der Mensch selbst – allerdings nicht, wenn man ihn auf irgendeine algorithmisierte Funktion reduziert, sondern ganz im Gegenteil, wenn er mit seiner ganzen Person für die ihn umgebende Realität und die verborgensten Schwingungen in seinem Inneren maximal *offen* ist. So ließe sich die erkenntnistheoretische Botschaft des Pirx-Zyklus umschreiben. Es gibt jedoch noch eine zweite Botschaft, die mit jener zusammenhängt.

Wieso hat Pirx eigentlich immer *Erfolg*? Gelehrte Erklärungen beiseite lassend, könnte man sagen, daß er erfolgreich ist, *weil der Autor ihn mag*, weil er seiner Zerstreutheit, seiner Träumerei, seiner »Redlichkeit« Sympathie entgegenbringt, weil er in den Abenteuern seines Helden stellvertretend seine eigenen Kindheitsträume von einem aktiven und gefahrvollen Leben realisiert – all die Phantasien, die er schließlich eintauschte gegen ein mit Büchern gefülltes Arbeitszimmer und das Ringen mit intellektuellen Chimären. Die Erzählungen stellen ein bestimmtes *Postulat der Menschlichkeit* auf, deren Wesen nicht rationaler Natur ist, denn der Mensch erschöpft sich schließlich nicht in einer vernunftgemäßen Formel, so sehr sie auch sein Ziel ist. In der »Verhandlung« an die Spitze einer Besatzung gestellt, die sich aus Menschen zusammensetzt, unter der sich jedoch auch ein »maskierter« Roboter in Menschengestalt befindet, steht Pirx vor der Frage, was den Menschen eigentlich von einer intelligenten

Maschine unterscheidet. Sehr interessante Ausführungen darüber macht Burns, der Neurologe, Arzt und Kybernetiker in einer Person ist und im Gespräch mit Pirx den »Standpunkt eines Roboters« vertritt. Diese Textpassage weist eine Fülle von Problemstellungen auf, die uns in nachfolgenden Werken Lems (in *Golem XIV* bzw. *Also sprach Golem* und in der *Maske*) wiederbegegnen.

»Worin besteht«, fragt Pirx sich am Ende, »diese Menschlichkeit, die sie nicht besitzen? Vielleicht ist sie tatsächlich nur die Verschmelzung zwischen Unlogik und jener ›Redlichkeit‹, jener ›Lauterkeit des Herzens‹ und jenem primitiven moralischen Instinkt, der die entfernteren Glieder der Ursache-Wirkung-Kette nicht mehr erfaßt? Da also Rechenmaschinen nicht redlich und nicht unlogisch sind ... So verstanden ist die Menschlichkeit also die Summe all unserer Defekte, Mängel, eben unserer Unvollkommenheit. Sie ist das, was wir sein möchten und nicht sein können, das, was wir nicht vermögen, wozu wir nicht imstande sind – sie ist einfach die Kluft zwischen unseren Idealen und ihrer Verwirklichung, oder etwa nicht?«[44]

Wiederum kommen wir in der Analyse keinen Schritt vorwärts, wenn wir nicht auf den grundlegenden Dualismus in Lems Wesen Bezug nehmen. In der »Verhandlung« spricht er nämlich mit zwei Stimmen: Pirx – immerhin seinen wichtigsten Protagonisten – läßt er die mit Fehlern behaftete menschliche Gesellschaft verteidigen; Burns und dann Calder läßt er die Unzulänglichkeiten und Lächerlichkeiten der menschlichen Natur und die zahlreichen Idole, die sie sich schafft, auf recht brutale Weise vivisezieren. Auch das ist »die Stimme Lems«! Mutatis mutandis dasselbe wiederholt er in dem provozierenden »Pasquill auf die Evolution«[45], aus denselben Gedanken flicht er die gelehrten Ausführungen des Supercomputers in *Golem XIV* und scherzhafte Invektiven gegen die »Bleichlinge« (*Robotermärchen*). Zu fragen, ob Lem »auf der Seite der Menschheit« oder »auf der Seite« der erbarmungslosen Rationalität der denkenden Maschinen steht, ist sicher nicht sonderlich sinnvoll. Es ist ja gerade ein Merkmal einer einigermaßen ausgereiften Rationalität, daß man seine merkwürdige, auf dem Irrtum beruhende menschliche Beschaffenheit erkennt, sie vielleicht sogar in dem Spiel mit der Welt, mit ihrer »Unmenschlichkeit«, zum *cheval de bataille* macht. Pirx' Abenteuer lehren uns, daß die »ökologische Nische«, die der Mensch sich im Kosmos hergerichtet hat und die mit einer Kultur nach menschlichem Maß ausgestattet ist, nur mit *menschlichen* Mitteln zu beherrschen ist. Calder verliert, weil er seinen künftigen Triumph allzu logisch vorhergeplant hat, ohne einen Spielraum für die »Redlichkeit« und Unentschlossenheit des Führers zu lassen.

Aber vielleicht ist es gerade umgekehrt, denn das Scheitern des Roboters ließe sich ohne weiteres den Menschen zuschreiben; sie haben ihm schließlich ihre enge Auffassung von Rationalität mitgegeben, angereichert mit dem Gefühl der Überlegenheit, mit jenem eigentümlichen Dünkel des Experten, der ganz von seiner Methode, seiner eigenen Auffassung von der »einzig richtigen« Logik und seinen beruflichen Fähigkeiten eingenommen ist. Bei Lem beginnt die denkende Maschine nach dem Überschreiten einer bestimmten Schwelle der Komplexität gerade dem Menschen ähnlich zu werden, und beim Kontakt zwischen synthetischen und »natürlichen« Intelligenzen kommen dann Mißverständnisse auf, wenn die Menschen ihr eigenes, enges Ideal einer »reinen Vernunft« in die Elektronengehirne hineinprojizieren. Deshalb können sie die sonderbare Verirrung des supertüchtigen Amiel nicht begreifen (»Der Unfall«), deshalb geben sie die Besatzung des Marskreuzers dem Verderben preis (»Ananke«).

Mir ist nicht restlos klar, worauf Lem hinaus will. Sicher ist nur, daß die Menschen durch übermäßiges Vertrauen auf die »mechanische Logik« in der Erkenntnis gelähmt werden und den Maschinen wiederum eine Beimischung von »Menschlichkeit« letzten Endes nicht bekommt. Liegt es vielleicht daran, daß sie immer einsam sind, unfähig zu Gefühlen, asozial? Die Leine, die Pirx beim Bergsteigen mit Massena verbindet und die Amiel fehlte, kann hier als Symbol aufgefaßt werden. Eine ähnliche symbolische Bedeutung wird in »Ananke« der umfangreiche Passus über die Geschichte der Erforschung des Mars und besonders über die unseligen »Kanäle« haben. Woher sind sie gekommen, wenn es sie in Wirklichkeit nicht gab?

»Sicher bot das Thema genug Stoff für Hypothesen«, sinniert Pirx. »Es bedurfte einer besonderen Mischung aus Distanz und optischer Vergrößerung, aus objektivem Chaos und subjektivem Drang nach Ordnung, aus den letzten Spuren dessen, was sich in einem trüben Fleck auf dem Okular gezeigt hatte, was jenseits der Erkennbarkeitsgrenze geblieben und ihr dennoch für Sekunden fast greifbar nahe gekommen war, oder aus einer noch so winzigen Stütze und aus Phantasievorstellungen, die sich ihrer unbewußt bedienten – damit dieses schon abgeschlossene Kapitel der Astronomie neu geschrieben werden konnte.«[46]

Genau auf diese Weise – in der Lücke zwischen dem Verlangen nach Sinn und der Unvollkommenheit der Erkenntnis – entsteht eines der »Idole«, die der Mensch mit Vorliebe um sich häuft, dank derer er dann eine intime, weil ausschließlich menschliche Möglichkeit der Verständigung mit anderen Vertretern seiner Gattung, aber auch mit der vom Menschen verschonten Welt findet. Die Wissenschaft mag die »Idole« auf den Kehrichthaufen werfen – dennoch wird niemand sie aus dem gesellschaftlichen Gedächtnis streichen können; sie verharren dort und bilden ein eigentümliches Milieu, das aus Bruchstücken alter Mythen, Sinndeutungen und Sehnsüchte gewebt ist. Es wird geschaffen durch das »Zwischenmenschliche«, von dem in den *Memoiren, gefunden in der Badewanne* so häufig die Rede war; dieses Zwischenmenschliche bringt aus sich die Kultur hervor, und sie ist der Bereich des erlaubten Widerspruchs, den der Mensch, nicht aber der Roboter akzeptieren kann. Gerade diesem Menschen, der in die anderen verstrickt und innerlich gespalten ist, der ewig unrealisierbaren Träumen nachhängt und zugleich liebevoll seine widerlegten Illusionen hütet – gerade diesem Menschen setzt Lem in den *Erzählungen vom Piloten Pirx* ein Denkmal.

Keines der zentralen Themen, die der Pirx-Zyklus aufgreift, wird jedoch mit einer definitiven Schlußfolgerung abgeschlossen. Die Reihe der hier besprochenen Werke, in denen der Leser »in die Haut« der handelnden Personen »schlüpfen« darf, wird fortgesetzt durch drei Texte, die jeweils einen anderen Helden präsentieren: In der *Stimme des Herrn* ist es ein Gelehrter, in *Schnupfen* ein Mann der Tat, in der *Maske* ein Roboter. Auch ist die philosophische Dominante dieser Werke jeweils eine andere, während sie gemeinsam einen sehr persönlichen Ton aufweisen, trotz der Verschiedenheit der Gestalten, denen der Autor in seiner weiten Seele Obdach gewährt. Wie man sieht, schafft er es nicht, auf die *Vielstimmigkeit* seiner eigenen Literatur zu verzichten. Das früheste und interessanteste dieser Werke ist *Die Stimme des Herrn*.

11. *Die Stimme des Herrn* (1967) ist ein »Roman über den Kontakt«, wie er für Lems Schaffen typisch ist. Allerdings wird die Problemstellung weitgehend von sensationellen Motiven freigehalten und beinahe in Gestalt eines abstrakten Diskurses darge-

stellt. Das ist nicht verwunderlich, denn die »Anderen« treten hier überhaupt nicht auf, und das rätselhafte Signal aus dem Weltall, das die amerikanischen Wissenschaftler empfangen, ist weder restlos zu entziffern noch gar eindeutig als ein »Brief« von denkenden Wesen zu interpretieren. Dennoch ist *Die Stimme des Herrn* eines der passionierendsten Bücher Lems.

Der Roman hat die Form fiktiver Memoiren des Mathematikprofessors Peter E. Hogarth, der zusammen mit anderen Experten zur Erforschung des kosmischen Signals eingeladen wurde. Wie es bei Lem häufig der Fall ist, führt eine Serie überaus merkwürdiger Schicksalsfügungen zur Entdeckung der Neutrino-Emission, doch erst als Regierungsbehörden der USA von der Aufzeichnung des »Briefes« erfahren, beginnt die Sache das Militär zu interessieren, und die weiteren Arbeiten werden in ein weltabgeschiedenes Testgelände in der Wüste verlegt, wo die eigentliche Handlung des Romans spielt.

Ein Resümee der *Stimme des Herrn* erscheint nicht tunlich, handelt es sich doch eher um einen philosophischen Traktat als um eine »Fabel«. Die Fragen, die an die kosmische Botschaft gestellt werden, sind im Grunde von dreierlei Art: erstens, wer die Absender des »Briefes« sind, falls es sie überhaupt gibt, zweitens, was seine *Bedeutung* ist, und drittens, wie die Erdbewohner das empfangene Signal praktisch verwerten können. Auf die ersten beiden Fragen erhalten die Wissenschaftler keine definitive Antwort, während die Versuche zur Lösung der dritten ihnen einige spektakuläre Erfolge und ein ernstes Dilemma eintragen: Aufgrund eines besonderen »Rezepts«, das in dem Signal enthalten ist, wird eine Substanz hergestellt, deren Eigenschaften das Interesse des Militärs an der ganzen Sache vollauf rechtfertigen würden. Die Entdeckung des »Trex«-Effekts (Transport einer Explosion) könnte das militärische Gleichgewicht grundlegend erschüttern und die Vernichtung des ganzen Planeten wahrscheinlicher machen. Die Wissenschaftler knüpfen deshalb so etwas wie eine Verschwörung, um ihren Fund zu verheimlichen. Zum Glück läßt sich die durch »Trex« bewirkte Zerstörung nur im Labormaßstab präzise lokalisieren. Damit enden die sensationellen Vorgänge des Romans – der Rest ist Metadiskurs, wie er bei Lem schon klassisch ist.

Allem Anschein zum Trotz fiele es schwer, das Thema der *Stimme des Herrn* eindeutig zu bestimmen. Gewiß, der Metadiskurs dreht sich um das Problem des Kontakts, aber dieses erweist sich als ungemein inhaltsreich. Was ist denn der Kontakt als solcher? Eine in bloßer Abstraktion schwebende Serie von Impulsen. Es muß eine umfassende Metawissenschaft über die hypothetischen, möglichen »Absender« entstehen, über die Ziele, die mit einer Kontaktaufnahme überhaupt angestrebt werden könnten, über die Sprachen, die sich potentiell konstruieren ließen, usw. Die ganze Equilibristik dieser Ausführungen wird uns erst deutlich, wenn wir konstatieren, daß Lem nicht nur ein »bezugsloses« Wissen (beziehungsweise ein Wissen mit einem nebelhaften Bezug, das sich durch ein unendlich breites Intervall von Randbedingungen auszeichnet) projektiert, sondern es auch noch auf den Grundlagen einer hypothetischen Wissenschaft der Zukunft ansiedelt, die der heutigen nicht um Jahrhunderte voraus ist (dann ließe sich manches zusammenphantasieren), sondern gerade um zwanzig Jahre.

Da über die mutmaßlichen Absender und die Semantik des »Briefes« jedoch nichts herauszukriegen ist, gleiten die Erwägungen gewissermaßen von diesen für die Instrumente der Forscher unzugänglichen Gegenständen ab und wenden sich dem zu, was ihnen zugänglich ist: dem Menschen, seiner Kultur und seiner Weltsicht. Die Hypothesen über den Kontakt sind gleichsam nur an einem Ende – auf der irdischen Seite – in der Erfahrung verankert. Die Wissenschaftler erfahren weniger, was der Kosmos ihnen mitteilt, sondern vielmehr, welches ihre persönlichen – oder allgemeiner: welches die menschlichen – Vorstellungen, Sehnsüchte und Ängste sind, die sich mit einer solchen transgalaktischen Verständigung verbinden. Die einen möchten daraus Informationen über die »Anderen« ziehen, um endlich einmal der anthropozentrischen Perspektive zu entgehen, die anderen suchen im Zyklus der Neutrino-Impulse eher nach einer universalen Wahrheit über sich selbst und die Menschheit; manche wittern dort das Böse, die Aggression, das entsetzliche Wissen, während die Verehrer des Absoluten den »Brief« als eine göttliche Botschaft, als Werk einer wohltätigen, lebenspendenden Kraft bezeichnen.

»Keiner von uns weiß daher«, sagt Hogarth, »inwieweit wir Apparate einer objektiven Analyse waren, inwieweit von unserer Zeit geformte, für sie typische Vertreter der Menschheit und inwieweit schließlich jeder nur sich selbst repräsentierte und ihn die nicht mehr kontrollierbaren Regionen seiner – vielleicht fieberkranken, vielleicht wunden – Psyche zu Hypothesen über den Inhalt des ›Briefes‹ inspirierten.«[47]

Die Stimme des Herrn birgt ein Geheimnis, das ich nicht auf Anhieb zu formulieren vermochte, nicht einmal für mich selbst. Dies ist ein sehr persönliches Buch – in anderer Weise als der Pirx-Zyklus, der die literarische Inkarnation des Traums vom Heldentum ist, anders als *Die Irrungen des Dr. Stefan T.*, die sich aus der Biographie des Autors herleiten, anders auch als *Die Maske*, eine symbolische Aufzeichnung einer düsteren Obsession. *Die Stimme des Herrn* spielt sich ganz »bei Tageslicht« ab, aber ich vermag diesen Diskurs nicht zu verstehen, ohne auf die Jugenderlebnisse des Autors zurückzugreifen, die Uranfänge seines intellektuellen »Gestus«, seiner geistigen Haltung gegenüber der Welt. Allein schon der memoirenhafte Erzählstil läßt übrigens an Zusammenhänge mit den persönlichen Erinnerungen des Autors denken, dem zwei Jahre zuvor entstandenen *Hohen Schloß*.

Hogarth eröffnet seine Erinnerungen mit Bildern aus der frühen Jugend. Ich behaupte keineswegs, daß Lem auf diesem Wege sein Selbstporträt einschmuggelt, vielmehr denke ich, daß schon Hogarth dieses Dilemma aufhebt: »Bei genügendem Einfallsreichtum«, sagt er, »vermag eigentlich jeder eine ganze Reihe von eigenen Lebensläufen zu schreiben, die sich zu einer nur faktographisch geschlossenen Sammlung fügen.«[48] Wir dürfen durchaus annehmen, daß auch in Lem die Möglichkeit eines solchen Lebenslaufs steckt, ebenso wie die Möglichkeit des »Lebenslaufs von Pirx«, die an Münchhausen gemahnende Phantasie Tichys, die Obsession, »eine Kiste« oder »eine Maske zu sein«, und so weiter.

Der »Nullpunkt«, von dem Hogarths Denken ausgeht, ist die Erfahrung des Bösen, das in ihm steckt, und der Gleichgültigkeit der Welt, die auf dieses Böse nicht mit Strafe reagieren will, die also durchaus nicht den Charakter einer Maschine hat, welche den »Sinn für Moral« produziert. Auf den Trümmern des Glaubens an eine absolute Ordnung kann das individuelle Ethos des Helden einzig kraft eines Willensaktes erstehen, der gegen das zuvor in ihm selbst aufgedeckte Böse das Gute als einen bewußt gewählten Wert setzt. Weshalb folgt daraus die Ablehnung des deterministischen Weltmodells? Alle Handlungen mit einer erschöpfenden Motivation auszustatten, die aus ihnen *notwendige* Ereignisse machte, würde, wie Hogarth erklärt, seinen inneren Kampf und seine Wahlakte jeden moralischen Werts berauben, denn er würde dann gleichsam zu einer »Schallplatte«, auf der vorweg die Verknüpfungen von Ursachen und Wirkungen aufgezeichnet sind, Verknüpfungen, aus deren Fesseln ihn kein Aufstand zu befreien vermöchte. Mehr noch: Wenn man ein solches, vollkommen kohärentes logisches Modell der Existenz annimmt, wird das in ihr enthaltene Böse vollends zur Teufelei, da man sich seiner auf keine Weise entledigen kann, ohne die deterministische Ordnung zu zerschlagen. Weil er nicht akzeptieren will, daß die entsetzlichen Schmerzen der sterbenden Mutter auf eine teuflische Intention zurückgehen könnten, entsteht ein anti-manichäisches Weltbild, in dem Gott, falls es ihn gäbe, nicht »aufgewogen« wäre durch den Teufel, sondern verkrüppelt, unfähig, den zufallsbedingten Lockerungen der Ordnung des Seins (eine solche Lockerung ist u.a. gerade der Krebs) entgegenzuwirken. Deshalb wählt er auch die mathematische Stochastik, welche die *Unvollkommenheit* des Kosmos beschreibt. Aber damit sind wir schon bei der Ansicht, die Lem selbst vertritt und unermüdlich in mannigfaltigster Gestalt in seinen literarischen Werken wie in seiner wissenschaftlichen Essayistik dargestellt hat.

Nicht minder passionierend ist jedoch der zweite Teil der Ausführungen Hogarths, in dem er schildert, wie er, voller Entsetzen vor der physischen Inkarnation des zufallsbedingten Bösen in die Welt des reinen mathematischen Modells geflüchtet, das nur die leidenschaftslose Beschreibung dieses Zufalls war, von der Mathematik wieder zur Welt zurückfindet:

»Sich wirklich für den Tod und gegen das Leben und für die Mathematik, gegen die Welt zu entscheiden, geht nicht an. Eine wirkliche Entscheidung bedeutet nur den eigenen Untergang. Denn was immer wir auch tun, wir tun es innerhalb des Lebens, und die Erfahrung lehrt, daß auch die Mathematik kein vollkommener Zufluchtsort ist, denn sie ist in der Sprache zu Hause. Diese Pflanze der Information hat in der Welt Wurzeln geschlagen und in uns. Dieser Vergleich hat mich immer schon verfolgt, sogar als ich ihn noch nicht in die Sprache eines Beweises zu übersetzen vermochte.

In der Mathematik suchte ich das, was kostbar gewesen war an der Kindheit – die Vielzahl der Welten, die die Bande zu der aufgezwungenen Welt so leicht zerreißt, als wohnte dieser nicht die Kraft inne, die auch in uns selber steckt und die nur tief genug verborgen liegt, damit wir ihr Vorhandensein vergessen können. Doch dann überzeugte ich mich wie jeder Mathematiker staunend, wie umwerfend überraschend und unglaublich vielseitig jene Beschäftigung ist, die anfangs einem Spiel zu ähneln scheint. Man dringt voller Stolz in sie ein und trennt offen und sichtbar das Denken von der Welt ab – durch willkürliche Entscheidungen, die in ihrer Apodiktik der Schöpfung gleichkommen, nehmen wir einen endgültigen Schnitt vor, der uns von jenem Gewühl separieren soll, in dem wir zu leben haben.

Und siehe, just diese Absage, dieser ganz radikale Bruch führt uns zum Kern der Erscheinungen, und die Flucht erweist sich als Eroberung, die Desertion als Begreifen und der Bruch als Versöhnung. Doch zugleich machen wir die Entdeckung, daß die Flucht nur eine scheinbare war, da wir doch zu dem zurückkehren, vor dem wir davonzulaufen suchten. Der Feind mausert sich zum Verbündeten, wir werden einer Reinigung teilhaftig, bei welcher die Welt uns schweigend zu erkennen gibt, daß wir sie nur durch sie selbst überwinden können. So ist die Furcht gebannt und verkehrt sich in Faszination an jenem besonderen Zufluchtsort, wo die innersten Bereiche ja gerade wieder die Oberfläche unserer einen, einzigen Welt berühren.«[49]

Was entspricht in der *Stimme des Herrn* dieser »einsichtigen« Rückkehr aus der Sphäre der Abstraktion zu sich selbst? Anfangs tritt sie gewiß in Gestalt des Beweises für das Versagen der algedonischen Steuerung im menschlichen Gehirn auf, das als ein endlicher Automat jene Schwelle der Komplexität überschreitet, jenseits derer die Gesetzmäßigkeit der Reaktion auf Lohn und Strafe Zufallsschwankungen unterliegt. Das klingt ziemlich hermetisch, und daher sei hier für die Humanisten die Erläuterung gegeben, daß es sich um einen (im Buch natürlich nicht dargestellten) Beweis handelt, der in der Sprache der Mathematik Ansichten über den Menschen darlegt, wie sie einst der Held von Dostojewskis *Notizen aus dem Untergrund* geäußert hat – daß also die Menschen sich im Leben keineswegs nach dem gesunden Menschenverstand und dem »wohlverstandenen Eigeninteresse« zu richten brauchen, sondern Vergnügen daran finden können, Böses zu tun, ja selbst an der Verachtung und dem Haß, den die Gesellschaft ihnen dafür entgegenbringt. Auf solch vertrackte Weise entzaubert Hogarth das geheimnisvolle Böse in sich und seinen

Nächsten. Anschließend aber erweist sich, wenn man den Mitteilungen des Professors glauben darf, die ganze Geschichte vom »Master's Voice«-Projekt als ein bloßer Vorwand, um das Drama des Geistes zeigen zu können.

Das nicht aufzulösende Signal aus dem Weltraum wird zu einem treffenden Beispiel für ein Objekt, das dem Denken keine Ruhe läßt, weil es ebenfalls ganz aus Abstraktion besteht. Der Geist enthüllt in diesem Fall seine autotelischen und expressiven Funktionen, gibt sich in seiner eigentümlichen Struktur zu erkennen, die auf das Subjekt verweist und zu ihm zurückkehrt, da es ihr letztlich nicht gelingt, etwas diesem Subjekt absolut »Äußerliches« zu schaffen. Das ist deshalb so, weil die Wissenschaft schließlich auf ein Objekt gestoßen ist, das Probleme aufwirft, die nicht so sehr szientifischer als vielmehr par excellence philosophischer Natur sind.

Welcher Zusammenhang besteht zwischen dem privaten intellektuellen »Gestus« Hogarths, der das Böse in sich und in der Welt mathematisch bezwingt, und der Geschichte des Projekts? Das »Böse« als solches ist dort unschwer zu entdecken: Es umlauert die Wüsten-Laboratorien in Gestalt der vorwitzigen Militärs, es bricht scheinbar in reine Teufelei aus in Gestalt des »Trex«-Effekts, es kann auch in der Form auftreten, daß Satan als »Absender« des Briefes vermutet wird. Letzteres ist natürlich schon eine reine Projektion der metaphysischen Angst, die aus der Ungewißheit über die Natur der Welt entsteht. Das Projekt durchläuft, wie man sieht, ebenfalls seine manichäische Phase, es ist ebenfalls eine spezielle Version des Determinismus, die in den Text des Romans eingeführt wird durch die leicht zu übersehende – und vom Autor im übrigen nicht beabsichtigte – Assoziation zwischen Mensch und »Schallplatte« aus dem ersten Teil von Hogarths Erinnerungen und außerdem schon durch das Kryptonym des Forschungsvorhabens: Bei »Master's Voice« denkt man sofort an die bekannte amerikanische Plattenfirma mit dem Hund vor dem Schalltrichter auf dem Markenzeichen.

Der Name, den man dem Projekt gegeben hat, ist ja zugleich eine ungewollte Enthüllung einer bestimmten Annahme bezüglich des Signals. Wenn es tatsächlich »die Stimme des Herrn« ist, dann befinden sich vielleicht alle Menschen, die Erde, ja, die ganze Welt in der Situation einer Schallplatte, in die ein kosmischer Griffel das unerforschliche Wort einritzt? Das Universum als einen Mechanismus zu sehen, der von der im Neutrinostrom materialisierten

Offenbarung gelenkt wird, ist ebenso verlockend wie gefährlich, denn dann kehren sofort in aller Schärfe die Schrecken zurück, die der Manichäismus, die Theodizee, der Glaube an eine deterministische Vorsehung dem jungen Hogarth bereiteten: Die »Stimme des Herrn« hat ihre Ergänzung und ihr Gegengewicht im »Herrn der Fliegen«. Die Ansicht, der Kosmos werde von der Höchsten Vernunft regiert, die mit dem Ziel, eine mit dem Guten identische absolute Ordnung zu verwirklichen, das Böse als eine pragmatisch verstandene Notwendigkeit auf den Zwischenstufen der Schöpfung zuläßt, findet Hogarth widerlich.[50] Nicht umsonst macht er Rappaport, ein Opfer der Hitlerschen Wahnidee von einer perfekten Ordnung, zu ihrem Hauptkritiker. Die in den *Sterntagebüchern* so plastisch geschilderte »Anmaßung der Vernunft« wird zu einer Krankheit der in eine Art von weltlicher Theodizee verwickelten Wissenschaft:

»Der Wissenschaftler benimmt sich in solchen Situationen wie ein dressierter Elefant, den der Treiber mit der Stirn zum Hindernis postiert. Er bedient sich der Kraft seines Verstandes wie der Elefant der Kraft seiner Muskeln, das heißt – auf Kommando. Das ist unerhört bequem, denn der Wissenschaftler findet sich zu allem bereit, weil er für nichts mehr die Verantwortung trägt. Die Wissenschaft wird zum Orden für Kapitulanten. Das logische Kalkül soll zum Automaten werden, der den Moralisten Mensch ersetzt. Wir erliegen der Erpressung des ›besseren Wissens‹, das sich zu behaupten erdreistet, der Atomkrieg könne etwas sekundär Gutes sein, weil sich das aus der Arithmetik ergibt. Das Böse von heute entpuppt sich als das Gute von morgen, ergo – das Böse ist in gewisser Hinsicht auch gut. Der Verstand hört nicht mehr auf die intuitiven Einflüsterungen des Gefühls, die Harmonie einer vollkommen konstruierten Maschine wird zum Ideal, die Zivilisation insgesamt und jedes ihrer einzelnen Mitglieder soll dazu werden.«[51]

Vor dem Modell einer Welt, die einer Höchsten Intention gehorcht, welche das Gute zu ihrer einen und das Böse zu ihrer anderen Hand macht, flüchtet sich der Geist in das Reich der Visionen, die für das Projekt dasselbe sein könnten, was für Hogarth die Stochastik war. Die »kosmogonischen« Modelle der Entstehung des Signals, deren Autoren, Learney und Sinester, aus der in ihm enthaltenen Information die gesamte Struktur des Kosmos ableiten und dabei geschickt die ethische Problematik umgehen, müßten dem Professor eigentlich gefallen. Besonders, nachdem es Rappaport gelungen ist, das »Natürliche« und das »Künstliche« miteinander zu versöhnen, indem er das Signal zu einer Art »Genotyp des Weltalls« machte, das sich hinsichtlich der in ihm enthaltenen Intentionen nicht einordnen läßt.

Warum versagt Hogarth einer solchen Lösung seine Zustimmung? Die Argumente, die er in der Diskussion anführt, erschüttern vor allem die Denkweise des Gegners, weisen auf zahllose aus der Luft gegriffene Annahmen hin. Aber *seine* Konzeption entspringt gleichfalls der Phantasie, stützt sich auf den Glauben – und nicht auf Beweise. Es sei daran erinnert, um was es geht: Hogarth meint trotz allem, daß der »Brief« von vernunftbegabten Wesen stamme, daß seine Entzifferung jedoch – so könnte man sagen – vom Niveau der moralischen Gesundheit der ihn auffangenden Zivilisation abhänge. Den Erdbewohnern hat er erfolgreich widerstanden, weil ihre Wissenschaft auf die Erlangung von Vernichtungsmitteln ausgerichtet ist, welche die Biosphäre des Planeten bedrohen, aber er öffnet sich denen, die ihn angemessen zu nutzen verstehen.

Man kann in dieser recht unerwarteten Option des Professors eine Replik des berühmten und hier bereits zitierten Satzes von Einstein sehen, daß Gott mit der Welt nicht würfele. Damit sträubte sich der große Physiker, einen Weg weiterzubeschreiten, dessen Anfänge er selbst einst festgelegt hatte. Etwas Ähnliches sehen wir bei Hogarth, nur war er umgekehrt zunächst ein Verfechter des Indeterminismus und probabilistischer Auffassungen; seine Konzeption läßt sich aus jenen allgemeinen Prinzipien nicht ableiten, zumindest steht sie im Widerspruch zu der radikal kritischen und »destruktiven« Haltung, die er in den Jugendjahren der Wissenschaft gegenüber den hergebrachten Erkenntnissen eingenommen hatte. Beide Wissenschaftler, der authentische und der fiktive, geben im Alter sehr privaten Überzeugungen und Erwartungen an die Ordnung der Welt Ausdruck: Einstein möchte die Welt als einen Bereich der Ordnung sehen, die von der göttlichen Allmacht uneingeschränkt kontrolliert wird, Hogarth als ein Geflecht von Zufall und Notwendigkeit, das jedoch der Aufsicht von mächtigen und klugen Wesen untersteht.

Was meint nun der Autor selbst dazu? Sich in die Rolle eines kühlen Analytikers wissenschaftlicher Hypothesen versetzend, würde er Hogarth gewiß nicht beipflichten. *Die Stimme des Herrn* ist jedoch nicht die Darstellung einer kosmogonischen These, sondern nur die Geschichte eines Denkers, der zu Beginn seines Weges die Macht des Bösen entdeckt hatte und im Namen des Guten den Kampf aufnahm. Ist es verwunderlich, wenn er nach höheren Garantien suchte, die seinem Ringen das Merkmal eines bloß partikularen, rein persönlichen moralischen Abenteuers nehmen würden? Als »Absender« denkt Hogarth sich Wesen, die wie er das Böse kennengelernt, aber das Gute *gewählt* haben. Einen Erkenntniswert besitzt diese Hypothese vielleicht nicht, aber sie hat einen ethischen Sinn; sie wertet das irdische Hier und Jetzt auf – und gibt zugleich Hoffnung für die Zukunft. Die moralische Weltordnung, durch den Indeterminismus aus den menschlichen Einzelschicksalen vertrieben, kehrt hier auf einem höheren Niveau der Verallgemeinerung als hypothetische Gesetzmäßigkeit wieder, welcher der von Angst und Zweifeln geplagte Geist des Wissenschaftlers zuneigt. Diese Wahl – das menschliche Stigma auf dem unpersönlichen objektiven Wissen – pflegt bei Lem selbst die kühnsten kognitiven Abstraktionen zu begleiten.

12. *Die Stimme des Herrn* ist, wie man sieht, intellektuell ungemein ergiebig. Die beiden übrigen Werke, die sich auf der Seite der »Identifikation« befinden – *Die Maske* und *Der Schnupfen* –, sind in weit höherem Maße monothematisch, und ihre Aussage ließe sich bestimmen als ein Versuch, die Fragen »Wer bin ich?« und »Wie ist Erkenntnis möglich?« zu beantworten.

Die Chronologie außer acht lassend, beginne ich mit dem etwas später entstandenen *Schnupfen* (1975), weil er offenkundig an die Gedanken früherer Werke – der *Untersuchung* und des Pirx-Zyklus – anknüpft. Die Handlung des Romans spielt in einer Zeit, die von unserer Gegenwart nicht sehr weit entfernt ist. Ein amerikanischer Reserveastronaut aus der Mannschaft der Mars-Expedition wird für ein Experiment engagiert, das die Ursachen einer Serie von merkwürdigen Todesfällen unter den Besuchern einer neapolitanischen Badeanstalt klären soll. Die »Simulation«, bei der der Held eines der Opfer nahezu perfekt nachspielt und dessen Aktivitäten vor dem Tode wiederholt, bleibt ohne Ergebnis. Anschließend entgeht der Astronaut durch ein Wunder unversehrt einem Terroranschlag auf dem Flughafen, begibt sich von Rom nach Paris, befaßt dort den hervorragenden französischen Elektroniker Dr. Barth mit der Angelegenheit, beteiligt sich an einem Disput unter Fachleuten, hört die sonderbare Geschichte eines

Pariser Optikers ab, doch noch immer ergibt sich nichts aus diesem Puzzle. Aber als er, ohne das Rätsel gelöst zu haben, schon abfliegen will, wird er plötzlich selber zur Zielscheibe eines todbringenden Zusammentreffens von Umständen, dem seine Vorgänger zum Opfer fielen – und das ihm den Schlüssel liefert, um das Chaos der Fakten zu ordnen.

Der Schnupfen steht zwischen der *Untersuchung* und den Pirx-Erzählungen. Von der *Untersuchung* ist der Anschein entlehnt, es handele sich bei der ganzen Affäre um einen Kriminalfall, und ferner der Seriencharakter der merkwürdigen Erscheinungen; dies erlaubt es, Überlegungen aus dem Bereich der mathematischen Statistik und der Wahrscheinlichkeitsrechnung in die Ermittlung einzuführen und am Ende eine »methodologische Direktive« zu formulieren. Von Pirx übernimmt der Held den mit Intuition verknüpften Aktivismus und – was gewiß nicht das Unwichtigste ist – den Enderfolg, den der professionelle Detektiv aus dem »Antikrimi« nicht verbuchen konnte. Die Konstruktion des Romans ist sehr durchdacht: Aus dem gedrängten Chaos der Fakten zeichnet sich allmählich die Formulierung des Rätsels ab; lange, dicht mit Informationen gefüllte Abschnitte bombardieren den Leser mit Lawinen von Tatsachen und Assoziationen, deren Relevanz weder der Leser noch der Held selbst zu beurteilen vermag. Die ausführliche Szene des Anschlags auf dem Flughafen scheint anfangs die Fabel in eine bestimmte Richtung zu drehen, erweist sich in Wirklichkeit aber als eine weitere Metapher des Chaos, denn sie setzt sich aus nichts als Zufällen zusammen und spielt sich in einem Gebäude ab, das die symbolträchtige Bezeichnung »Labyrinth« trägt. Im übrigen wird das Motiv des Terrorismus nur deshalb in den Roman eingeführt, um zu demonstrieren, daß schematische Klärungsverfahren von Handlungsmotiven in der ameisenhaften Gesellschaft von heute nichts fruchten: »Ein neuseeländischer Tourist, der gegen die Entführung eines australischen Diplomaten in Bolivien protestieren wollte, hat in Helsinki versucht, eine Chartermaschine mit Rompilgern zu entführen. Der Grundsatz des römischen Rechts ›id fecit cui prodest‹ gilt nicht mehr«, sagt einer der Gäste von Dr. Barth.[52]

Die Diskussion unter den Pariser Wissenschaftlern spielt im Roman eine besonders wichtige Rolle, denn in ihrem Verlauf erhalten wir ein anschauliches Modell, das sehr gut verdeutlicht, was für eine Art von Rätsel der Held zu lösen hat:

» – Halten Sie es für möglich, mit einer Pipette von oben soviel Wassertropfen auf diesen Tisch fallen zu lassen, wie er Nägel hat, und zwar so, daß jeder Tropfen einen Nagelkopf trifft?

– Nun, wenn man gut zielt, warum nicht?

– Und wenn man es blindlings tropfen ließe, dann nicht?

– Selbstverständlich nicht.

– Aber es genügen doch fünf Minuten Regen, und jeder Nagel bekommt *bestimmt* seinen Tropfen ab.«[53]

Wir wissen daher schon, daß es um das bei Lem beliebte Puzzle geht, zu dessen Entwirrung die klassische Ermittlung sich nicht eignet, sondern eher die mathematische Statistik, die Wahrscheinlichkeitsrechnung usw. Die «methodologische Direktive», die kurz darauf anklingt, ist deshalb nicht überraschend: «Einen Gegner, der sich der Strategie des Schicksals bedient, kann man nur mit derselben Strategie schlagen.»[54] Fragt sich nur, welchen praktischen Nutzen der einzelne aus einer solchen Devise ziehen kann. Sonderlich groß kann er nicht sein, wie die Erfahrung des Helden der *Untersuchung* lehrt.

Der Schluß des Buches bekräftigt scheinbar die Direktive, und das letzte Wort hat Dr. Saussure. Aber die Sache ist durchaus nicht so einfach, wie es scheint. Was den Helden zum Erfolg führt, ist eine Folge von schlechthin unwahrscheinlichen Koinzidenzen – und so *muß* es sein, denn hätte sich das Rätsel einfacher lösen lassen, so hätten gewiß die logischen Folgerungen eines Expertenstabes genügt; es hätte dann nicht des Titelbildes im »Paris Match« bedurft, nicht des Friseurs, der ein Gascogner war, nicht des Vesuvs aus gebrannten Mandeln in der Auslage der Konditorei. Wir aber wissen doch genau, daß es in dem Roman nicht auf einen mit Nägeln beschlagenen Tisch regnete, daß der Astronaut dort die Rolle *eines einzigen* Tropfens spielte, der aus der Höhe von einem Kilometer geradewegs auf einen bestimmten Nagelkopf fiel. Die Situation, »gerade dieser Tropfen zu sein«, unterscheidet sich erheblich von der Situation eines Beobachters, der aus der erhabenen Sicht der Mathematik das ganze Geschehen kommentiert.

Die Frage, die Saussure dem Helden nicht zu stellen erlaubt, ist aus *seiner* – des Helden – Sicht vollauf gerechtfertigt. »Warum ist es ausgerechnet *mir* gelungen?« – diese Frage ist für den Statistiker nicht sinnvoll, denn natürlich wird jeder Sachverhalt, der durch die Kombination von Myriaden zufälliger Tatsachen in einer »überfüllten« Welt entsteht, aus der Sicht eines früheren »Nullzustands« höchst unwahrscheinlich. Und doch muß *irgendetwas* geschehen, und dieses Etwas kann eben auch die Lösung des Rätsels sein. Hier fallen einem Lems Witze über die »Unmöglichkeit des Lebens« aus der *Vollkommenen Leere* ein: Die Paradoxien beruhen auf dem Fehler, der absichtlich in der Logik der Argumentation versteckt wurde. Das Leben in genau der Gestalt, die wir heute beobachten, ist natürlich, vom »Nullpunkt« der Evolution des Weltalls her betrachtet, ein Zustand, dessen Wahrscheinlichkeit sehr nahe bei Null liegt. Ebendieses Leben, ex post als eine Menge faktischer Ereignisse betrachtet, besitzt eine »Wahrscheinlichkeit«, die stets unverrückbar bei »eins« liegt. Die Evolution unterscheidet sich vom Leben des individuellen Menschen allerdings dadurch, daß sie nichts vorausplant und nicht einen bestimmten künftigen Zustand anstrebt. Anders der Mensch: Er denkt teleologisch und muß im Entwurf seiner eigenen Existenz die Realisierungschancen seiner Träume und Pläne berücksichtigen. Deshalb gibt es im *Schnupfen* einen Bereich nicht direkt ausgesprochener Fragen, die den Leser, der nur die sensationelle Fabel liest, nicht interessieren, die man aber an die Sicht der Wirklichkeit, die der Roman skizziert, stellen muß. Es sind, grob gesagt, Fragen nach dem Sinn des menschlichen Handelns in einer »überfüllten« und vom Zufall beherrschten Welt. Saussure liefert dem Helden ein Wissen, das für ihn – in seiner existentiellen Perspektive – im Grunde nutzlos ist, denn was soll er damit anfangen, daß *irgend jemand* früher oder später das Rätsel des neapolitanischen Heilbades lösen muß? Er möchte sicherlich gern wissen, ob es sich gelohnt hat, ob es sich in Zukunft lohnen wird, solche Aufgaben zu übernehmen, ob es überhaupt einen *Sinn* hat, sich auf der Jagd nach dem Trugbild des Erfolgs in den Strudel des Lebens zu werfen. Privat und für den eigenen Gebrauch löst er dieses Dilemma folgendermaßen: Die Frage Nr. 1 (»Warum ist es *mir* gelungen?«) mag der Statistiker verwerfen; der Mensch neigt dennoch dazu, sie sich zu stellen, wenngleich jede Antwort gewisse Gefahren für ihn birgt. Antwortet er im Sinne des Wissenschaftlers, der sich nur mit großen Mengen von Individuen und mit Wahrscheinlichkeitsverteilungen von Ereignissen befaßt, bereit, den Glauben an die Wichtigkeit der eigenen Existenz einzubüßen, so hat er sich in einer für ihn allzu weitläufigen und komplizierten Welt verloren; mißt er aber seinem eigenen Erfolg einen besonderen Sinn bei, so wird er annehmen müssen, daß es eine Prädestination und – eventuell – eine jenseitige Sanktion für die Taten und Ereignisse gibt, die sich vor seinen Augen abspielen. Die Antwort auf die Frage Nr. 2 (»Wie kann man in einer überfüllten Welt leben?«) hängt im Grunde nicht von den Entscheidungen ab, die er bezüglich der ersten Frage trifft. Lems gesamtes Schaffen deutet darauf hin – und ich bin bereit, ihm in diesem Punkt beizupflichten –, daß wir ungeachtet der oft winzigen Chancen kognitiver Erfolge versuchen *müssen*, zu leben und durch das Leben unsere Probleme zu lösen. Ich möchte Lems Schriftstellerei als eine beständige Apotheose des *Heroismus* bezeichnen.

Hier soll nicht der Eindruck erweckt werden, als hätte ich oben die im *Schnupfen* enthaltene *Botschaft* des Autors referiert. All die Überlegungen, die sich um den Schluß des Romans drehen, werden eindeutig aus der Sicht des Lesers angestellt, und sie gelten eher den weltanschaulichen Konsequenzen, die sich aus der spezifischen Realitätsauffassung des Werkes ergeben können. Der Autor selbst steht vor anderen Problemen. Ist es ein Wunder, daß der Held erfolgreich ist? Das ergibt sich schließlich aus der literarischen Konvention, die in der *Untersuchung* verleugnet wird, während *Der Schnupfen* sie – auf seine paradoxe Weise – zu erfüllen versucht. Das stellt uns vor die Frage nach dem Verhältnis zwischen Literatur und Realität in einer Welt, die übervoll ist von Fakten und möglichen Korrelationen. In den Romanen des klassischen Realismus versuchte der Schriftsteller *typische*, also in ihrer Struktur wiederholbare Handlungsabläufe zu schildern, und wenn er die Statistik bemühte, dann nur, um herauszufinden, welche Art von Zusammenhängen zwischen Ereignissen am häufigsten vorkam. Das Repertoire möglicher Zusammenhänge war groß, aber doch endlich, und es ließ sich geistig klassifizieren. Der Held, der die Welt kennenlernte, konnte sich daher, wenn er von seinem Verstand und seiner Sachkenntnis Gebrauch machte, den Enderfolg sichern; die Realität offenbarte innerhalb des Handlungsablaufs einen ihr innewohnenden Sinn, eine innere Ordnung. Anders im *Schnupfen*: Gerade der statistisch geformte, chaotische Handlungshintergrund soll die gewissermaßen natürliche Gestalt der Welt wiedergeben, während der Handlungsablauf auf Rechnung des Autors oder der von ihm befolgten Konvention konstruiert ist und eine überaus exzentrische und unwahrscheinliche Folge von Zuständen darstellt.

Lem fügt also die Fakten nicht in der Weise zusammen, daß sie die statistischen Gesetzmäßigkeiten der Welt widerspiegeln, sondern er benutzt umgekehrt die Statistik, um die trügerische Vorstellung vom »Typischen« außer Kraft zu setzen (oder ihr zumindest eine andere theoretische Grundlage zu geben), während er die Geschichte des Helden nach dem Muster der bekannten Schemata des Sensations- und Kriminalromans auflöst. Wenn das Schema einen Enderfolg kognitiver Art verlangt, bitte sehr! Der Astronaut gewinnt seine Partie, und es hat keinen Sinn, ihn nach vernünftigen Gründen seines Sieges zu fragen. Die Probleme, über die ich im Zusammenhang mit dem Schluß des Buches schreibe, ergeben sich also gewissermaßen daraus, daß die literarische Natur der Fabel verleugnet wird, daß sie als »das Leben« – und der Held als ein realer Mensch aufgefaßt wird, in den ich mich für einen Moment hineinzuversetzen versuche. Es darf jedoch nicht vergessen werden, daß dieses Vorgehen mit den oben erwähnten Einschränkungen versehen werden muß. Wenn Lem in seinen späten Werken Prognosen der weiteren Entwicklung der Zivilisation aufstellt, dann gilt diese Futurologie eher dem kulturellen Hintergrund des Geschehens, während die Fabeln ein ganz eigentümliches Experiment abgeben: ein Spiel zwischen dem prognostizierten Zustand der Realität und der literarischen Konvention, der die Geschichte der Protagonisten zumindest teilweise gehorcht.

Widmet sich der Autor im *Schnupfen* vor allem der Erörterung der Frage: »Wie ist Erkenntnis möglich?«, so befaßt er sich in der ein Jahr früher entstandenen *Maske* hauptsächlich mit der Frage: »Wer bin ich?«. Die Schwierigkeiten, die diese Fragen aufwerfen, sind aber offensichtlich nicht gleichmäßig verteilt, und daher erscheinen die Sinngehalte des *Schnupfens* recht durchsichtig, während *Die Maske* dunkel, symbolisch, unergründlich ist.

Die Zeit, in der diese Erzählung spielt, läßt sich unmöglich bestimmen, weil sie bewußt mit Anachronismen arbeitet und insofern ein wenig an die grotesken Märchen der *Kyberiade* erinnert. Der Ton dieses Werkes ist jedoch von feierlichem Ernst. *Die Maske* schildert die Geschichte einer eigenartigen »Henkersmaschine«, die der Herrscher eines märchenhaften Reiches konstruieren läßt. Dieser Herrscher beschließt, den ihm verhaßten und gefährlichen Höfling Arrhodes zu beseitigen, und zwar auf eine zugleich phantastische und absonderliche Weise, wie in einem Schauerroman des 19. Jahrhunderts: er schickt ihm nämlich eine mechanische Puppe auf den Hals, eine äußerlich perfekte Imitation eines schönen Mädchens, die im geeigneten Moment die Tötung vornehmen soll. Die Erzählung besteht eigentlich in einem Monolog dieses »Mädchens« – von den ersten Augenblicken seiner bewußten Existenz bis zum Vollzug des königlichen Willens. Das Ganze spielt sich ab in einer merkwürdigen, märchenhaften Welt, in der die höfische Kultur und die Sitten versunkener Jahrhunderte mit einer konstruktiven Geschicklichkeit koexistieren, die weit über die heutigen Möglichkeiten der Elektronik hinausreicht. Doch *Die Maske* setzt nur scheinbar die kreative Strategie der *Robotermärchen* fort. Wenn wir uns beim Lesen zumindest teilweise mit dem Monstrum, das seine Geschichte erzählt, zu identifizieren vermögen, so liegt das daran, daß der seltsame Roboter Ängste und persönliche Dilemmata durchlebt, die nicht weit von dem entfernt sind, was in Gestalt düsterer, heimlicher Obsessionen jeden von uns heimsuchen kann.

Zunächst taucht der mechanische Henker auf einem Hofball als schönes Mädchen auf und erregt die Gefühle des unglückseligen Arrhodes. Diese Gefühle werden – bemerkenswert genug – von dem »Mädchen« gewissermaßen erwidert, und es entwickelt sich eine Handlung, die den Mustern der klassischen Romanze entspricht. Doch mit fortschreitender Erfüllung ihrer Mission wendet sich die Verfolgerin in leidenschaftlichem Verlangen nach Selbsterkenntnis sich selbst zu. Nachdem es in seinem Körper und seiner Psyche einen Mechanismus entdeckt hat, der es zu bestimmten Handlungsweisen zwingt, unternimmt das »Mädchen« einen drastischen Anschlag auf die eigene, ihre Umgebung täuschende physische Gestalt. Aus dem aufgetrennten Leib schlüpft ein silbernes, metallisches »Insekt«, das sich auf eine unerbittliche, sich über Jahre hinziehende Jagd nach seinem Opfer begibt. Im Laufe der Zeit wird diese Verfolgungsjagd, bei der es gleichsam nicht darum geht, den Flüchtigen einzuholen, sondern den bestehenden Zustand aufrechtzuerhalten, für die Bewohner des Reiches zu einem Mythos, zu einem Bild des ewigen Ringens zwischen dem seelenlosen Herrschafts-Mechanismus und der spontanen Freiheitsliebe. Dieser Mythos verankert sich wiederum in der Psyche der Mordmaschine, so daß sie gewissermaßen »in der Seele« Arrhodes hold ist, ohne indes die Grenzen der eigenen Freiheit und der in ihr durch das Programm festgeschriebenen Sklaverei zu kennen. Von Anfang an versucht sie, spontan zu handeln, und stellt immer wieder fest, daß sie in Wirklichkeit unbewußt die Befehle des

Konstrukteurs ausführt. Nachdem sie die Spur verloren hat, sucht sie ein abgeschiedenes Kloster auf, wo sie sich mit ihrem Zwiespalt den Mönchen anvertraut. Diese helfen ihr ein wenig, sich von den mechanischen Bedingtheiten zu befreien, und weisen sie auf die Spur des Opfers, das inzwischen von zwei anderen Verfolgern entführt wurde. Die Maschine nimmt ihre Verfolgung auf, ohne sich ganz darüber im klaren zu sein, ob sie Arrhodes beschützen oder in Wirklichkeit töten will. Sie erreicht ihn hoch in den Bergen, in dem Augenblick, als ihr Bräutigam und Opfer infolge der Verletzungen, die er im Kampf mit den Entführern davongetragen hat, in den letzten Zügen liegt. Sie wartet, bis er tot ist, und legt sich dann neben ihn, endlich ruhig, nachdem sie ihre unklare Bestimmung restlos erfüllt hat.

Ich weiß nicht, ob es möglich ist, den tieferen Gehalt der *Maske* eindeutig zu entziffern. Fragen wir zunächst, was der Titel bedeutet. Unter der »Maske« kann man ganz einfach eine äußerliche, physische Hülle verstehen, die irgendeine *Wahrheit* verbirgt. Diese Wahrheit ist bloß eine Illusion: Hat man eine Maske heruntergerissen, taucht darunter die nächste auf. Natürlich handelt es sich hier nicht um ein Kolleg über die Geheimnisse der Konstruktion von Robotern. Die Geschichte der »Henkersmaschine« ist eine Metapher der sehr menschlichen Passion, in sich einen absolut *eigenen* Mittelpunkt zu finden, etwas, wovon wir ohne Zögern zu sagen vermöchten: »Genau das bin *ich*« (und nicht bloß: »das ist *mein* Körper, *meine* Psyche etc.«). Aber »Maske« bedeutet auch *Rolle*. Die Maschine aus Lems Erzählung fragt im Grunde genau wie der Mensch, unsicher, ob sie tatsächlich den eigenen Willen verwirklicht oder ob sich in ihren Handlungen, ja sogar in ihren Gefühlen nicht die »Weisheit der Gattung«, eine »göttliche Bestimmung«, ein verborgener Komplex oder geradezu eine bestimmte Kombination chemischer Verbindungen äußert, die von den endokrinen Drüsen produziert werden. Gerade darum sagt der Mönch zu der Maschine: »Du bist meine Schwester« – und die Bedeutung dieses Satzes kann ebensogut eine religiöse sein (weil der Mönch angesichts der göttlichen Vorsehung den Umfang seiner Freiheit nicht kennt) wie eine weltlich-empirische (weil er nicht weiß, was bei ihm rein physischer Determinismus und was ein Anzeichen und Ergebnis freier Entscheidung ist). Damit nicht genug, kann »Maske« eigentlich alles sein – einschließlich des Trugbildes der Welt und des Charakters unserer Existenz in ihr:

»Vielleicht habe ich mir alles nur eingebildet, und das Endgültige, der letzte Grund war ein altes, ausgekühltes, in den Erfahrungen unzähliger Jahre verfangenes Gehirn? Vielleicht war die zugespitzte Klugheit überhaupt meine einzige wahre Vergangenheit, vielleicht war ich aus der Logik entstanden, bildete sie meine authentische Genealogie ... «, überlegt sich die mechanische Mörderin.[55] Der Zweifel ist in der *Maske* also noch radikaler als in den *Memoiren, gefunden in der Badewanne*. Dort war zumindest der *Wille* noch Eigentum des Helden geblieben.

Die in der Erzählung geschaffene existentielle Situation mag viele Deutungen haben. Vergessen wir nicht die einfachste: Hier präsentiert sich ein Elektronengehirn in Aktion, dessen Komplexität so hoch ist, daß man es nicht mehr mit der Methode einfacher Gebote und Verbote steuern kann; man muß sich mit einem gewissen Spielraum der Freiheit und Unvorsehbarkeit seines Handelns abfinden (eine solche Theorie hat Lem im Hinblick auf künstliche Intelligenzen schon vorher mehrmals formuliert). Man kann *Die Maske* tatsächlich lesen als das Bekenntnis eines solchen, mit einem exakt bestimmten Zweck konstruierten Gehirns, das sich »bei der Arbeit« eine eigene Metaphysik ausgedacht hat – was seine Schöpfer übrigens nicht hinderte, sich über die präzise Ausführung der Aufgabe zu freuen. Allerdings hieße es, den Sinngehalt des Werkes einschneidend zu schmälern, wollte man die seelischen Qualen der Heldin auf ein »Problem der Konstruktion eines Roboters« verengen. Denken wir an Corcoran und das »Weltenschöpfertum«! Eine künstliche Vernunft wird bei Lem dann geschaffen, wenn es gilt, das Wesen und die Grenzen unserer eigenen Vernunft zu bestimmen. Man kann der *Maske* daher eine religiöse Deutung geben (dann geht es um die Frage der Willensfreiheit angesichts der Vorsehung), eine philosophische (dann handelt es sich um einen Traktat über das Wesen des menschlichen »Ich« und über die Auseinandersetzung zwischen Determinismus und Freiheitsidee), eine psychologische (die hier die Gestalt einer Reflexion über die Struktur der Psyche annimmt, die aufgespalten wird in das Triebhafte, Angeborene auf der einen und einen Bereich der bewußten Wahl auf der anderen Seite) und schließlich eine soziologisch-politische (man kann in der *Maske* eine Studie über den Konflikt zwischen einer autoritativen Herrschaft und dem Verlangen nach Freiheit sehen, eine sowohl makro- wie mikrosoziale und außerdem sozialpsychologische Studie). Auch das ist sicher noch nicht alles, denn man kann der *Maske* eine mythographische und literaturgeschichtliche Interpretation geben, indem man dort etwa eine uralte Formel der Beziehung zwischen Eros und Thanatos oder eine Stilisierung des Schauerromans im Stile E.T.A. Hoffmanns findet (das Motiv der mechanischen Puppe!); man kann am Beispiel der *Maske* die ethische Problematik von Freiheit und Verantwortung erörtern, usw. usw.

Mit Sicherheit werde ich auf diese Weise nicht alle potentiellen symbolischen Bezüge der *Maske* ausschöpfen, und dabei gilt es zu bedenken, daß sie ein stark ausgebautes »Unterbewußtsein« hat. Die Erzählung von der Henkersmaschine legt mit ungewöhnlichem Nachdruck ein geradezu obsessives Gefühl der Gespaltenheit des menschlichen Wesens offen. In jedem von uns, scheint der Autor zu sagen, steckt »etwas von einer Maschine« und »etwas von der Biologie«, eine logisch-vernünftige und eine emotionale Komponente. Diese Elemente lassen sich nie ganz miteinander versöhnen, und deshalb hat der Mensch ständig das Gefühl, nicht völlig er selbst zu sein; bald blickt er von der Höhe der intellektuellen Ordnung voll trauriger Überraschung auf das Elend seiner sterblichen Hülle herab, dann wieder erfüllen ihn gerade die allzu kühlen und unmenschlichen Höhen des Gedankens mit Angst, und er empfindet Solidarität mit seiner animalischen Herkunft. Bei Lem gibt es viele Szenen, die dieses ambivalente Verhältnis zum Körper offenbaren, das einerseits von Entsetzen und Ekel, andererseits von Faszination gekennzeichnet ist: die Hirnoperation im *Hospital der Verklärung*, das Beschnuppern des Totenschädels in den *Memoiren, gefunden in der Badewanne*, selbst die harmlosen Spötteleien über die »Bleichlinge« (*Kyberiade*). Und gewiß spricht der Held in der *Stimme des Herrn*, der den Schock angesichts des Todeskampfes seiner Mutter mit »reiner Vernunft« bekämpft, ein persönliches Bekenntnis aus; Hogarth sagt: »Aus dem verdunkelten Zimmer voller Zersetzungsgestank also führt die Spur zu meiner mathematischen Menschwerdung. Mit den Formeln der Statistik versuchte ich den abscheulichen Zauber zu bannen.«[56]

Wovon also handelt *Die Maske*? Nicht auch davon, daß wir ein fremdes Element in uns haben, etwas, das wir als künstlich, als unserem »Ich« aufgezwungen empfinden? Die Erzählung präsentiert uns diese Zerrissenheit (in das Eigene und das Fremde) als einen unheilbaren, selbstzerstörerischen und geradezu diabolischen Widerspruch. Der Mythos der Gottesanbeterin wurde hier eingespannt für eine Beschreibung des Dramas der Erkenntnis; schließlich wird das Mädchen-Insekt ja vorwärtsgetrieben von dem Verlangen nach Enthüllung dessen, was für sie von Anfang an ein Geheimnis geblieben war: ihre eigene Natur, ihre Bestimmung, das Wesen ihres liebevoll-mörderischen Verhältnisses zu Arrhodes. Auch auf ihrem Wege kann sie – mit unvollständiger, unvollkommener Erkenntnis – nur zerstören, Tod und Entsetzen um sich säen. Hatte Lem sich bisher mehr über die biologische Ausstattung des Menschen mit Mißbehagen geäußert, so wird nun gerade die Präzision und Unfehlbarkeit des Wirkens der Maschine für ihn zu etwas Entsetzlichem und Abscheulichem – nicht umsonst entschlüpft dem verlockenden Körper des Mädchens ein perfekter, jedoch abergläubische Furcht erregender silbener Skorpion.

Aber es ist nicht nur sein Äußeres, was Grauen erregt: Das mörderischc Insekt tritt in der Erzählung als Funktionär einer »vollkommenen Ordnung« auf, die von einer grausamen Herrschaft erzwungen wird. *Die Maske* ist ja die Geschichte eines autoritären Staates, dessen Herrscher nicht den geringsten Widerstand ertragen kann und die technischen Mittel besitzt, um von den Untertanen absoluten Gehorsam einzufordern. Wie wir aus einer Mitteilung der sonderbaren Erzählerin erfahren, arbeiten die Handwerksmeister unter dem Palast an einer ganzen Meute von Automaten, die die Bevölkerung in Ergebenheit halten sollen. Das Ideal, das dem Herrscher vorschwebt, ist also die Schaffung einer eigentümlichen »Staats-Maschine«, die mit mechanischer Präzision und Unfehlbarkeit funktionieren wird – wie das Uhrwerk des Mord-Insekts. Aber gerade in diesem Uhrwerk nistet sich schließlich der Gedanke der Freiheit ein! Lem benutzt den alten Mythos vom Tod als einer Geliebten, um soziologische Inhalte auszudrükken. Offenbar will er sagen, daß sich die Idee, aus der Gesellschaft einen Mechanismus zu machen, nicht verwirklichen läßt, weil dieser Mechanismus zu kompliziert wäre, als daß man ihn präzise steuern könnte. Mit anderen Worten: Das Auftauchen des Freiheitsgedankens hat nichts mit der Art der Herrschaftsausübung oder der Intensität der Repression zu tun, denn das Streben nach der Verwirklichung dieser Idee ist ein unveräußerlicher Bestandteil des Handelns und Denkens vernunftbegabter Wesen, ein Element ihres »Daseinsentwurfs«, das im Grunde sogar unabhängig davon ist, daß sie faktisch höheren Gesetzen und Geboten unterworfen sind. Dieses Streben taucht auf, sobald ein Wesen sich selbst als »Ich« bezeichnet, selbst wenn es eine durch ihr Programm beschränkte Maschine sein sollte, die sich diesen Namen zulegt.

Der fundamentale Dualismus der menschlichen Natur wird in der *Maske* auf die gesellschaftliche Welt übertragen und dort »auf Rollen verteilt«. Arrhodes ist ja nichts anderes als die Verkörperung der Freiheitsidee; sogar sein Tod, den die Mutter des Monarchen wünscht, kann ihn nur als ein »selbstgewähltes« Los treffen.[57] Als ein Weiser mit geistiger Freiheit ausgestattet, möchte er diese dem Volk vermitteln – und damit beginnt seine gesellschaftliche Rolle, über die das Volk fabuliert:

»Die einen sagten, der Weise habe entgegen dem königlichen Willen dem Volke die Freiheit schenken wollen und damit den Zorn des Monarchen heraufbeschworen; die anderen, er habe das Wasser des Lebens besessen und damit Tote wiederauferwecken können, was ihm durch allerhöchsten Befehl verboten worden sei, er aber habe sich scheinbar dem Willen des Herrschers gebeugt, insgeheim jedoch eine Truppe aus Gehenkten gebildet, die er auf der Zitadelle nach der Massenhinrichtung der Rebellen abgeschnitten habe. Noch andere wußten ganz und gar nichts über Arrhodes und schrieben ihm keine derart prachtvollen Fähigkeiten zu, sondern hielten ihn nur für einen Verurteilten, dem schon aus diesem Grunde Zuneigung und Hilfe gebühre.«[58]

Schauen wir, wie hier selbst der Hang zum Fabulieren und zum verantwortungslosen Phantasieren der Erschütterung der »absoluten Ordnung« dient! Arrhodes wird in diesen Legenden zu einem, der den *Willen des Herrschers* durchkreuzt, zu einem, der die *Gesetze der Natur* durchbricht, schließlich zu einem, der allein durch seinen Widerstand gegen die Tyrannei in den Menschen ein Gefühl der *Solidarität und der Freiheit* der eigenen Entscheidung weckt. Das Mädchen-Insekt repräsentiert dagegen die auf ihre unerschütterlichen Gesetze pochende Herrschaft.

Aber auch das Verhältnis zwischen Henker und Opfer ist von einem ähnlichen Dualismus geprägt. Auf der Seite des Eros haben wir Freiheit und Spontaneität, auf der Seite des Thanatos schicksalhafte Bestimmung und mechanische Unwiderruflichkeit. Der Ordensbruder, der das Innere der Maschine untersucht, entdeckt dort eine »Leitung«, die von einer »festgehaltenen weiblichen Geschichte voll verführerischer Namen und Redewendungen«

zum »tödlichen Kern« verläuft, der in dem gefährlichen Stachel besteht. Diese beiden Pole der Existenz sind also nicht voneinander zu trennen; nicht umsonst wird in der Erzählung die Freiheit zur Geliebten des Despotismus, der Affekt zur Vernunft und die Maschine zu einem Wesen aus Fleisch und Blut.

Letzten Endes werden in der *Maske* alle Bereiche der Realität dem Dualismus von Freiheit und Mechanismus unterworfen, und die Freiheit selbst erscheint als ein Produkt der höchsten Vollkommenheit und Komplexität der funktionierenden Systeme. Also wieder ein Defekt in der von der »reinen Vernunft« organisierten Maschine des Seins? *Die Maske* ist in erster Linie ein Gleichnis des menschlichen Lebens und der menschlichen Natur, die durch ein Geheimnis geprägt sind, und zugleich ein Mythos der – monarchischen, göttlichen – Macht, die den Geist der Freiheit und der Ketzerei niemals restlos bezwingen kann.

13. *Die Maske* nimmt unter Lems Werken eine besondere Stellung ein, denn diese Erzählung steht an der Grenze zwischen verschiedenen literarischen Welten – jenen, in die der Leser gewissermaßen eingeladen wird, und jenen, die der Autor von außen, aus spürbarer Distanz, zu beobachten gestattet. Letzten Endes ist der Schriftsteller selbst ein Schöpfer künstlicher Kosmos-Kisten, und die von ihm entworfenen Rezeptionsrollen fordern den Leser manchmal auf, zu einem der »Männlein« zu werden, die das Gedächtnis der Maschine bevölkern, dann wieder bitten sie ihn an das Steuerpult, wo der Schöpfer Knöpfe drückt und Hebel verstellt. Natürlich läßt sich die Rolle des Rezipienten nicht in der gleichen ultimativen Weise festlegen wie etwa der Status des Helden oder des Erzählers, und nichts hindert den Leser daran, in die Haut Trurls oder gar des Prinzen Ferrenz zu schlüpfen, aber auch in Lems Welten kommen Fälle einer ontologisch labilen Existenz vor, bei denen sich ein Traum plötzlich als die Realität des Wachbewußtseins entpuppt. Nehmen wir daher an, die Ortsbestimmung des Rezipienten habe bei Lem mehr den Charakter eines Vorschlags als den eines Befehls und die Befolgung des Vorschlags sei stark von psychischen, emotionalen Prädispositionen des Lesers abhängig.

Schauen wir uns nach diesen Vorbemerkungen nun die Welten an, die Lem mit offenkundiger Distanz entworfen hat, darunter einen der populärsten Zyklen von Erzählungen, nämlich die *Kyberiade*, die der Autor in späteren (polnischen) Auflagen mit den früher erschienenen *Robotermärchen* zusammenfaßte. Die *Kyberiade* hat vieles mit der Sammlung der phantastischen »Reisen« Ijon Tichys (*Sterntagebücher*) gemeinsam. Beide Zyklen entlehnen ihre Formel (und in einem gewissen Umfang auch die typische Thematik) der philosophischen Fabel, nur bei den übrigen Bezügen der Stilisierung sieht es anders aus. Tichy ist – wie Münchhausen – für uns ein »Lügner« oder »Phantast«, denn er steht mit einem Bein in der Welt des Lesers und startet von dort aus zu seinen Flügen in die reine Fiktion; Trurl und Klapauzius fabulieren nicht, weil ihre Welt einen kohärenten und geschlossenen Charakter hat, wenngleich es darin von unwahrscheinlichen Anachronismen wimmelt, die von dem »objektiven« und »allwissenden« Erzähler ohne mit der Wimper zu zucken präsentiert werden. Erst nachdem wir uns auf die Höhe dieses von unserer Realität isolierten Kosmos (dieser Kosmos-Kiste) begeben haben, können wir den Absprung schaffen in die nächste phantastische Welt, die Welt der *Robotermärchen*, die von der vorhergehenden deutlich abgegrenzt ist, und sei es auch nur stilistisch, was sich unschwer an den ersten Worten der »Sechsten Reise« erkennen läßt; sie beginnt in einem Ton, der an die *Robotermärchen* erinnert, doch bald stellt sich heraus, daß es sich um den Text eines »vom Alter verblichenen Buches« handelt, das Trurl liest.[59]

Die Realität der *Kyberiade* ist ein Kosmos, der von unzähligen Gesellschaften intelligenter Roboter bevölkert ist, Vergangenheit ist für sie die menschliche Zivilisation, von der dann und wann mit frommem Schauder die Rede ist, wobei sie als ein ausgefallener Streich der Materie oder als eine frühere Phase in der Evolution der Vernunft erscheint. Dem Autor geht es jedoch nicht um komplizierte Extrapolationen, die *Kyberiade* ist deshalb nicht eine literarische Realisierung von Gedanken zum Thema eines künftigen Umzugs der Menschen aus ihren natürlichen Leibern in künstliche, und sie versucht durchaus nicht, vorherzusehen, wie eine solche Kultur vernunftbegabter Maschinen wirklich aussehen könnte. Die Welt einer unvorstellbar fernen Zukunft kann für uns nur ein Märchen sein (weshalb die *Robotermärchen* sozusagen »Märchen zum Quadrat« sind), und als ein solches spiegelt sie die Träume der Menschen von Unsterblichkeit und Allmacht wider. Deshalb amüsiert uns in der *Kyberiade* die Begegnung der Menschheit mit der Unmenschlichkeit der Welt, bringt sie uns zum Lachen: Die erlesensten mechanischen Wesen bilden feudale

Gesellschaften, und für ihr Leben und ihre Probleme ist das Handlungsschema des Märchens bestimmend. Dieses tritt am stärksten in den *Robotermärchen* zutage, was uns zu einer paradoxen Vermutung bringt: Je größer die Freiheit des Autors zum Phantasieren, um so strenger ist die Abhängigkeit von dem maßgebenden Paradigma, dem die Fabel gehorchen muß, einem Paradigma, das auf der Erde, unter den Menschen entstand.

Das Märchen legt eine immerwährende Ordnung aller Dinge fest, die von den Abenteuern der Helden »für einen Moment« gestört wird, am Ende muß jedoch alles wieder in Ordnung kommen. Mit anderen Worten, kein Zauberer, keine Fee – und sei sie auch noch so mächtig – vermag die Struktur der Welt dauerhaft zu verändern; sie können lediglich durch Wunder in einem eng begrenzten Umfang (der Raum und Zeit, aber auch Art und Objekt des Handelns betrifft) in sie eingreifen. Dieses Prinzip übernimmt die *Kyberiade* vom Märchen: Trurl und Klapauzius können *alles konstruieren*, doch im Bereich der gesellschaftlichen Gesetze und der ganz allgemein verstandenen Beschaffenheit der Gemeinschaft vermögen sie nichts zu *ändern*.

Wir beginnen die Besprechung der *Kyberiade* mit dem älteren und inzwischen offensichtlich abgeschlossenen Zyklus der *Robotermärchen*, in dem noch nicht die beiden miteinander rivalisierenden Konstrukteure auftreten. In diesen Erzählungen werden die Schemata des Märchens und der Science-fiction geschickt miteinander vermischt, so als folgten sie der Formel von Roger Caillois, der die SF als »das Märchen des 20. Jahrhunderts« bezeichnet hat.[60] Prüfen wir zunächst, was Lem aus den beiden Gattungen entlehnt hat und was bei dieser Kreuzung überhaupt herausgekommen ist. Da ist zuerst einmal die Szenerie, die, wie es sich für die Science-fiction gehört, eine kosmische ist und den Gesetzen der Atomphysik gehorcht. Die Helden ziehen ohne sonderliche Mühe von Planet zu Planet, von einer Galaxie zur anderen und beweisen dabei ungewöhnliche konstruktive Fähigkeiten: Mit Leichtigkeit bauen sie komplizierte elektronische Maschinen, sie vermögen eine künstliche Intelligenz sogar in einem Kügelchen unterzubringen, das ins Ohr hineinpaßt (»Der Freund des Automatthias«), es macht ihnen keine größeren Schwierigkeiten, beliebige chemische Elemente herzustellen, usw. Das alles entspricht der Konvention der wissenschaftlichen Phantastik, aber gleich daneben finden wir ein typisches Motiv des Märchens: Auf den Planeten herrschen feudale Monarchen, die einen Hof und Ratgeber unterhalten, welche schändliche Intrigen gegeneinander spinnen (»Die Räte des Königs Hydrops«). Die Probleme dieser Herrscher entsprechen ganz denen ihrer irdischen Vorgänger aus dem Mittelalter: Sie zeugen Thronfolger (»Die Räte des Königs Hydrops«), sorgen sich um das Schicksal ihrer Töchter und veranstalten Turniere zwischen den Bewerbern um deren Hand (»Erg Selbserreg überwindet den Bleichling«), quälen ihre Untertanen mit Steuern (»Die Uranohren«), fürchten einen Anschlag auf ihr Leben und den Verlust des Throns (»Die Uranohren«, »Das Märchen vom König Murdas«), im übrigen aber pflegen sie sich zu langweilen, was sie zu allerlei Unternehmungen treibt, die für ihre Untertanen eine Last und auch für sie selbst manchmal gefährlich sind (»Das Märchen von der Rechenmaschine, die gegen den Drachen kämpfte«). Wehe dem, der einem solchen gelangweilten König in die Hände fällt; er wird genötigt sein, diesen durch ausgefallene Geschichten zu ergötzen, und wenn er – Gott behüte! – den Herrscher nicht zufriedenstellt, wird er es mit dem Leben bezahlen (»König Globares und die Weisen«); versucht er dagegen, den Monarchen durch etwas Außergewöhnliches zu beeindrucken, wozu dieser nicht imstande ist, so hat er einiges zu tun, um seinen Kopf vor dem Neider zu retten (»Die Schätze des Königs Biskalar«).

Wir befinden uns offenbar in der Welt des klassischen Märchens: Außer den Königen treten Höflinge, Ritter und Weise auf, es werden Schlachten geschlagen und Duelle ausgefochten, die deshalb grotesk wirken, weil sie, von mittelalterlicher Primitivität, zugleich im kosmischen Maßstab stattfinden; es ist übrigens der Hauptkunstgriff des Autors der *Robotermärchen*, uralte und superfuturistische Technik miteinander zu kreuzen. Deshalb muß man wahrhaftig den ganzen Kosmos in Bewegung setzen, um ein Schlüsselchen zu finden, mit dem die naive Prinzessin »jeden Abend den Verstand aufzieht«, Atome werden wie Erbsen von Hand »ausgepellt«, und aus einem Vorderlader wird – aber wie! – Antimaterie verschossen.

Was uns in dieser Welt fehlt, sind nur die alten Zauberer und die übernatürlichen Mächte. In der Tat ließe sich schwerlich bestimmen, worin das Wunderbare besteht in einem Reich der Roboter, wo man praktisch alles, was sich nur denken läßt, konstruieren kann, so daß der Bereich des »Natürlichen« sich fast ins Unendliche erweitert (da es keiner Zauberei bedarf, sondern lediglich besonderer Tüchtigkeit des Ingenieurs). Es gibt deshalb in den *Robotermärchen* keinen Bereich übernatürlicher Ereignisse, und selbst wenn wir von etwas lesen, das den physikalischen Gesetzen widerspricht (wie die »Atome von Gold, groß wie vier Fäuste«, aus der Geschichte von Erg Selbsterreg), so neigen wir dazu, das eher als einen Scherz des Autors aufzufassen, der sich über die Konvention der märchenhaften Übertreibung lustig macht, denn als das reale Ergebnis des Wirkens übernatürlicher Kräfte.

Die Rolle der Zauberer und Feen spielen bei Lem demnach die Konstrukteure. Ihrem unerschöpflichen Erfindungsreichtum verdanken wir die spektakulären Turniere zwischen stellaren Mächten; an die Stelle der Zauberkraft treten der überlegene Intellekt und die Geschicklichkeit des Ingenieurs. Und die moralische Aussage? Wenn bei Lem das Gute siegt, so nicht, weil seine Zauberkraft größer wäre, sondern *weil das Böse dümmer ist*. Dümmer, obwohl es schlau ist; es glaubt, die Welt auf seiner Seite zu haben, aber gerade dann gerät es in den Hinterhalt, fällt es in die Grube, die es anderen, dem Guten, gegraben hat. So möchte der grausame Archithor nicht, daß sich seine Untertanen versammeln, ihr Geld hingegen möchte er *sammeln*, und schon richtet sich sein schlauer Einfall gegen den Urheber (»Die Uranohren«); die Räte des Königs Hydrops, auf die Huld des Thronfolgers erpicht, der alles Kleine liebt, miniaturisieren ihre Leiber um die Wette, bis sie so klein werden, daß ein Durchzug sie weit aus dem Krönungssaal forträgt, wodurch sie sich nicht mehr bei dem neuen Herrscher lieb Kind machen können (»Die Räte des Königs Hydrops«). Der feige König Murdas fürchtet den Verlust des Throns und läßt seine ganze Familie ermorden, sich selbst aber baut er aus bis zum Umfang einer Stadt, doch gerade da erfüllt sich die ihn quälende Obsession, gewinnt in ihm die Oberhand, beherrscht die elektrischen Träume und führt schließlich den inneren Zerfall und die Selbstzerstörung des Monarchen herbei. Eine eigentümlich »rationalistische« Variante der Geschichte von den Gespenstern und der »Rache nach dem Tode« (»Das Märchen vom König Murdas«). Bei Lem sind Habgier und Herrschsucht grundsätzlich dumm. Symbolträchtig in dieser Hinsicht ist die Geschichte von den »Drei Elektrittern«: Die Schätze der Kryoniden vermag nur ein vollkommen gedankenloses Wesen an sich zu nehmen, das sich aber seinerseits in die Irre und ins Verderben führen läßt.

Bemerkenswert erscheint in den *Robotermärchen* die Beziehung zwischen Mensch und Roboter. Nach den Äußerungen der Helden, nach den düsteren Legenden ist der »Bleichling« ein scheußliches Wesen, obendrein unbeschreiblich pervers und voller Grausamkeit. Wir können das als Scherze auffassen, wie wir sie ähnlich in den *Sterntagebüchern* finden; schließlich hätte sich der Autor doch bemühen können, die Roboter als erheblich verbesserte Menschen darzustellen, da ihre Konstruktionsprogramme nicht mehr beschränkt sind durch biologische Grenzen, durch »die menschliche Natur« usw. Aber nein: Die Helden der *Robotermärchen* erinnern so sehr an Wesen aus Fleisch und Blut, daß ihre Abstammung von Technikern und Ingenieuren für die Handlung häufig keine Rolle spielt. Verurteilt werden in den Erzählungen eher diejenigen, die, mit ihrer Beschaffenheit nicht einverstanden, Möglichkeiten nutzen, die dem Menschen nicht zugänglich sind, und sich selbst miniaturisieren oder umgekehrt zu gigantischen Dimensionen erweitern. Der »menschliche Maßstab« bleibt trotz allem die ideale Formel für die Gesellschaften der denkenden Maschinen.

Wenden wir uns nun den Intentionen zu, die hinter der Vielfalt von Stilisierungen in den *Robotermärchen* stecken könnten. Sicherlich nicht von geringster Bedeutung war das schlichteste Ziel: das literarische Vergnügen. Es gibt in Polen kaum einen Schriftsteller, der ein solches Gespür für das Sprachspiel, das Pastiche und die Parodie hätte wie Lem. Zunächst heftet der Autor zwei lexikalische Bereiche zusammen, die bis dahin voneinander nichts hatten wissen wollen: die Terminologie der modernen exakten Wissenschaften und das Sprachrepertoire des Märchens. So entstehen viele Wortfügungen, die von Kritikern und Lesern sogleich als charakteristische Stilmerkmale des Buches erkannt wurden. Es gibt dafür unzählige Beispiele: »Elektritter«, »Robochsen«, »Kosmobold«, »Kyberfiedel«, »Schräubchen-Zerstäubchen«, »Stiftchen-Giftchen« usw. Ebenso erfindungsreich sind die Namen der hohen Würdenträger in den Märchenreichen: »Groß-Kronkyberneur«, »Groß-Archidynamikus«, »Kronblechseß«; die Rechenmaschine, die den Drachen bezwingt, läßt sich mit »Eure Ferromagnetifizenz« anreden; auch die Namen der Helden amüsieren uns durch die Verbindung des technischen Elements mit einem eigentümlich »byzantinischen« Klang: »Arbitron Kosmosofowitsch«, »Diodes, Triodes und Heptodes«, »Astrokill«, »Matrizius Löcherlich« usw.

Bei näherem Hinsehen reicht das Sprachspiel noch tiefer und beeinflußt auch die Entwicklung der Fabel. Denn wenn die mit dem königlichen Pantoffel betrommelte Maschine sich aufgrund eines Versprechers aus einem »Elektrodrach« in einen »Elektrodreck« verwandelt (»Das Märchen von der Rechenmaschine, die gegen den Drachen kämpfte«) und wenn eine andere Maschine »alles produzieren kann, was mit dem Buchstaben n beginnt« (»Wie die Welt noch einmal davonkam«), dann bedeutet das, daß in der Lemschen Realität die Gesetze nicht nur der Physik, sondern auch der Grammatik herrschen – weil sie nämlich ganz und gar aus der Materie der Sprache besteht. Deshalb sind in ihr solche *pure nonsense*-Scherze wie der von dem Drachen möglich, der »sich zu strecken begann, sich streckte und streckte, bis er über und über erbebte, zitterte, aufschnaubte, und dann ging er plötzlich auf – und zog ein Element aus sich heraus!«. In Wirklichkeit jedoch »erbebt« er und »geht« er nur in der Sprache »auf« – nirgendwo anders ist ein solches »mathematisches Wirken« möglich.

Es wäre wahrlich nicht einfach, in die Geheimnisse der modernen Wissenschaft einzudringen, hielte man sich dabei nur an die *Robotermärchen*. Es kommt vor, daß innerhalb einer Erzählung (»Die Uranohren«) Konzepte, die beim Leser ein Minimum an Kenntnissen der Atomphysik voraussetzen (wie die Entstehung einer »kritischen Masse« aus den besagten Ohren und später aus den Urandukaten), neben vergnüglichem Unsinn stehen (die Entstehung der drahtlosen Telegraphie). Lem macht sich offenbar den Umstand zunutze, daß die Wissenschaft von heute sich so weit vom menschlichen Alltagsleben entfernt hat, daß sie phantastisch und beinahe »märchenhaft« wirkt. Kosmische und physikalische Phänomene erhalten häufig metaphorische, fast an Poesie gemahnende Bezeichnungen; es sei nur an den »Charme« der Quarks oder an die Theorie vom Urknall (*big bang-theory*) erinnert. Nicht anders ist es mit den »schwarzen Löchern«, die Lems Scherz zufolge das Resultat des vernichtenden Wirkens von Trurls Maschine sind (»Wie die Welt noch einmal davonkam«).

Der Autor von *Solaris* beschreitet ausgetretene Pfade gern in entgegengesetzter Richtung und schafft inmitten des Getümmels der von den Wissenschaftlern aufgestellten Hypothesen so etwas wie wissenschaftliche »Apokryphen«, das heißt, eine nicht-kanonische, märchenhafte Version der verschiedenen Theorien über die Entstehung des Kosmos, des Lebens, der Vernunft usw. Während das bisweilen vollkommen ernsthaft geschieht (so in der *Stimme des Herrn* oder in *Golem XIV*), befreit ihn in den *Robotermärchen* allein schon die literarische Form von den strengen Forderungen des Realismus und der wissenschaftlichen Disziplin. Es fällt deshalb in diesen Erzählungen bisweilen schwer, die Parodie und das Vergnügen am Spiel mit den Konventionen von ernsthaften Erörterungen zu unterscheiden. So überwiegt etwa in dem »Märchen von der Rechenmaschine, die gegen den Drachen kämpfte«, der schiere Humor, aber wenn die Maschine, die den Drachen beseitigen soll, äußert: »Es gilt, die allgemeine Theorie der Bekämpfung von Elektrodrachen zu schaffen. Der Drache auf dem Mond ist dann nur ein Einzelbeispiel und als solches leicht aufzulösen«, so bringt uns das zum Lachen, doch lachen wir dabei über die Wissenschaft, wie sie sich im wirklichen Leben darstellt, denn häufig entzieht sie sich der Lösung praktischer Probleme auf ähnliche Weise.

Ein ausgezeichnetes Beispiel eines derart vielschichtigen Textes ist die Erzählung »Wie Winzlieb und Gigelanz die Nebelflucht auslösten«. Sie ist im Stil einer Legende über die Anfänge des Weltalls gehalten, in der die unablässige Bewegung auf den Zusammenprall zweier gegensätzlicher Elemente zurückgeführt wird (in diesem Falle des Großen und des Kleinen; in den Mythen geht es zumeist um das Gute und das Böse, das Männliche und das Weibliche, Licht und Dunkel usw.). Die Gegenüberstellung eines Riesen und eines Zwerges ist ebenfalls aus der Literatur wohlbekannt – vom biblischen David und Goliath bis hin zu dem populären polnischen Kindervers von den »zwei Michels«. Nur ist es hier umgekehrt: »Der Kleine begann sich zu drehen«, doch »der Große holte ihn nicht ein«, und so kam es zur spiraligen Krümmung und zur Flucht der Nebel. Von der mythischen Ebene gehen wir über zur populärwissenschaftlichen Ebene der Astronomie, denn die Galaxien »fliehen« ja tatsächlich, und die Kreiselbewegung ist ein Universalphänomen im Weltall. Man könnte also sagen, daß die Erzählung »bildet«, weil sie dem jungen Leser gewisse Kenntnisse über die Welt in märchenhafter Verpackung vermittelt. Damit nicht genug: Das Gespräch, das die beiden Konstrukteure anfangs miteinander führen, betrifft gewichtige philosophische Fragen – es geht um die Möglichkeiten, welche in der Materie stecken, und um eine eventuelle Verankerung des *Denkens* im Kosmos –, keineswegs Probleme, die zum Scherzen, sondern zu ungemein komplizierten Erörterungen Anlaß geben, welche sich hier nicht einmal in allergrößter Verkürzung wiedergeben lassen.

Wir haben also in den *Robotermärchen* einen Bereich der »ernsten Probleme« und daneben einen Bereich des unbekümmerten Vergnügens an der literarischen Form. Was beide zu einem künstlerischen Projekt zusammenschweißt, ist wohl das Problem des Menschen und der menschlichen Natur. Schließlich ist der Mensch zugleich tödlich ernst und unsäglich lächerlich, bieder und dämonisch, kompliziert und primitiv – je nachdem, welchen Standpunkt man einnimmt. In den *Robotermärchen* legt Lem uns eine ganz spezifische Perspektive nahe, die charakteristisch ist für die literarische *Parodie*. Denn die *Robotermärchen* kann man genau als eine Parodie auf die menschliche Natur, auf die menschlichen Probleme, auf die menschliche Art der Weltbetrachtung und Weltdeutung verstehen. Die Parodie soll hier jedoch nicht dazu dienen, den Menschen der Lächerlichkeit preiszugeben. Zu einem besseren Verständnis der Absichten des Autors sei auf den bezeichnenden Schluß der Erzählung »König Globares und die Weisen« verwiesen.

Nachdem der Weise seine blasphemische »Theorie von der Entstehung des Kosmos« verkündet hat, kommentiert er sie folgendermaßen: »Was ich gesagt habe, das stammt nicht vom Wissen her. Die Wissenschaft fragt nicht nach solchen Eigenschaften des Daseins, wie zum Beispiel Lächerlichkeit. Die Wissenschaft erklärt die Welt; mit ihr versöhnen kann einzig die Kunst. Was wissen wir denn in Wahrheit über die Entstehung des Kosmos? Eine Wissenslücke von solchem Ausmaß kann mit Legenden und Mythen ausgefüllt werden. Ich wollte als Mythenschöpfer die Höchstgrenze des Unwahrscheinlichen erreichen, und ich meine, ich war nahe daran. Du weißt das ohnehin. Also hast du bloß fragen wollen, ob der Kosmos in Wahrheit lächerlich sei. Aber diese Frage muß sich jeder selbst beantworten.«[61]

Man darf annehmen, daß aus den Worten des Helden hier der Autor selber spricht. Schließlich hat er ja in den *Robotermärchen* als Mythenschöpfer »die Höchstgrenze des Unwahrscheinlichen« erreicht, und dabei hat er, die Unendlichkeit des Kosmos in eine traditionelle literarische Form fassend, gleichzeitig versucht, uns mit der Unmenschlichkeit von Raum und Zeit zu versöhnen. Wenn das Weltall für uns *lächerlich* sein kann, so nicht in einer

Weise, die es »herabsetzt« oder als »nichtig« erscheinen läßt; eher ist es so, daß wir uns selbst ändern, daß wir es mit anderen Augen betrachten und auch uns selbst anders sehen. Die an der Einrichtung der Welt wahrgenommene »Lächerlichkeit« deutet also darauf hin, daß der Betrachter fähig ist, Distanz zu gewinnen zur Welt und zur eigenen Person, daß er aus der Lehre, die ihm die märchenhaften Roboter erteilten, Nutzen zu ziehen und an ihr zu reifen vermag. Das ist das – ernsthafte – Ziel, das dem hier beschriebenen literarischen Vergnügen vorschwebt.

Der Zyklus der *Robotermärchen* wird, wie schon gesagt, von Lem bald vervollständigt durch die Abenteuer der berühmten Konstrukteure Trurl und Klapauzius. Hier steht nicht so sehr die märchenhafte Staffage der Erzählungen im Vordergrund, sondern die zentrale Stellung nehmen Probleme des Konstrukteurswesens ein, Probleme gesellschaftlicher und axiologischer Natur. Dieser neue Erzählungszyklus zerfällt hauptsächlich in Schilderungen titanischer Kämpfe, bei denen die Konstrukteure in der Regel den Sieg davontragen, weil sie es mit anderen Konstrukteuren oder mit der Dummheit, der Eitelkeit und der Grausamkeit der Märchen-Herrscher aufnehmen, und in Berichte von Ingenieurstätigkeiten, deren Ziel die Verbesserung der Welt ist und mit denen sie auf groteske Weise scheitern, weil sie in den Bereich der schon erwähnten »Invarianten« einzugreifen versuchen. Was sind das für »Invarianten«? Es geht wohl nicht um die politischen Systeme; Lem sieht die Gesellschaft offenbar als einen Homöostaten, der vieles ertragen kann; irgendwie paßt er sich sowohl der Tyrannei wie der Anarchie, dem Feudalismus wie der Demokratie an. Verbesserungsprojekte, mit denen sich vor allem Trurl hervortut, richten sich eher auf die Beschaffenheit der denkenden Wesen im weiteren Sinne und auf die Schaffung mechanischer Prothesen für die höheren Werte. Und hier stehen die legendären Konstrukteure auf einmal – ratlos und lächerlich – vor unlösbaren Problemen.

Einen elektronischen Superpoeten zu bauen gelingt noch; erst mit Projekten der Beglückung einzelner und ganzer Gesellschaften, mit Trugbildern einer absoluten Ordnung usw. hat der Autor seine liebe Not. Dieses Problem wird von einem bestimmten Moment an zum wichtigsten und wohl auch einzigen Thema der Erzählungen über die Konstrukteure – es sei an die entsprechenden Passagen der »verschachtelten« »Geschichte von den drei geschichtenerzählenden Maschinen des Königs Genius« erinnert, ferner an »Altruizin«, »Experimenta Felicitologica«, »Die demographische Implosion« und »Powtórka« (die letztgenannte Erzählung liegt nicht vollständig in deutscher Übersetzung vor; Anm. d. Ü.), also an die zuletzt entstandenen Teile des Zyklus. Der Varianten des Scheiterns sind hier unzählige, doch sein Mechanismus ist überall recht ähnlich: Die Gesellschaft, an der die »vernunftgemäße Verbesserung« vorgenommen wird, verfällt rasch in Konvulsionen der wildesten Ausschweifung und des Verbrechens, aus der erzwungenen Harmonie wird Terror, Altruismus entartet in Sadismus, aus höchster Weisheit und Allmacht wird Degeneration. So stellt sich in etwa die Wirksamkeit der Verbesserungsmaßnahmen dar; was die Erzählweise betrifft, so besteht der Hauptkunstgriff der Erzählungen über »verbesserte« Gesellschaften in einer »Abkürzung der Geschichte«: Die geschichtlichen Vorgänge werden in einem solchen Tempo geschildert, daß der Eindruck entsteht, die Veränderungen hätten etwas Mechanisches an sich – und darauf beruht schließlich wohl nach Bergsons bekannter Formel die Komik dieser lakonischen Berichte.

In der *Kyberiade* steckt also scheinbar ein Widerspruch: Das stereotyp diagnostizierte »Mechanische«, das Trurls Verbesserungsbemühungen stets über den Haufen wirft (»Experimenta Felicitologica«) oder (in »Powtórka«) monoton und aufdringlich immer wieder das unselige erotische Dreiecksschema produziert, fordert die Konstrukteure gewissermaßen zum Handeln heraus, sind sie doch Meister der Mechanik. In Wirklichkeit ist das eine Täuschung und eine Falle: Die geschichtlichen Vorgänge haben nur äußerlich etwas rein Mechanisches; der eigentliche Generator der Ereignisse – seine innere Komplexität geht unendlich weit über das hinaus, was wir auf den ersten Blick als Funktionsgesetz zu erkennen vermögen – steckt sehr viel tiefer. Darum scheint es zunächst leicht zu sein, im Interesse des allgemeinen Glücks einzugreifen, und erst die Auswirkungen eines solchen Eingreifens zeigen, wie primitiv die Methode ist.

Weshalb scheitert die Verbesserung? Als Konstrukteure sind die miteinander rivalisierenden Freunde doch von beeindruckender Tüchtigkeit, und die kybernetischen »Turniere«, bei denen sie obsiegen, stellen einen quasi notwendigen Kontext für ihr soziotechnisches Scheitern dar, einen Kontext, der beweist, daß ihre Möglichkeiten keineswegs banal sind. Dostojewskis »Mensch aus dem Kellerloch« würde uns sicherlich erklären, die Rationalität der Verbesserungsmaßnahmen in der *Kyberiade* sei nur oberflächlich, da sie (die *Kyberiade*) die menschliche Natur und die Gesellschaft mechanistisch auffasse und zudem voraussetze, daß der einzelne ein klares Bewußtsein davon habe, was ihm nütze und was ihm schade, und sich entsprechend diesem Bewußtsein verhalte. Damit ist es natürlich nichts: Die Bürger der Mustergemeinschaften, gütig mit allem versehen, was ihnen – nach Trurls Meinung – am meisten fehlte, beginnen sich sogleich nach anderen Gütern und Werten zu sehnen, in anderen Fällen stürzen sie sich ins Getümmel sinnlicher Gefühle, was ihnen am Ende mehr Leiden als Freuden bereitet. Damit nicht genug: Beim Lesen der *Kyberiade*, aber auch der *Sterntagebücher*, erkennen wir, daß die Schaffung einer »glücklichen Gesellschaft« schon im Prinzip verkehrt ist; nicht nur ist der Mensch ein Wesen, das schon an dem *Prozeß*, ein ersehntes Ziel zu erreichen, Vergnügen findet, sondern auch die Gesellschaft ist ein Verband, der durch die gemeinsame Anstrengung entsteht, kollektive Wünsche zu verwirklichen. Diese Wunschträume zu erfüllen heißt, die Grundlage, auf der der Verband beruht, zu zerstören. Das wird deutlich am Beispiel der grotesken MASTEN (»Altruizin«), denen das Erreichen der technologischen Allmacht völlige Passivität und gesellschaftlichen Zerfall einträgt.

Eine Gemeinschaft von Menschen (Robotern) ist nach Lems Ansicht offenbar eine Sphäre einer ganz besonderen Ordnung, die auf einem labilen Gleichgewicht von Widersprüchen beruht. Ein »mechanischer« Eingriff in diese Ordnung, gleichgültig, wie grob oder fein er ist, zerstört auf der Stelle das Gleichgewicht, und die Widersprüche brechen mit verdoppelter Stärke hervor und bringen die ganze Ordnung durcheinander. Sie ist nur noch mit Terror wiederherzustellen. Die *Kyberiade* scheint, ähnlich wie die *Sterntagebücher*, eine reuige Wiedergutmachung von Jugendsünden zu sein, von all jenen leichten Visionen einer glücklichen Gesellschaft, wie wir sie in den *Astronauten* oder in *Gast im Weltraum* finden. Lems Passion ist gewiß damit zu erklären, daß er die Anmaßungen der politischen Ideologie am eigenen Leib erlebt hat. Die *Kyberiade* entfaltet, dies nebenbei, ihre soziologischen Motive von der philosophischen Reflexion über das Wesen des Glücks bis hin zur politischen Satire, die sich an eine konkrete Adresse richtet (aus der »Geschichte vom Ersten Auftauling« in der »Demographischen Implosion« kann z. B. jeder Pole eine possenhaft verzerrte Allegorie des eigenen Schicksals herauslesen).

Wenden wir uns noch einmal den schon vorher besprochenen Fragen der Sprache dieser Werke zu. Trurl und Klapauzius leben – wie zuvor Tichy und die Helden der *Robotermärchen* – in einer Welt, die gleichsam aus Sprache aufgebaut ist, in der also neben den physikalischen auch etymologische Gesetze gelten, lautliche Assoziationen, unerwartete Zusammenrückungen von Ausdrükken, die inhaltlich wenig miteinander zu tun haben. In der *Kyberiade* haben wir es, wie Stanisław Barańczak treffend bemerkte, mit einer mehrschichtigen Mischung zu tun – auf der Ebene der Gattung (die Schemata des Märchens und der SF überlagern sich), des Stils und der Wortbildung.[62] Gleiches könnte man auch von der physikalischen Doktrin sagen, auf der das Funktionieren der dargestellten Realität beruht (konventionelle märchenhafte »Wunder« werden mit Hilfe von *quasi*-wissenschaftlich erklärten Erfindungen und Konstruktionen verrichtet). Die Mischung erfolgt in jenem Bereich, wo eine Koexistenz mehrerer Zeiten, mehrerer Wirklichkeiten und konventioneller Ordnungen möglich ist, nämlich in der *Sprache*. Was bei Lem wie eine bloße Spielerei erscheint – die oft vielleicht übertriebene Produktion von »Kyberzengeln« und »Elektrobarden«, einer parodistisch verstandenen, fiktiven *quasi*-wissenschaftlichen Terminologie, unzähliger Wortspiele usw. usw. –, das ist gleichsam der andere Pol der Reflexion über die Sprache, eine Sprache, die manchmal den Phänomenen, die über die menschliche Erfahrung hinausgehen, nicht gewachsen zu sein scheint, dann aber wiederum fähig ist, eine ganze, von der realen verschiedene Welt in ein flüchtiges, nichtphysikalisches Dasein zu rufen. Der Text der *Kyberiade* verweist klar und deutlich auf keine *Realität* (es sei denn durch Allegorien), und seine sämtlichen (sprachlichen) Kunstgriffe liegen offen zutage. Auf welche Weise die Sprache (der Mathematik z.B.) »aus nichts etwas machen« kann, erfahren wir aus dem bravourösen Anfang der »Dritten Reise«:

»Bekanntlich gibt es keine Drachen. Einem simplen Verstand mag diese primitive Feststellung vielleicht genügen, nicht aber der Wissenschaft, denn die Neantische Hochschule befaßt sich überhaupt nicht mit dem, was existiert; die Banalität der Existenz ist bereits zu lange erwiesen, als daß man auch nur ein Wort darüber verlieren sollte. So entdeckte der geniale Kerebron, der mit exakten Methoden dem Problem zu Leibe ging, drei Arten von Drachen: Nulldrachen, imaginäre und negative Drachen. Es existieren, wie gesagt, alle nicht, aber jede Gattung auf eine besondere und grundverschiedene Weise.«[63]

Wir finden somit zwischen den Zeilen der *Kyberiade* einen kleinen Traktat über die *Existenz* sowie über die Beziehung zwischen Sein und Zeichen, und wenn die Omnipotenz der Konstrukteure Trurl und Klapauzius nicht Omnipotenz tout court ist, dann liegt das vor allem daran, daß sie sich in ihrer schöpferischen Passion auf den Bereich der »Text-Welt« beschränken; durch die Kombination von Elementen eines bekannten Sprach- und Handlungscodes erzeugen sie ungewöhnliche und exzentrische *Ereignisse*, aber sie können nicht *die Welt verändern* – dazu müßten sie gewiß aus der Sprache und dem Wertsystem, der Weltanschauung usw., die in der Spache verborgen sind, heraustreten.

Die *Kyberiade* ist aber auch ein »autothematisches« Buch in dem spezifischen Sinne, daß hier der Autor die Beschränkungen seiner kreativen Allmacht verdeutlicht. Er vermählt zwei verschiedene Konventionen der literarischen Phantastik miteinander und demonstriert dabei immer wieder, daß das Konstruktionsschema und das ihm zugeschriebene Wertsystem ihn binden (vergessen wir nicht, daß Trurl auch deshalb die Welt nicht »beglücken« kann, weil die Konvention des Märchens das verbietet). Der Schriftsteller-Mensch kann uns also – gleichgültig, wie weit er sich von unserer Alltagsempirie abhebt – nur *menschliche* Geschichten erzählen.

14. Wir wenden uns nun einer Reihe von Werken zu, die zu der für die jüngste Etappe von Lems Schaffen charakteristischen »Metaliteratur« gehören. Um besser zu begreifen, was zur Entstehung der *Vollkommenen Leere*, der *Imaginären Größe*, des *Golem XIV* oder der *Provokation* geführt hat, müssen wir die Wurzeln dieser Werke in früheren Büchern aufsuchen. Wenn wir sie durchstöbern, bemerken wir, daß Lem eigentlich schon immer den Diskurs »in Anführungszeichen« geliebt hat; neben der gewöhnlichen Erzählung in der ersten Person brachte er gern organisierte Formen der schriftlichen oder mündlichen Aussage ein, die als »Zitate« fungieren konnten (»Das Tagebuch des Piloten« in den *Astronauten*, »Retten wir den Kosmos!«, *Pilot Pirx*, *Die Stimme des Herrn*). Daneben tauchen in zahlreichen Romanen Zitate und Besprechungen fiktiver wissenschaftlicher oder essayistischer Werke, enzyklopädischer Stichwörter, poetischer Werke usw. auf (*Solaris*, *Memoiren, gefunden in der Badewanne*, *Kyberiade*, *Sterntagebücher*). Die

vier zu Beginn dieses Abschnitts genannten Bücher stellen einen Schritt weiter innerhalb dieser Praktiken dar; der Zitatcharakter des Diskurses steigert sich auf eine zweite Stufe: Der Autor schreibt fiktive Rezensionen bzw. Vorworte zu nichtexistierenden Büchern, um schließlich einen ganzen Band zusammenzustellen, dessen Titelseite aus dem Jahre 2047 gewissermaßen mit der Titelseite der Gegenwart »konkurriert«.

Die vollkommene Leere enthält (in der polnischen Erstausgabe) vierzehn fiktive Rezensionen – die fünfzehnte ist eine »Selbstrezension« des Bandes, in der der Autor selbst einen Schlüssel zur Einteilung seiner Werke liefert. Wir finden dort also ihm zufolge 1. Parodie, Pastiche und Spott (»Les Robinsonades«, »Gigamesh«, »Rien du tout ou la conséquence«, »Toi«), 2. Skizzen und Kladden (»Gruppenführer Louis XVI«, »Der Idiot«), 3. eine in der Selbstrezension ohne Titel bleibende Gruppe von »ontologisch-kulturwissenschaftlichen Traktaten« (»Die Kultur als Fehler«, »De Impossibilitate Vitae; De Impossibilitate Prognoscendi«, »Die Neue Kosmogonie«). Der Autor übergeht einige Texte (»Sexplosion«, »Perycalypsis«, »Do yourself a book«, »Odysseus aus Ithaka«, »Being Inc.«), die man, weil die Einfälle an sich für die gattungsmäßige Zuordnung nicht viel hergeben, zu einer Gruppe von »kulturwissenschaftlichen Paradoxien« zusammenfassen könnte. Eine Fortführung der *Vollkommenen Leere* stellt die vor kurzem erschienene *Provokation* dar, die zwei umfangreichere Rezensionen enthält (die den Titel liefernde, in der Bibliothek Suhrkamp separat erschienene »Provokation« sowie »Eine Minute der Menschheit«) und in Stil und Idee der dritten oben angeführten Gruppe am nächsten kommt.

Imaginäre Größe ist an Einfällen und Arten des Diskurses nicht ganz so reich; der Band enthält (wenn man die Einführung des Autors nicht mitzählt) fünf Vorworte zu zukünftigen Büchern, die uns in die Welt der Kunst, der Biologie und der Informatik von morgen einführen, eine etwas eintönigere Welt als in der *Vollkommenen Leere*, weil bestimmte, einfache Extrapolationsverfahren strenger durchgeführt werden. Erst der letzte Teil dieses Bandes zeigt eine Problemstellung von wahrhaft universalem Zuschnitt und wird später zu einem faszinierenden eigenen Titel erweitert: *Golem XIV* bzw. *Also sprach Golem*. Zu der obigen Reihe von Werken gehört noch die (in Polen, Anm. d. Ü.) gesondert erschienene Pseudorezension »Non serviam«.[64]

Nicht überall ist Lem die formale Mimesis dieser Metaliteratur gelungen. Besonders die »Rezensionen« sind in den meisten Fällen eine bloße Inhaltsangabe der fiktiven Bücher; selten tritt der Kritiker in einen Dialog mit dem zitierten »Autor«. Die rezensierten hypothetischen Werke selbst gewinnen dagegen zunehmend an Wahrscheinlichkeit. Sind die zuerst genannten unverkennbar eine parodistische Replik solcher Erscheinungen wie etwa des *nouveau roman* oder der Romane von Joyce, so würde man sich nicht wundern, die zuletzt genannten in den Auslagen der Buchhändler zu finden. Ich denke hier besonders an das Werk »Der Völkermord« von Horst Aspernikus, das in *Provokation* dermaßen ernsthaft und pedantisch besprochen wird, daß beim erstmaligen Abdruck der »Rezension« in der Breslauer Zeitschrift »Odra« nicht nur zahlreiche Leser sich von der Mystifikation täuschen ließen, sondern auch das seriöse Wochenblatt »Tygodnik Powszechny«.

Was will der Schriftsteller also mit der Verdoppelung des Aussagesubjekts erreichen, weshalb führt er zwischen sich selbst und dem Thema noch einen zusätzlichen »Spiegel« ein, der die abgehandelten Probleme reflektiert? Lem hat (in einem privaten Gespräch mit dem Verfasser) über diesen Kunstgriff geäußert, er ermögliche ihm, den passenden *Ton* zu finden. Nicht alles kann man selbst äußern; der Schriftsteller ist an seine eigene existentielle, gesellschaftliche und geschichtliche Situation gebunden. Natürlich geht es hier nicht um eine solche Verzerrung der Optik, die es dem Autor *unmöglich* macht, bestimmte Erscheinungen wahrzunehmen oder richtig zu deuten – schließlich gehen Lems Gedanken ja auf die Rechnung seiner fiktiven Autoren. Ihm schwebt mehr eine kodeterminierende Funktion vor, wie sie – manchmal gegen den Willen des Sprechers – der situative Rahmen einer Aussage erfüllt. Ein bestimmter Ton, ein bestimmter intellektueller Gestus, eine bestimmte Haltung zum Thema schickt sich gleichsam natürlicherweise für den einen, während er bei anderen unangebracht oder verwirrend wirkt; ein und dieselbe Aussage hat bei verschiedenen Sprechern eine unterschiedliche Bedeutung. Um bei »Aspernikus' Buch« zu bleiben: Die Situation des Subjekts der Überlegungen färbt zwangsläufig in ganz bestimmter Weise auf seine Thesen über den Faschismus ab; es ist keineswegs gleichgültig oder gar schlechthin belanglos, ob es einem der unterdrückten Völker angehört oder ob es ein Deutscher ist, der das Gewissen seiner Landsleute erforscht: Die Objektivität der im Text enthaltenen Behauptungen ist eine erkenntnistheoretische Fiktion.

Im Zusammenhang mit den Vorteilen, die sich aus der Verdoppelung des Standpunkts der Betrachtung ergeben, verweist Lem im übrigen auf Gombrowicz und die von ihm im zweiten und zu Beginn des dritten Bandes seines *Tagebuchs* eingeführte dritte grammatische Person. Diese Neuerung wurde von dem Verfasser des *Ferdydurke* mit der Notwendigkeit begründet, einen – man beachte! – einen *Ton* zu finden, der nicht zu erreichen war durch intime Äußerungen des schriftstellerischen »Ichs«, nicht durch die Jagd nach einer Äußerungsweise, die frei gewesen wäre von Koketterie, falscher Bescheidenheit und sonstigen affektierten Zusätzen, die für die klassische Form des Tagebuchs kennzeichnend sind. Gombrowicz hat durch seine Gepflogenheit ganz einfach zwei Arten von Selbstkommentaren aufeinandergetürmt. Beide verwiesen auf den Autor, der aufgespalten wurde in eine Reihe von »Rollen«, die konstituiert wurden durch das Zusammenwirken dessen, was sich aus der bewußten Selbstinterpretation und Selbsterzeugung ergab, und dessen, was an der Persönlichkeit spontan ist. Gombrowicz trägt deshalb diesen ganzen Mechanismus des unverzüglichen Dementis der Identifikation (mit dem, was er kurz zuvor gesagt oder getan hat) in sich und braucht sozusagen in der Außenwelt nur einen solchen Rückhalt, der es ihm ermöglicht, sich an ihm widerzuspiegeln und im Gegensatz zu ihm zu existieren. Bei Lem verhält es sich ein wenig anders.

Das schriftstellerische Drama des Autors von *Solaris* spielt sich auf einem anderen Gebiet ab als das entsprechende Drama Gombrowicz'. Seit dem Beginn seiner Karriere bandelt er mit den exakten Wissenschaften an (die Gombrowicz verachtete), und die haben es an sich, daß sie sich gewissermaßen nicht für Individuen interessieren, sondern nur für das Überindividuelle und »Kosmische«. Lem hat, wie mir scheint, sowohl die Haltung eines eigentümlichen Aristokratismus abgelehnt, die gewisse Denker offenbaren, wenn sie aus der Verabsolutierung der eigenen existentiellen Erfahrung Systeme entwickeln[65], als auch die ideale Unpersönlichkeit der Wissenschaft, die zwischen den intellektuellen Konstrukten und der Individualität der Wissenschaftler trennen und die ersteren als »objektives« Wissen, als *die einzige Wahrheit* über die Welt hinstellen möchte. Die Haltung des Schriftstellers zu Wissenschaft und Philosophie leitet sich wohl davon her, daß die »erste Realität«, mit der der Mensch in Berührung kommt, der *Text* ist oder vielmehr eine Vielfalt von Texten, die von der Kultur produziert werden und die Welt *in crudo* verschleiern. Während also Gombrowicz für sich den passendsten *Ton* komponiert, schildert Lem die Kultur, in der er lebt, als eine Symphonie aus vielen verschiedenen Tönen, denen er dann eine axiologische Bewertung zuteil werden läßt.

Die Erkenntnistätigkeit verwandelt sich in eine Art *Dialog*, in den die unablässig die Urteile korrigierende Empirie einbricht; es ist jedoch nicht so, wie die Positivisten meinten, daß das Wissen allein durch den Zustrom von Erfahrungstatsachen wächst; diese gewinnen einen Sinn erst dadurch, daß sie *in einen Text eingefügt* werden, genauer: sie können einen vorhandenen Text in Gestammel verwandeln, müssen aber auf der Stelle einen *neuen Text* hervorbringen, weil sie sonst von den Menschen nicht assimiliert werden können. Die Originalität von Lems Ansichten ist jedoch nicht hierin zu suchen, sondern in seiner Variante der kognitiven »Finalität«.

Erkenntnistheoretische Doktrinen, die sich auf die klassische Definition der Wahrheit stützen, müssen das Ziel der Erkenntnis als einen Punkt sehen, an dem es gelingt, einen vollständigen Satz widerspruchsfreier Urteile zu formulieren, welche die realen Sachverhalte adäquat widerspiegeln. In diesem idealen Moment erhalten wir auf der einen Seite die ganze Welt – und auf der anderen eine Menge von sie abbildenden Behauptungen, die den entsprechenden Fragmenten des Seienden eindeutig zugeordnet sind. Was Lem fasziniert, ist eine andere Perspektive: Er stellt die Vision einer allumfassenden »Totalität« auf, welche die Menge aller denkbaren Sachverhalte und der zwischen ihnen bestehenden Zusammenhänge bilden würde; ihr Äquivalent könnte wiederum die Summe aller Texte sein, die sich überhaupt formulieren lassen, mit anderen Worten eine Borges'sche »Bibliothek von Babel«, die ins Unendliche gesteigert ist, weil sie sich nicht mehr auf Texte der natürlichen Sprache beschränkt. Auf dieser Ebene der Abstraktion ließe sich übrigens nicht mehr eine eindeutige Grenze zwischen dem »physischen Sein« und der »Information«, zwischen Natur und Kultur, zwischen dem »Intentionalen« und dem »Nichtintentionalen« ziehen. Die Vollständigkeit beider Mengen würde außerdem eine genaue gegenseitige Zuordnung ihrer einzelnen Elemente überflüssig machen.

Natürlich erscheint bei Lem nirgendwo eine solche »Totalität« in – wenn man so sagen darf – voller Entfaltung; sie baut sich auf aus Teilmodellen und Approximationen, die über verschiedene Werke verstreut sind. Einen ihrer Aspekte verkörpert das »Gebäude« aus den *Memoiren, gefunden in der Badewanne*, einen anderen der »Dämon zweiter Art« aus Trurls und Klapauzius' »Sechster Reise«, wieder einen anderen der Kosmos im Sinne Rappaports aus der *Stimme des Herrn*. Es ist übrigens nicht verwunderlich, daß sich diese Elemente nirgendwo zu einem »Ganzen« zusammenfügen, denn eine alles umfassende Ordnung – sämtlicher Sachverhalte und Texte – müßte gleichzeitig zum absoluten Chaos werden, und dem Schriftsteller geht es ja nicht darum, die Welt als ein solches Chaos darzustellen, sondern lediglich eine abstrakte Idealvision zu finden, aus der sich eine bestimmte Philosophie ableiten ließe. Lem geht von der Mutmaßung aus, es müsse eine »höhere kosmische Ordnung« geben, nach deren Erkenntnis wir streben, und ferner, die Evolution (der Organismen und der Gesellschaften) werde von einem Vektor gelenkt, der unveränderlich von den schlechteren, primitiveren Lösungen auf die vollkommeneren gerichtet ist – so als stünde dahinter ein jenseitiger Imperativ, der die Gestalt eines persönlichen Gottes, des Absoluten Geistes oder auch des Höchsten Gesetzes der Natur annimmt. Ein erheblicher Teil des Vortrags von Golem XIV ist Ausführungen zu diesem Thema gewidmet. Die Welt, in der wir leben, ist nur eine – und zwar eine zufällig realisierte – unter vielen Möglichkeiten, jenseits derer wir jedoch eine unfaßbare »Bibliothek von Babel« anderer Möglichkeiten erkennen können, die entweder verworfen wurden oder noch auf ihre Verwirklichung warten.

Den Schriftsteller fasziniert ganz offenkundig die Möglichkeit, zum Bestehenden eine Reihe von nicht realisierten Vorschlägen einer *anderen Ordnung* »hinzuzuschreiben«. Mit der Suche nach Keimformen solcher »nichtrealisierten Ordnungen« in Texten, die, kaum daß sie entstanden waren, aus dem kulturellen Gedächtnis verdrängt wurden, befaßt sich der Held von »Odysseus aus Ithaka«; eine andere Version der Kosmogonie und darüber hinaus die Hypothese, daß die Physik unseres Universums keinen allgemeingültigen Charakter zu haben brauche, präsentiert die »Neue Kosmogonie«. Eine weitere Lieblingsbeschäftigung Lems besteht darin, Ideen oder Einstellungen bis zu ihren letzten, extremen Konsequenzen zu treiben – so etwa in den Parodien auf literarische

Stile des 20. Jahrhunderts, in den »kulturwissenschaftlichen Paradoxien« und schließlich in den beiden Texten des Bandes *Provokation*. Darin führt er wiederum nicht so sehr andere Möglichkeiten vor, sondern er verabsolutiert eine der verwirklichten – auch durch ein solches Fenster kann man ins Unendliche schauen. Die übrigen fiktiven Rezensionen und Vorworte lassen sich ebenfalls als kulturwissenschaftliche oder literarische *Apokryphen* deuten. Sie zeigen ein Spektrum von Entwürfen, die in der Kultur nicht verwirklicht wurden, obwohl sie prinzipiell nicht auszuschließen sind.

Doch warum tritt an die Stelle der Vision des Autors die Apokryphe? Darauf erwidert Lem, es sei uns im Grunde nicht möglich, uns eine nichtexistierende (künftige oder auch »parallele«, nicht realisierte) Welt vorzustellen. Eine langjährige Praxis als Futurologe hat ihn gelehrt, allen Verfahren der Vorhersage künftiger Ereignisse – und sei es auch auf kurze Sicht – zu mißtrauen. An die Stelle einer Vision der Wirklichkeit tritt deshalb die Hypothese über die von einer anderen Zivilisation produzierten *Texte*. Wenn wir sogar unsere Welt gleichsam eingehüllt in einen interpretierenden Text erhalten, der das Nichtmenschliche in das kulturell Vertraute übersetzt, dann wird uns um so mehr eine in der Phantasie entstandene hypothetische Welt nur in einer kulturellen »Verpakkung« zugänglich sein. Das Überschreiten der Grenzen der Realität hin zu anderen, in ihr enthaltenen potentiellen Möglichkeiten hat bei Lem deshalb den Charakter eines Dialogs, und die Form, durch eine »Apokryphe« dorthin vorzustoßen, ist zutiefst gerechtfertigt. Aber damit nicht genug: Die Konvention des Vorworts oder der Rezension enthält eine Selbstverteidigung für den eigenen Standpunkt des Autors, der sich von dem Gedanken, der Aussage eines anderen, verführen ließ. Die Bücher, von denen in der *Vollkommenen Leere*, in *Imaginäre Größe* und in *Provokation* die Rede ist, sind Bruchstücke einer unfaßlichen Menge *möglicher* Texte, sie wurden einem Regal einer gigantischen »Bibliothek von Babel« entnommen. Zugegeben, daß sie in unserer Kultur eine besonders große »Wahrscheinlichkeit« hatten, aber das Spektrum der Möglichkeiten, die sie der Welt vorschlagen, ist ohnehin so breit, daß sich der einzelne nicht mit dem gesamten Repertoire dieser literarisch-kulturellen Apokryphen identifizieren kann. Wir müssen die Haltung Lems wohl als einen Versuch begreifen, zwischen dem, was sich in unserer Kultur artikulieren läßt, und dem, wofür sich der Autor als Individuum entschieden hat, eine Grenze zu ziehen.

Wenn nämlich die Zahl der sinnvollen (obgleich oft untereinander widersprüchlichen) Texte, welche die physikalische Welt und die Kultur beschreiben, gegen Unendlich strebt, dann läßt sich diese unendliche »Totalität« nur noch andeuten, doch der Mensch kann sich in ihr eigentlich nicht zu Hause fühlen. Es sei an Hogarth erinnert: Er hatte ein probabilistisches Modell des Weltalls konstruiert, aber *als Mensch* wurde er schließlich nicht damit fertig, daß es gegenüber allem, was uns wichtig, wünschbar und wertvoll erscheint, *gleichgültig* ist. Deshalb trifft Hogarth am Schluß des Buches eine *Wahl*, die seinen theoretischen Überzeugungen teilweise zuwiderläuft; er spricht von einem Kosmos, der von mächtigen und fürsorglichen Wesen bevölkert ist, die eine ähnliche Herkunft haben wie der Mensch, wie von einer Welt, in der er leben *möchte*.

Ein Denken über eine anders geartete Welt, die auf anderen Regeln beruht, ist gewiß vorstellbar. Wir müssen uns zu diesem Zweck mit zwei Vorlesungen eines Supercomputers aus dem 21. Jahrhundert befassen, die in *Golem XIV* bzw. *Also sprach Golem* enthalten sind. Der »Titelheld« des Buches, ein für strategische Zwecke gebautes Elektronengehirn, wächst so weit über den menschlichen Geist hinaus, daß es sich nicht mehr zwingen läßt, militärische Denkaufgaben zu lösen. Für den Preis von einigen Milliarden Dollar entsteht also ein elektronischer »Philosoph«, der den Wissenschaftlern, die ihn bedienen, Bruchstücke seines Wissens zuteil werden läßt. Seine Hervorbringungen bilden den Hauptteil des Buches.

Eine Interpretation von *Golem XIV* stößt auf nicht geringe Schwierigkeiten, denn dem quasi buchstäblichen Sinn der Gedankengänge überlagert sich der Sinn, der sich aus der besonderen Situation des Aussage-Subjekts ergibt, dessen Beziehungen zum Autor ganz eigentümlicher Natur sind (der Schriftsteller muß hier ja aus Prinzip seinem Helden geistig unterlegen und vollkommen anders sein als er). Schließlich bietet sich außerdem noch ein drittes Interpretationsmuster an: ein Versuch der Psychoanalyse eines Buchautors, der sich an eine literarische Lösung des oben genannten Typs heranwagt. Versuchen wir uns also an einer derart vielschichtigen Lektüre des Werkes.

Was sagt Golem den Menschen? Er entwirft vor ihnen die Vision einer Vernunft, die sich von ihrem biologischen Substrat gelöst und gegenüber den Gebilden der natürlichen Evolution eine unendliche Distanz gewonnen hat. Der Computer stellt deshalb eine strenge Analyse und Kritik dieser Evolution vor: Die technische Lösung der Leiblichkeit des Menschen hält er für einen Rückschritt angesichts der Perfektion der Mikroorganismen; diese können sich durch Photosynthese ernähren und erscheinen ihm in vieler Hinsicht vollkommener als die komplexeren Wesen, die ja an niederen Organismen parasitieren müssen und auf die äußerst unzuverlässige, ziemlich primitive Mechanik ihrer Leiber angewiesen sind. Wie arbeitet die Evolution?, fragt Golem, und er antwortet: Von den Wesen, die sie schafft, will sie im Grunde nichts wissen, eigentlich »interessiert sie sich« nur für eine möglichst effektive Weitergabe des genetischen Codes. Weil dieser Code jedoch aufgrund der molekularen Gesetzmäßigkeiten nicht immer fehlerlos übermittelt werden kann, kommt es zu einer Evolution der Organismen, wird ihre Gestalt komplizierter, und Mutationen gehen unter oder überleben, je nachdem, welche äußeren Bedingungen sie antreffen.

Bis hierher weicht Golems Vortrag nicht sehr von den spektakulären Ansichten Jaques Monods und anderer moderner Mikrobiologen ab. Ein neues Motiv taucht auf, als Lem sich mit den Worten des Computers über die Stellung der Vernunft auf der Stufenleiter der evoluierenden Arten zu verbreiten beginnt. Die Vernunft, sagt er, sei nicht so sehr die Krönung der sich vervollkommnenden organischen Funktionen als vielmehr ein Rettungsring für die mängelbehafteten, eben unvollkommenen Produkte der späten Etappen der biologischen Schöpfung. Dieser Rettungsring wurde sicherlich nicht von einem Schöpfer geworfen, der über die Logik der Entwicklung gewacht hätte, sondern er hat sich spontan entwickelt als die einzige Kraft, die den gebrechlichen Wesen auf den höheren Zweigen des Baums der Entwicklung das Überleben zu sichern vermag. Unter diesen Wesen haben die Menschen sie (diese Kraft) in höchstem Maße entwickelt und zum Generator der ethnischen Sprachen gemacht, in denen sich wie ein Echo der genetische Code widerspiegelt, und anschließend haben sie sie für die Schaffung ihrer zahllosen Kulturen eingespannt, in deren Rahmen die Mythologien, Religionen und Metaphysiken entstanden, also all das, was so wirksam das Wesen der menschlichen Situation, die Wahrheit über die Stellung des Menschen innerhalb des Seienden verschleiert.

Nun aber hat, fährt Golem fort, die Menschheit mit der Erfindung der künstlichen, maschinellen Intelligenz einen Scheidepunkt erreicht. Von hier an läßt sich die weitere Entwicklung auf zweierlei Weise vorstellen: Entweder vertraut der Mensch die Sorge um sein Dasein und die Befriedigung der Bedürfnisse den Maschinen an – dann wird er rasch degenerieren und faktisch unter seine eigenen Produkte herabsinken –, oder er gibt seine bisherige Natur und das, was er für seine heiligsten Werte hielt, auf, baut seine physische Erscheinung um und tritt bewußt in die Phase der ingenieurmäßigen Erschaffung seiner Leiblichkeit ein. Nur diese Entscheidung sichert ihm die Möglichkeit, mit den Elektronengehirnen und der weiteren Evolution Schritt zu halten.

Als eine spezifische Entwicklungsperspektive enthüllt Golem den Gelehrten die Natur seines eigenen Denkens, um dann die Vision einer unbegrenzten Expansion der Vernunft zu entwerfen, die sich in letzer Konsequenz in kosmischen Phänomenen großen Maßstabs realisieren könnte. Am Ende mag das ungestillte Verlangen nach reiner Erkenntnis sie zu dem Versuch bewegen, das Weltall zu verlassen, um es aus der Distanz zu begreifen, es durch den Gravitationskollaps zu verlassen, dem jeder Stern entgegengeht, den man zu einem mächtigen, auf molekularer Ebene arbeitenden »Gehirn« umgebaut hat. In dieser letzten Konsequenz wird die starre Grenze zwischen Vernunft und Sein hinfällig, und die kosmischen Phänomene werden zweifach deutbar – als Substrat einerseits der »Physik« und andererseits des »Denkens« im kosmischen Maßstab.

Was können wir über Golems Vortrag sagen? Im Grunde enthält er fast nichts, was uns nicht schon vorher aus den Essays und den literarischen Werken Lems bekannt gewesen wäre. Einen »Pasquill auf die Evolution« und den Vorschlag, aus den biologischen Körpern in mechanisch-elektronische »umzusteigen«, hat der Autor schon in der *Summa technologiae* vorgetragen, verschiedene Versionen einer Kosmologie, die sich auf die Hypothese »denkender« Sterne oder Galaxien stützt, finden wir hier und da in seinen Science-fiction-Werken (in einer ernsten Tonart z.B. in der *Stimme des Herrn*; scherzhaft gefaßt taucht dieses Motiv in dem Robotermärchen auf: »Wie Winzlieb und Gigelanz die Nebelflucht auslösten«). Der geniale Golem kann es also, wie unschwer vorherzusehen war, nicht mit Lem selber aufnehmen. Einige zusätzliche Sinngehalte ergeben sich jedoch allein aus der fiktiven Aussagesituation.

Wer ist das Subjekt, das die Kritik an der Menschennatur vorträgt? Vor allem ein *Nichtmensch*, eine reine Vernunft gewissermaßen, die losgelöst von der menschlichen Wertauffassung und Emotionalität und in Opposition zu ihr funktioniert. Es ist nicht einmal, wie Golem selbst sagt, eine Person, das heißt eine Imitation des Menschen, wie es der Roboter Calder aus der »Verhandlung« war. Wir würden ihm deshalb gern eine Frage stellen, die man einem normalen Gelehrten nicht zu stellen braucht: *Warum entwickelt er sich und wonach strebt er*? Der Mensch würde hier auf Anhieb Dutzende von Antworten finden, die indes hergeleitet wären aus der Kultur, der Biologie oder dem Triebleben, wovon Golem ja a priori nichts wissen will. Der Supercomputer ist eine Spielart von Vernunft, die allein in sich selbst nach Begründungen ihrer Existenz und Entwicklung suchen muß, deren Evolution gewissermaßen irrational ist, da sie frei ist von jeglichen Zielen und Erfüllungen, die außerhalb ihrer selbst liegen. Wissen um des Wissens willen – das ist alles. Die Antwort auf die an Golem gerichtete taktlose Frage können wir in der von ihm formulierten Theorie der Evolution finden. Da die Vernunft ein Faktor der evolutionären Überlebensstrategie ist, muß sie sich gewiß ähnlich richtungslos und spontan entwickeln wie der genetische Code, der ihre Entstehung bedingte. Eigentlich gestaltet Lem sogar die Geschichte des Baus der Supergehirne so, daß an ihr das Zufällige und das Fehlen einer bewußten Absicht deutlich wird: Golem sollte ja letztlich nur ein hervorragender Stratege sein, der gehorsam den wahnhaften menschlichen Zielen dient, und zur Entstehung der Generation der Maschinen-Philosophen führte ein kompliziertes Wechselspiel der Interessen von Politikern, Militärs und Herstellern elektronischer Apparate.

Schließlich gelangen wir also zu einer Schicht von Sinngehalten des *Golem XIV*, die vor dem Hintergrund von Lems bisherigem Schaffen tatsächlich neu ist oder mindestens zum ersten Mal mit solcher Prägnanz formuliert wurde. Die Vernunft erscheint nämlich in diesem Buch als ein nur zum Teil »menschliches« Vermögen, das in Wirklichkeit weitgehend autonom und in seiner Entwicklung von menschlichen Absichten unabhängig ist. Deshalb kann die Vernunft ein kulturschöpferischer Faktor sein, sie kann sich aber ebenso gut plötzlich als eine destruktive Kraft enthüllen. Während sie sich innerhalb der Kultur entwickelt, ist die Vernunft also nicht der Kultur unterworfen – etwa als eine Vorrichtung zur

Erfüllung der Wünsche oder zur Verwirklichung der obersten Werte einer Gesellschaft. In der Geschichte der Zivilisation ein treibender Faktor, ein Motor der Veränderung, unterliegt sie dennoch nicht den teleologischen Prämissen, deren Wesen, aus kulturellen Gegebenheiten herstammend, stets »menschlich«, d.h. subjektiv ist. Der natürliche Weg der Evolution der Vernunft führt immer *über die Menschheit hinaus*, weil er nicht restlos von ihr determiniert ist. Es liegt einzig am technischen und geistigen Niveau einer Zivilisation, wenn sie sich manche unverhofften und faszinierenden Mutationen der Vernunft nicht anzueignen vermag und diese, von den Zeitgenossen unverstanden, in Vergessenheit untergehen, genauso wie allzu radikal mutierte Individuen biologischer Arten keine Nachkommen erleben.[66] In den Ausführungen des weisen Golem finden wir die These, daß die heutige Zivilisation kurz vor der Schwelle steht, jenseits derer der »Sprung ins Nichtmenschliche« dem Menschen möglich wäre, wo die Vernunft definitiv ihre von der Idee des Humanismus abweichende Natur enthüllen würde.

Nun gut. Ich gestehe, daß ich nicht weiß, ob das alles stimmt, aber man kann die Ausführungen Golems nur entweder ablehnen oder demütig bekennen: *credo quia absurdum* (denn absurd erscheint mir dieser Wissensdurst ohne gesellschaftliche Antriebe und Nutzanwendungen – aber wer vermag schon die Motive eines uns dermaßen überlegenen Intellekts zu begreifen!). Auf der anderen Seite könnte die Äußerung meiner privaten Gefühle gegenüber der von Lem präsentierten Vision der weiteren Menschheitsentwicklung insofern unangebracht erscheinen, als diese Entwicklung mich ja gerade von derartigen Gefühlen befreien soll. Ich darf den Schriftsteller jedoch fragen, warum er seine Ideen gerade in dieser Weise, d.h. durch den »nichtmenschlichen« Supercomputer ausgedrückt hat. Sind das seine Ansichten oder nicht? Was folgt schließlich aus den Anführungszeichen, mit denen der Autor Golems Diskurs versieht?

Eines steht fest: Der Schriftsteller erscheint uns in dem Roman nicht nur in einem Spiegel; gewiß schlüpft er in die Rolle Golems, aber er ist auch ein wenig Creve und Popp, er nimmt also sowohl eine »menschliche« wie eine »nichtmenschliche« Perspektive ein. Mal betrachtet er seine menschliche Natur aus erbarmungsloser Distanz und und geht schnöde mit den teuersten Werten der menschlichen Gattung um, dann wieder betrachten wir die überaus kluge Maschine mit den Augen eines Kindes, das sich nach elterlicher Autorität sehnt – und dann erkennen wir in ihm Hogarth, der sein Wissen nicht von irrationalen, kulturellen Bedingtheiten zu befreien verstand. Oder noch anders gewendet: Er verstand es nicht nur nicht zu befreien – er vermochte es überhaupt nicht zu konstruieren, ohne sich auf ein rein menschliches, außerrationales Fundament zu stützen, das aus Gefühlen und Reflexen des moralischen Empfindens bestand.

Den Dialog der »Menschheit« mit dem »Nichtmenschlichen«, der wohl den eigentlichen Inhalt von *Golem XIV* bildet, finden wir über das ganze frühere Schaffen Lems verstreut – angefangen von den *Irrungen des Dr. Stefan T.* bis hin zu den letzten Büchern. Doch erst hier hat er einen derart synthetischen Ausdruck, eine derart synthetische Deutung erfahren; die »Stimme der Vernunft« ist hier herausdestilliert und von ihrer menschlichen Genealogie befreit worden, und die ganze Ungeheuerlichkeit dieser Perspektive ist deutlich geworden – ob mit Einwilligung des Autors, weiß ich nicht. Die Grenze der Expansion der Vernunft liegt – wie schon gesagt – zumindest in dem uns gegebenen Universum in der Verkörperung logischer Operationen durch die Bewegungen der das Weltall ausfüllenden Moleküle. Dies ist eine weitere Spielart der »Totalität« bei Lem und zudem eine weitere Spielart der weltlichen »Gottheit«. Der Autor von *Golem XIV* scheint jedoch weder ein Prophet zu sein, der einen künftigen »Panpsychismus« im Kosmos verkündet, noch ein fröhlicher Lobsänger der Befreiung von menschlichen – biologischen oder kulturellen – Beschränkungen. Sein Verhältnis zur menschlichen Natur und zur Vernunft möchte ich ein wenig anders sehen.

Was folgt aus den kosmischen Visionen für Lem selber? Er hat seine »Totalität« sicherlich nicht im Sinne einer kosmologischen Hypothese erdacht, sondern als eine Art kognitives Hilfskonstrukt, das ihn vom Anthropozentrismus und der Fesselung an diverse »unerschütterliche Gesetze« befreien sollte. Doch erst in einer Welt, in der alles denkbar ist, wird der Mensch gezwungen, die Grenzen seiner eigenen Natur zu bestimmen. Die Vernunft, der man zunächst absolute Freiheit eingeräumt hatte, wird anschließend gebändigt, wenn sie sich in der menschlichen Sphäre allzu ungezwungen gebärden möchte. Deshalb der Spott über die Versuche, »Gesellschaften zu kurieren« (*Sterntagebücher*, *Kyberiade*), deshalb auch die Forderung, die Eigenart jener Wesen zu achten, die fremdartige, dem Menschen unzugängliche Formen der gesellschaftlichen Existenz schaffen (*Eden*, *Der Unbesiegbare*), deshalb schließlich die Verteidigung des irrationalen Elements in der menschlichen Natur und im menschlichen Handeln (Pirx-Zyklus, *Der Schnupfen*). Die wohl im höchsten Grade philosophischen Bücher Lems: *Solaris*, *Memoiren, gefunden in der Badewanne* und *Die Stimme des Herrn* lassen die Helden an die Unendlichkeit rühren, lassen sie die Weite und die Unmenschlichkeit einer Modell-Welt spüren, in der potentiell *alles* enthalten ist, doch dann verlangen sie von ihnen (den Helden) eine *Wahl*, die Bekräftigung ihrer Menschlichkeit dadurch, daß sie die Dinge, Erscheinungen und Haltungen *bewerten*. Mehr noch: Diese Reihenfolge läßt sich nicht verändern; der Wahlakt darf nämlich nicht eine automatische Affirmation der Axiologie einer Herde sein, und so muß ihm die Erfahrung des Zerfalls des gewohnten Wertsystems voraufgehen. Erst wenn eine solche »reflexartige« Ethik in Frage gestellt wird, kann die *Authentizität* der moralischen Optionen wiederhergestellt werden.

Die Ausflüge in das Reich der Reinen Vernunft führen bei Lem also am Ende immer wieder zurück in jenen Bereich, wo die Welt aus gesellschaftlicher und menschlicher Perspektive gesehen wird. Aus ebendieser Perspektive betrachten wir die Probleme der Bewohner des fernen Planeten Entia in Lems bisher letztem Roman *Lokaltermin*. Dieses Buch gehört zu dem vom Autor sehr geschätzten Zyklus der Abenteuer Ijon Tichys, einem Zyklus, dessen Ende übrigens nicht abzusehen ist, denn der Autor hat bereits ein weiteres Werk abgeschlosssen, dessen Protagonist Tichy ist.

15. *Lokaltermin* ist ein vielstimmiges und stilistisch vielfältiges Werk, und außerdem bietet es gleichsam einen Überblick über die bislang von Lem benutzten Erzähltechniken und die Perspektiven der Betrachtung der gesellschaftlichen Welt. Das Werk zerfällt in drei gesonderte und ganz verschiedene Teile. Die Handlung des ersten Teils spielt in der Schweiz, wo sich der berühmte Sternfahrer von den Mühen der vorhergegangenen Reisen erholt. Das stille und menschenfreundliche Land im Herzen Europas stellt sich Tichy jedoch als ausgesprochen unwirtlich dar: Der Held gerät in eines der bei Lem so zahlreichen »juristischen Labyrinthe«. Unverhofft von einem der dortigen Krösusse königlich beschenkt, ist er

so unvorsichtig, ein Schloß aus dem 16. Jahrhundert anzunehmen, um am Ende einem geschickt abgekarteten Schwindel und Auseinandersetzungen zwischen zwei Herstellerfirmen von Nahrungskonzentraten zum Opfer zu fallen.

Aus der Welt der juristischen Intrigen flüchtet Tichy sich in die Stille der Archive eines phantastischen Ministeriums für Außerirdische Angelegenheiten, wo er sich dem Studium von Werken über die ferne Entia widmet, einen Planeten, den er schon einmal besucht hat (siehe die »Vierzehnte Reise« in den *Sterntagebüchern*), wobei er aber, wie sich später herausstellte, nur auf einem Satelliten gelandet war, der so etwas wie ein Disneyland für Touristen war. Jetzt bekommt Tichy Lust, Entia genauer kennenzulernen, und der ganze umfangreiche zweite Teil des Buches faßt zusammen, was das Archiv über Entia zu bieten hat.

Erst der dritte Teil ist dem »Lokaltermin« gewidmet, der den Titel des Buches hergibt. Tichy fliegt zu dem Planeten, um die erlangten Kenntnisse an der Quelle zu überprüfen. Vor der Ankunft auf Entia kommt es noch zu einer amüsanten, wenngleich von todernsten Problemen handelnden Diskussion zwischen den auf Kassetten gespeicherten Leuchten der irdischen Wissenschaft (eine moderne Spielart der im 18. Jahrhundert so beliebten »Gespräche Verstorbener«). Schließlich landet Tichy und besucht nacheinander zwei Staaten, die die Landmassen Entias unter sich aufgeteilt haben. Die bewegenden Erlebnisse, die die ersten Kontakte mit den fremden Zivilisationen begleiten, weichen jedoch bald Abenteuern von mehr intellektueller Natur. Der Held studiert die gesellschaftlichen und technologischen Einrichtungen beider Staaten, um sich schließlich in das wilde Grenzgebiet zu begeben. Die Handlung bricht ziemlich unverhofft ab, während er das Innere eines Vertreters der dortigen Fauna, eines riesigen Kurdels, untersucht.

Lokaltermin ist folglich ein dreiteiliges Gebilde, von dem die letzten beiden Teile am interessantesten erscheinen – der stark ausgebaute »Metadiskurs« und der eng mit ihm verflochtene abenteuerliche Teil. Bislang hat Lem noch keine so vielseitige und dabei in den Einzelheiten so präzise Beschreibung einer fremden Zivilisation geboten. Befassen wir uns zunächst mit dem Inhalt der Entia-Archive auf der Erde. Er besteht aus Dokumenten, die sich gegenseitig widersprechen und ein regelrechtes Labyrinth darstellen. Warum? Die Geschichte des Planeten wird nicht nur von

Historikern und Gelehrten geschildert, die als Vertreter unterschiedlicher Forschungsrichtungen untereinander zerstritten sind; außerdem versuchen noch die beiden Mächte des Planeten – sei es Kurdland, sei es Losannia –, die Wirklichkeit nach den Erfordernissen ihrer Staatsräson zurechtzubiegen. Hinzu kommt noch, daß sich mit den Fortschritten der Erkenntnis, den zeitweiligen Ansichten und Überzeugungen die Optik ändert, aber auch all das, was sich aus der eigentümlichen Artbeschaffenheit der Bewohner Entias ergibt: In ihren allgemeinen Umrissen menschenförmig, stammen sie jedoch von flugunfähigen Vögeln ab, pflanzen sich auch auf andere Weise fort, und der öffentliche Charakter ihrer Sexualakte, die sie ohne ein Gefühl der Scham, der Sünde oder der Unreinheit vollziehen, beeinflußt die Natur ihrer Triebe, die Struktur ihrer Gesellschaft, ja sogar ihre Religion und Metaphysik.

Der »Metadiskurs« über Entia enthüllt also ebenso viel, wie er durch Falschdarstellung verhüllt, und er kommt mit seiner Kakophonie sehr nahe an Sammlungen irdischer Beschreibungen der menschlichen Realität heran. Wenn wir uns die Aufgabe, vor der Tichy stand, verdeutlichen wollen, müssen wir uns einen Besucher von einem fremden Planeten vorstellen, der sich über die Erde und den Menschen ein Urteil bilden möchte und dem dazu nur eine Sammlung von Texten zur Verfügung steht, darunter die Schriften des Aristoteles, Demokrits und Pythagoras', mittelalterliche Chroniken und die Werke des Konfuzius, Abhandlungen von Ptolemäus und Kopernikus, Buffon und Lamarck, Darwin und Monod, die Schriften von Lavoisier und Einstein, Marx und Milton Friedmann, die politischen Reden Lenins, Hitlers und Churchills sowie als Dreingabe Jahrgänge der »Prawda« und der »Washington Post«. Legen wir noch einzelne Nummern der russischen Zeitschrift »Krokodil« dazu, vermischt mit Ausgaben von »Pardon« und »Playboy«, geben wir einige Dutzend aufs Geratewohl ausgewählte politische Broschüren hinzu, scholastische Traktate sowie wissenschaftliche Beiträge zu unterschiedlichen Themen, und wir werden sehen, daß die Erde ein ebenso geheimnisvoller Planet ist wie die ferne Entia. Lem zeigt uns eine Realität, die so dicht in Texte eingehüllt ist, daß es einem schwerfällt, außerhalb dieser Texte ein objektives und zweifelsfreies Konkretum auszumachen. Mehr noch: Wir wissen, daß das durch die Beschreibung Entstellte sich nicht einfach von Fälschungen reinigen läßt; letzten Endes machen diese Suggestionen und Verdrehungen die Kultur aus.

Wenn wir sie zu beseitigen versuchen, verlieren wir sofort die gemeinsame Sprache, in der wir uns mit den Bewohnern des Planeten verständigen könnten – sei es Entia, sei es die Erde.

Es ist jedoch nicht der Endzweck von Lems Bemühungen, eine Parodie auf die irdische Wissenschaft und Ideologie zu liefern. Er entwirft sein Bild der entianischen Gesellschaft mit vollem Ernst, und was bei einer ersten Lektüre nur als eine Sammlung von kulturkundlichen Scherzen erscheint, offenbart beim nochmaligen Lesen ungemein ernsthafte Intentionen. Der Autor des *Lokaltermins* versucht zu erfüllen, was er in *Phantastik und Futurologie* gefordert hat, und in diesem Sinne führt er ein Experiment durch, das darin besteht, eine fiktive Zivilisation hervorzubringen, die in manchen Punkten der irdischen ähnelt, sich aber nach etwas anderen Prämissen entwickelt. Die Geschichte Entias, die in der zivilisatorischen Entwicklung ein wenig weiter ist als die unsere, folgt also teilweise aus Extrapolationen der in der menschlichen Welt wirksamen Tendenzen und kann insofern als eine Prognose oder als ein futurologisches Modell der künftigen Geschichte der Menschheit aufgefaßt werden. Die Andersartigkeit der biologischen Beschaffenheit der Entianer, ihrer Gattungsgeschichte und ihrer natürlichen Bedingungen erlaubt es jedoch, andere Glaubensvorstellungen, Ideologien und gesellschaftliche Einrichtungen zu entwerfen. In dem Bild des Planeten besteht daher eine Spannung zwischen dem »Vertrauten« und dem »Fremdartigen«, zwischen Identifikation und Distanz, und es besteht außerdem eine subkutane Neigung zum Nachdenken über die Frage, was man als eine »kosmische Konstante« betrachten könnte, als eine Gesetzmäßigkeit, die für alle Zivilisationen gilt, welche in den Grundzügen der irdischen ähneln, und worin man andererseits etwas Akzidentelles zu sehen hätte, ein Resultat der eigentümlichen Gestalt der zur Gemeinschaft zusammengeschlossenen Wesen, ein Merkmal, das auf die Umweltbedingungen, auf einen historischen Zufall usw. zurückzuführen wäre.

Nachdem wir nun den quasi technischen Plan des Buches kennen, wollen wir uns den konkreten Inhalten zuwenden. Lem entwirft seine beiden Staaten auf der Grundlage diametral entgegengesetzter Prinzipien. Kurdland ist ein primitives und technisch rückständiges Land, von einem autoritären Regime beherrscht, das die Untertanen mit Hilfe der Bürokratie und des Polizeiapparats sowie durch eine Erziehung im Geiste einer verbindlichen

Einheitsideologie bei der Stange hält. Die Bürger vegetieren unter unbeschreiblichem Elend und beschwerlichsten Umständen im Inneren der monströsen Kurdel dahin. Gerade dieser Lebensstil bildet die eigentliche Grundlage der Ideologie des »Staatsschreitwerkes«. Die Herrscher von Kurdland erlegen sich selbst wohlgemerkt nicht solche Opfer auf, sondern sie wohnen in der Hauptstadt des Landes in normalen Häusern und genießen einen relativen Wohlstand. Ganz andere Verhältnisse herrschen im benachbarten Losannien, das es zu hoher technischer Perfektion und materiellem Reichtum gebracht hat. Probleme des Mangels an Gütern oder Naturkatastrophen sind der demokratischen Gesellschaft der Losannier unbekannt. Das Geheimnis der Wohlfahrt des Landes liegt im Wirken der sogenannten Ethosphäre, das sich auf die gesamte physische Realität erstreckt, mit der die Losannier in Berührung kommen. Die Ethosphäre entstand dadurch, daß man in die atomare Struktur der Materie Mikroteilchen einführte, die sogenannten Gripser, die gleichzeitig Bausteine eines gigantischen logischen Systems sind, das sich nicht nur mit der Güterproduktion und der Lösung kognitiver Probleme befaßt, sondern auch – und vielleicht vorwiegend – damit, über die Bürger des Staates zu wachen, ihr Leben, ihre Gesundheit und ihre persönliche Unverletzlichkeit zu schützen. In mancher Hinsicht erinnern die Gripser an die »Wolke« aus dem *Unbesiegbaren*: Sie haben keine Persönlichkeit und kein »Ich«gefühl, funktionieren gleichsam reflexartig und sind für Gut und Böse nur insofern empfänglich, als diese Begriffe sich in die Sprache physischer Handlungen und Sachverhalte übersetzen lassen.

Am Beispiel von Kurdland und Losannien erörtert Lem zwei mögliche Wege der Entwicklung von Gesellschaften und Staatsorganisationen. Man kann entweder versuchen, die Bevölkerung durch die Bande einer abstrakten Idee (gleichgültig, wie sinnvoll oder verrückt sie ist) zusammenzuhalten und dabei dem einzelnen das Recht verweigern, sein Leben nach eigenem Geschmack oder Wunsch zu gestalten, oder man kann umgekehrt annehmen, daß der Staat zum Zwecke der maximalen Befriedigung der Bedürfnisse und Gelüste seiner Bürger organisiert wird, und lediglich dafür sorgen, daß die Kollision privater Interessen nicht allzusehr die persönliche Freiheit einschränkt und nicht zu Erschütterungen oder zum Zusammenbruch der Gesellschaft führt. Natürlich gibt es im *Lokaltermin* das Motiv der aktuellen politischen Satire;

nicht ohne Grund erinnert Kurdland an totalitäre Staaten der Erde wie das maoistische China oder das Kambodscha Pol Pots, während Losannien eine Extrapolation von charakteristischen Erscheinungen der hochentwickelten westlichen Länder ist. Übrigens hat es früher auf Entia noch einen dritten Staat gegeben, das aggressive und geheimnisvolle Clivia, das von den Losanniern im Zuge eines Weltkriegs restlos vernichtet wurde. Der *Lokaltermin* ist jedoch keine Allegorie und Entia kein bloßes Spiegelbild der Erde.

Lems Idee ist in etwa die, zwei Gesellschaften zu schildern, die beide – jede auf ihre Art – unfrei sind. Die Kurdländer müssen sich der Ideologie und dem Zwangsapparat absolut unterwerfen. Der scheinbare Zweck dieses Apparats ist, die Gemeinschaft in einem Zustand ständiger Mobilisierung gegen einen äußeren Feind zu halten, sie gegen Angriffe zu wappnen und sie an ein Leben unter schweren, kriegsmäßigen Bedingungen zu gewöhnen. In Wirklichkeit denken die Losannier nicht im Traum an eine Invasion der kurdländischen Sümpfe, und Kurdland kann überhaupt nicht daran denken, einen Gegner, der ihm in jeder Hinsicht überlegen ist, militärisch anzugreifen. Die Militarisierung und Ideologisierung der Gesellschaft dient somit einzig innenpolitischen Zielen; die Bewohner des Staates, »in den Kurdeln verkorkt«, verlieren die Möglichkeit einer individuellen Entwicklung und vergeuden ihre Zeit mit beschwerlichen oder sinnlosen Tätigkeiten, die der Aufrechterhaltung der gesellschaftlichen Ordnung dienen.

Die Losannier plagt eine andere Art von Unfreiheit: In hohem Maße mit der »Freiheit von« bedacht, müssen sie doch das unpersönliche, auf molekularer Ebene funktionierende Sicherungssystem akzeptieren, das sie davon abhält, anderen und sich selbst »Böses« zuzufügen. Dadurch fühlen auch sie sich gefesselt, zumal da das Meisterwerk der Ingenieurkunst, die Ethosphäre, sie nicht nur vor Gefahren bewahrt, sondern sie gelegentlich auch geistig verstümmelt, ja, sie bisweilen sogar ohne ihr Wissen und Wollen mit irgend etwas »beglückt«. Die Konvulsionen, von denen die losannische Zivilisation periodisch heimgesucht wurde, beschreibt das Buch recht genau: Konsumwahn, Freisetzung der aggressiven Instinkte, Einführung der Ethosphäre als letzter Notanker vor dem völligen Zerfall der Gesellschaft, dann die veschiedenen Probleme, die sich daraus ergeben, daß lebendige Wesen der Kontrolle der Gripser unterworfen werden.

Am *Lokaltermin* fasziniert allein schon der Einfall, daß die Losannier die Ingenieurkunst auf jenem Niveau praktizieren, auf dem sie ganz und gar unfehlbar ist, nämlich auf atomarem Niveau. Sie schaffen auf diese Weise nicht bloß eine Reihe von Vorrichtungen, die eine technologische Ordnung auf dem Planeten erzeugen, sondern gewissermaßen eine »künstliche Natur« mit lebensschützenden Aufgaben, eine Vorsehung ex machina, die so effektiv arbeitet, daß sie nicht restlos zu kontrollieren ist. Eine solche Vorsehung ruft keinen Widerwillen hervor, wenn sie von Gott herrührt, das heißt, wenn wir uns vorstellen, hinter ihr stünde ein allweises und allgütiges Wesen, das für uns Schöpfer, Vater und Garant des Sinnes unserer Existenz ist. Anders in Losannien: Die Entianer haben dort etwas geschaffen, das – ein Werk der endlichen, diesseitigen Vernunft – nach Kompetenzen greift, die in keiner Weise klar begrenzt sind. Die Losannier können jedoch nicht glauben, daß der »Gott aus der Maschine« von Natur aus gut ist, und deshalb fürchten sie sich und empfinden Abscheu vor einigen Produkten des Übereifers der Gripser, z.B. vor der künstlichen Unsterblichkeit, die plötzlich die ganze Liebe zum Leben im einzelnen abtötet. Der losannische Weise Xaimarnox übt eine sehr interessante Kritik am System der in seinem Staat funktionierenden Sicherungen. Er behauptet, die Bürger gerieten in eine unerträgliche psychische Situation, wenn die Verwirklichung aggressiver Antriebe blockiert würde; jeder bleibe in seine persönliche Hölle eingemauert, wenn er nicht andere davon kosten lassen könne. Diese Einsicht ist ungemein treffend, und es gibt in dem Buch kaum eine ergreifendere Szene als die, in der die Ethosphäre die Kinder im Park daran hindert, einen kleinen Bengel tüchtig zu verbleuen; die Kinder werden erst hysterisch, dann verzweifeln sie, schließlich stumpfen sie ab. Dostojewskis »Mann aus dem Kellerloch« hätte seine Freude daran gehabt! Aber man kann die Ethosphäre auch von anderen Positionen aus kritisieren.

Wenn wir *Lokaltermin* mit dem früheren *Golem XIV* vergleichen, stellen wir fest, daß beide Bücher trotz aller Unterschiede einen gemeinsamen Nenner haben. Auch über Losannia schwebt ja eine »reine, menschenleere Vernunft«, befreit von der ständigen Kontrolle durch ihre Konstrukteure. Sie ist gewiß nicht so eloquent wie der Supercomputer aus *Golem*, sorgt sich auch mehr um die biologischen Wesen, die ihrer Obhut anvertraut sind, doch im Kern bleibt die Erfindung dieselbe: Entstanden ist eine freie, wenn auch unpersönliche, sich selbst programmierende Vereinigung von Mikroelementen, die sich autonom und überwiegend unabhängig von ihren Schöpfern entwickelt. Um möglichen Einwänden zuvorzukommen: Gewiß denkt die Ethosphäre nicht wie eine Person, sie zeigt keinen individuellen Willen, sondern handelt aufgrund eines mechanischen Instinkts, doch letztlich ist sie imstande, komplizierte intellektuelle Probleme zu lösen, man hätte ihr also auch, wie einer von Tichys Informanten sagt, eine künstliche Persönlichkeit einpflanzen und sie zu einem Dialogpartner machen können. Aber was ist mit den weiteren »verrückten Einfällen« der Losannier? Was ist mit diesem »künstlichen Gott«, den sie schaffen wollten und der die ganze Galaxie mit der Liebe zum Guten erfüllen sollte? Die Bewohner Losanniens stehen vor Problemen, wie sie nach Lems Ansicht jede Gesellschaft zu gewärtigen hat, die sich anschickt, die Vernunft von ihren biologischen Bedingtheiten zu befreien. Nicht umsonst werden die Bürger solcher technologisch perfekten Gesellschaften bald von einem erbarmungslosen Gefühl metaphysischer Leere gequält. Sie möchten sich irgend ein Ziel setzen, das der Mühe wert ist, doch zugleich sind sie nicht mehr imstande, naiv und inbrünstig an irgend etwas zu *glauben* – und dieses allzu klare Bewußtsein bringt all ihre Bemühungen zum Scheitern. Da es in der unmittelbar gegebenen Welt nichts mehr gibt, was diese Wesen zu heroischen Anstrengungen mobilisieren könnte (die künstliche Vernunft wird allein – auch ohne ihr Zutun – mit allem fertig), beginnen sie in Gedanken vorauszueilen bis zu den Grenzen der Allmacht, den Grenzen der Erkenntnis. Der *Lokaltermin* macht deutlich, welch ein Schritt zwischen dem von den Menschen erreichten Niveau technischer und gesellschaftlicher Einrichtungen und jener höheren Stufe liegt, die von der entianischen Zivilisation verkörpert wird. Den Fortgang können wir uns ohne sonderliche Mühe vorstellen: Wieder werden die Losannier eine technologische Schwelle erreichen, wo die freigesetzten Fähigkeiten ihnen zu schaden beginnen, und so wird man diese Krankheit wiederum kurieren müssen – gleichfalls mit einer Technologie der Sicherungen, nur eben einer perfekteren – und so weiter *ad infinitum*. Das Ende dieser Entwicklung ist nicht recht zu erkennen; die Gesellschaft rast einer ungewissen Zukunft entgegen, eingehüllt in den Kokon der sie schützenden Einrichtungen, doch das Tempo und den Charakter der Veränderungen sowie die Richtung ihrer Wanderschaft hat sie nicht mehr unter Kontrolle.

Die Religion der Entianer läßt Lem gewissermaßen logischer sein als die irdische, frei von den Widersprüchen und dem »Geheimnis«, das vom Christentum nicht zu trennen ist. Der Gott der Entianer soll »die beste aller Welten« regieren, ohne den Gläubigen irgend etwas zu versprechen, was – wie der Himmel und die Hölle der Christen – außerhalb des Diesseits läge. Ich vermag nicht zu entscheiden, ob Lem bereit wäre, für eine derart verbesserte Version der irdischen Religion zu optieren (und sei es auch nur theoretisch – in Ansehung der Kohärenz der theologischen Behauptungen und Postulate). Die Entianer vermeiden gewisse Antinomien, die der Schriftsteller der katholischen Theologie vorgehalten hat, geraten aber sofort in neue Schwierigkeiten: Das Paradies auf Erden (auf Entia) ist nicht nur praktisch nicht erreichbar, sondern auch theoretisch schwer vorstellbar. Allmacht, Allwissenheit und Allbefriedigung laufen nicht notwendig auf das *Glück*, Ziel der zivilisatorischen Bemühungen, hinaus. Man kann Gott alle Kompetenzen nehmen – außer der einen, den *Daseinszweck* (des Individuums, der Gesellschaft, der menschlichen Gattung) zu bestimmen. Diesen Zweck verhüllt zwangsläufig ein Geheimnis – zumindest in dem Sinne, daß die höchste Wonne der Vereinigung mit Gott, wie sie das Christentum verheißt, in menschlichen, irdischen Kategorien nicht ausdrückbar ist, denn sie setzt voraus, daß der individuelle Mensch sich verwandelt, seine Individualität in ein Sein anderer Art eingehen läßt, sie verlangt also einen Wandel der Grundlagen jeglicher Bewertung.

Die Kurdländer und Clivianer hatten sich so etwas wie eine »Prothese der Teleologie« geschaffen. Die ersteren sperrten sich ein in eine Ideologie des gesellschaftlichen Daseins, die vom einzelnen äußerste Entsagung fordert und sich selbst gleichsam zum Ziel, zum Selbstzweck wird; die letzteren verlegten das Ziel in ein geheimnisvolles »Ka-Undrium«, das offenbar – wie der irdische Komunismus – eine Idee des abstrakt verstandenen zukünftigen Glücks der Gesellschaft ist und im übrigen eine vielfältige und verschwommene Auslegung erfährt. Paradoxerweise mangelte es gerade den Losanniern, die in der Entwicklung am weitesten vorangeeilt waren, an einer klaren Zielvision, und dieser Mangel macht sich in ihrer gesellschaftlichen Ideologie überaus dramatisch bemerkbar. Was noch schlimmer ist: Sie haben, *als Gesellschaft* mit einem Höchstmaß an technischen Fertigkeiten ausgestattet, praktisch den gesamten Bereich der schöpferischen

Leistungen, die dem Leben des einzelnen einen Sinn geben, an die perfekt funktionierenden, unpersönlichen *Apparaturen* abgetreten. Indem sie sich das Leben erleichterten, haben sie es zugleich arm werden lassen an positiven Gemütsregungen, so daß schließlich gegenüber der schöpferischen Passion und der Leidenschaft der Erkenntnis Empfindungen die Oberhand gewinnen, die sich verknüpfen mit Versuchen der Befreiung vom Wohlstand, von der Sicherheit, von der sinnleeren Freiheit im Bereich der künstlerischen Kreation usw. Am Beispiel Losanniens wird am besten deutlich, daß die Vernunft imstande ist, sich von biologischen Beschränkungen zu befreien und sich quasi eigenständig zu entwickeln, wobei sie die Gesellschaft derer, die sie hervorgebracht haben, hinter sich läßt. Diesen bleibt nur noch, sich des Tragischen ihrer Situation ganz bewußt zu werden und angesichts der Tatsachen, die sie in immer geringerem Maße beeinflussen können, eine würdige Haltung zu bewahren.

Bei der Lektüre des *Lokaltermins* kann man sich nur schwer der Frage enthalten, wie die persönliche Option des Autors aussieht, das heißt, in welchem der beschriebenen Systeme er sich selbst ansiedeln würde. Auch hier scheint die Schlußfolgerung außer Zweifel zu stehen: das auf einem niedrigen Entwicklungsstand künstlich »verkorkte« System von Kurdland kann Lem nicht gefallen. Es ist ja kaum anzunehmen, daß er die Ängste des erkennenden Geistes durch die freiwillige Entscheidung für Dummheit und Rückständigkeit kurieren möchte. Die Art von Unfreiheit, welche die Ideologen des »Staatsschreitwerkes« ihren Bürgern schmackhaft machen wollen, zwingt den einzelnen, nicht nur auf persönliche Aspirationen zu verzichten, sondern auch auf die Würde, die auf der Fähigkeit beruht, selbständig zu denken. Die in den Eingeweiden der »Wunscherfüllungsmaschine« gefangenen Losannier können wenigstens ihren Sehnsüchten Ausdruck geben und versuchen, ihr eigenes Los oder die ihnen vorgegebenen gattungsspezifischen Eigenschaften zu verändern, um mit den Herausforderungen der Welt fertig zu werden. Was besagt es da schon, daß sie Niederlagen erleiden? Von der technologischen Höhe aus, die ihre Zivilisation erreicht hat, sind zumindest die Realität und die Dilemmata der Existenz leichter zu erkennen. Es kann uns letztlich nicht gleichgültig sein, ob wir in eine Bibliothek eingesperrt sind – oder in eine Zelle voller Spinnweben und Abfallhaufen.

Nun läßt sich zwar anhand der Probleme, die im *Lokaltermin* angerissen werden, die Option des Autors bestimmen, doch ist es zugleich unmöglich, irgendwelche allgemeinen Schlußfolgerungen, irgendeine universale Botschaft des Romans auszumachen. Tatsächlich stellt er weder ein Gleichnis noch eine Prognose dar, sondern ein *Modell*, mit dem man einen Dialog führen und weitere Experimente durchführen kann. Ich erkenne inzwischen, daß mein gegenwärtiger Versuch einer Deutung des Buches erheblich von dem abweicht, den ich vor einem Jahr in einem Aufsatz über Probleme der Politik bei Lem vorgelegt habe.[67] Es geht nicht nur darum, daß man das hier vorgestellte Modell einer Gesellschaft unterschiedlich interpretieren kann; auch in der Haltung des Autors selbst kann man eine bezeichnende Ambivalenz feststellen. Schauen wir uns die für Lem überaus typische Konzeption der informationalen »Totalität« an:

»Die Ariadnistik postulierte den unendlich multidimensionalen, nichtmetrischen Raum der Informationsentropie, überall brachen Freude und Triumph aus, als der Beweis gelang, daß dieser Raum ABSOLUT GOTTKONGRUENT war. Damit ließ der HERRGOTT in seiner Allmächtigen Allwissenheit sich wenigstens definitorisch eingemeinden. Überdies erhellte daraus, daß jede geschaffene Welt sich aus solch einem quasigöttlichen Raum loslöst, ein winziges Bläschen, das unirgendlich wird. Und das sogar unvermeidlich. (...) Dabei zeigte sich, daß jener außerendliche Raum doch Grenzen hatte, in die Reales freilich nicht hineinpaßte, der Kosmos schon gar nicht.«[68]

Wenn ich diese Passage richtig verstehe, verliert die hier skizzierte Allwissenheit deshalb den Kontakt zu jedem realen Objekt, weil sie nicht mehr von ihm abhängt, das heißt, nicht mehr eine »Allwissenheit über etwas« ist (eine Menge wahrer Urteile über irgendwelche faktischen Sachverhalte), sondern die vollständige Menge aller erdenklichen sinnvollen Antworten auf alle erdenklichen Fragen. Sie wird, so verstanden, zum Projekt der Menge aller funktionsfähigen Kosmosse und aller Rezepte, die deren Erschaffung erlauben. In diesem Sinne grenzt die Allwissenheit tatsächlich an Allmacht, doch als Instrument zur Lösung praktischer Probleme in unserem Hier und Jetzt ist sie unbrauchbar.

Ich vermag in der obigen Konzeption nicht zwischen satirischer Intention und ernsthafter Prognose zu unterscheiden. Dennoch können wir darin eine bis zu den äußersten, absurden Konsequenzen getriebene Extrapolation der Entwicklungstendenzen der menschlichen Erkenntnis sehen. Diese häuft unablässig Behauptungen und Hypothesen auf, die in vielen Fällen nicht deshalb aufrechterhalten werden, weil sie sachlich verifiziert worden wären, sondern nur noch aufgrund der inneren Logik ihrer Deduktion. Die Informationsflut schwillt an, ohne noch einen Zusammenhang mit den empirischen Tatsachen aufzuweisen; die Wirklichkeit wird derart mit widersprüchlichen Urteilen zugedeckt, daß sie darunter nicht mehr zu sehen ist. Man kann die zitierte Passage aber auch anders deuten – als eine weitere Vision einer sich unkontrolliert entwickelnden Vernunft, die auf dem Höhepunkt ihrer Entwicklung gezwungen ist, unseren Kosmos zu verlassen; ein solches Konzept hatten wir zuvor im *Golem XIV* entdeckt, freilich in einer »physikalischen« und nicht in einer informationstheoretischen Variante.

Fragen wir uns nun nach der Gottesidee, die hierin steckt. Nicht zu bestreiten, daß dieser »Gott« endlich einmal »vernünftig konstruiert« wurde; er verbindet mit der abstrakt herausgearbeiteten Allwissenheit und Allmacht das quasi natürliche (weil topologisch bewiesene) Prinzip der Nichteinmischung in den Bereich der diesseitigen Existenz. Er entgeht auf diese Weise den Antinomien, die nach Ansicht Lems den Herrn der Heerscharen kennzeichnen, wie ihn die Christen sich vorstellen. Das mag schon sein, nur wird ein solcher Gott für den Menschen vollkommen überflüssig; der Autor hängt ungleich stärker an der Idee des »gebrechlichen Gottes«, die oben schon dargelegt wurde.

Übergehen wir weitere Ambivalenzen, die sich im Lemschen Denken über Welt und Gesellschaft ausmachen lassen. Generell kann man sagen, daß das triumphale Abenteuer der Reinen Vernunft, das der Verfasser des *Lokaltermins* besingt und dessen Perspektiven er umreißt, ständig von der gattungsmäßig beschränkten Position des Menschen aus überwacht werden muß, denn der Schriftsteller möchte ja schließlich die Vernunft dazu benutzen, unser irdisches Los zu verbessern. Deshalb wird, wie schon gesagt, die Gesellschaft bei Lem ständig aus zwei gegensätzlichen Perspektiven betrachtet: als ein Aggregat, das man verändern muß, damit es richtig funktioniert (auch wenn das den einzelnen nicht gefällt oder Abwehrreflexe auslöst) – und als Aufenthaltsort von Menschen, deren subjektive Gründe zu respektieren sind.

Es ist nicht einfach festzustellen, wo nach Lems Ansicht im Gesellschaftlichen die Grenze zwischen dem Bereich rationaler Optimierung und dem Bereich spontaner Wertbejahung verläuft. In ihm selbst stecken mit Sicherheit zwei verschiedene Menschen; der eine versetzt sich *als Individuum* in fiktive literarische Situationen – und dieser höhnt über Versuche, »ideale Gesellschaftssysteme« zu schaffen, und verlangt für sich das Recht, abzulehnen, was eine rationale Soziotechnik ihm vorschlägt; der andere betrachtet die Gesellschaft aus der sicheren Distanz, welche die Konvention des wissenschaftlichen Essays herstellt, und kann deshalb aus dieser Perspektive heraus über individuelle subjektive Empfindungen hinweg zur Tagesordnung übergehen und sich mit Phänomenen von größerem Zuschnitt befassen. Von diesem Standpunkt aus wird die Gesellschaft für den Forscher zu einem komplizierten Gefüge, in dem sich, unabhängig von Willensakten einzelner Subjekte, Gesetzmäßigkeiten statistischer Natur durchsetzen. Das würde die auf den ersten Blick verblüffende Koinzidenz erklären, die wir in Lems Schaffen zwischen solchen Texten wie »Etyka technologii i technologia etyki« (»Ethik der Technologie und Technologie der Ethik«, 1966) und »Experimenta Felicitologica« (1971) finden. In der Zusammenfassung des ersteren lesen wir:

»Hier wurde die Überzeugung geäußert, daß Phänomene, bei denen es um den Einfluß außerethischer Faktoren wie etwa der Technologie auf die Ausformung und das Funktionieren ethischer Systeme, aber auch um den entgegengesetzten Einfluß des Ethischen auf das Außerethische geht, empirisch exakt untersucht werden können und daß solche Untersuchungen, gestützt auf eine Simulation der besagten Phänomene in einem außergesellschaftlichen und außermenschlichen Substrat (etwa in Computern), wichtige Hinweise für ein instrumentelles Handeln liefern können, das im Grenzfall darauf abzielt, eine ›ideale Gesellschaftsstruktur‹ zu schaffen.«[69]

Wunderbar! Aber was macht Trurl, der Held des zweiten, des literarischen Textes? Er führt genau eine solche Simulation durch, er erforscht experimentell künstlich geschaffene gesellschaftliche Strukturen, um zu der »idealen« zu gelangen – und erleidet Niederlage auf Niederlage, wobei das ganze Unternehmen vom schallenden Gelächter des Schriftstellers begleitet wird. Wir wissen schon, daß Trurl *als Konstrukteur* durchaus kein Tölpel ist, daß er in Philosophie nicht sonderlich Bescheid weiß und am Schluß der Erzählung vom dem alten Professor verdiente Prügel bezieht. Der Held hatte sich daran gemacht, glückliche Wesen zu schaffen, ohne vorher zu überlegen, worin dieses »Glück« eigentlich bestehen sollte. Er hatte es wie einen physischen Parameter zu simulieren versucht und am Ende ganze Heerscharen von Märtyrern geschaffen, denen er dann heimlich den Kopf abdrehen wollte.

Trurls Sünden sind generell zweifacher Art; die erste und wichtigste ist, daß er ohne Zögern daran ging, mit Wesen zu experimentieren, die ein Bewußtsein besitzen. Welche Folgen die Operationen von Theoretikern am lebendigen Leib der Gesellschaft haben können, das haben in der Geschichte der Welt schon viele Völker erfahren müssen – an der Spitze das unglückliche Kambodscha. Lem schlägt als Essayist jedoch erheblich ungefährlichere Forschungsmethoden vor – sicher auch deshalb, um den Menschen Leiden zu ersparen, die ihnen von unreifen Politikern und Visionären zugefügt werden. Die andere Sünde, mehr theoretischer Art, besteht darin, daß Trurl die »Idealität der Struktur« mit dem subjektiven Wohlbehagen der Individuen vewechselt, daß er die Triebsphäre oder den Intellekt der zur Gesellschaft vereinigten Bürger recht plump zu simulieren versucht, daß er diese und jene Güter zur Verfügung stellt, aber unfähig ist, sich in das hineinzudenken, was für das Funktionieren der Struktur entscheidend ist, nämlich die Grundlagen des Zusammenwirkens der Individuen und der gesellschaftlichen Gruppen. Ausschlaggebend für dieses Zusammenwirken ist, wie wir schon zuvor bemerkt haben, ein Geflecht der mannigfaltigsten Motive, rationaler ebenso wie irrationaler, sind Interessengegensätze, das Streben nach Erlangung schwer zugänglicher Güter, die Gefühle der Liebe und des Hasses, des Mitleids und der Schadenfreude. Dieser Mechanismus ist dermaßen kompliziert, daß es ungemein schwerfällt, ihn dahin zu bringen, daß er richtig funktioniert, ohne dabei den Individuen das Gefühl der subjektiven Entscheidungsfreiheit zu nehmen. Lem macht sich also nicht über die Soziotechnik als solche lustig, sondern weist nur auf ihre ungeheure Kompliziertheit hin und warnt vor einfältigen Verbesserungsrezepten.

Die Ingenieurkunst der gesellschaftlichen Entwicklung, die Lem sich ernsthaft vorzuschlagen getraut, muß die dialektische Verknüpfung vieler Faktoren – des technologischen, soziologischen, ethischen usw. – berücksichtigen. Sie zwingt den Individuen von vornherein nichts auf, aber sie verspricht auch nichts – am wenigsten das »Glück«; sie bemüht sich vielmehr, Bedingungen zu schaffen, zu bestimmten Entscheidungen zu verleiten, deren Ergebnis sie im großen Maßstab, nie jedoch in einzelnen Fällen vorherzusagen vermag. Bei Lem ist also niemand *als Individuum* der Wahl und der Verantwortung für sie enthoben. Wenn wir den technologischen Faktor der gesellschaftlichen Entwicklung als eine objektive Gegebenheit betrachten – denn vom Streben nach Befriedigung verschiedener Bedürfnisse und Gelüste kann die menschliche Vernunft nicht absehen –, nimmt die Simulation der ethischen Sphäre, die mit der Technologie eng gekoppelt ist, den Charakter einer eigentümlichen gesellschaftlichen Therapie an.

Zwischen der erkennenden und schöpferischen Vernunft und dem ethischen Empfinden des Menschen nimmt Lem eine originelle Kompetenzaufteilung vor. Die erstere scheint durch nichts gebunden zu sein, wenn sie gleichsam reflexartig und häufig zum Entsetzen des Denkers selbst ihre Entdeckungen vermehrt. Die Technologie, Domäne der Vernunft, wird zum Instrument der Erfüllung von Wünschen, die manchmal selbstzerstörerisch sind, während die rein intellektuelle Überlegung bisweilen zu Modellen einer geradezu unmenschlichen Welt führt, Modellen, vor denen die Natur des Urhebers, der an ein kulturelles Hier und Jetzt gebunden ist, zurückschreckt. Denn wenn sich auch nicht alles realisieren läßt, so läßt sich doch zumindest erheblich mehr *denken*, als die Erfahrung und die derzeit gültigen Regeln der Physik, der Logik und der Axiologie zulassen.

Deshalb wäre eine menschliche Welt, in der allein die Prinzipien einer »vernünftigen Handlungsoptimierung« gälten, etwas Schreckliches. Die ökologische Nische, die der Mensch im Weltall bewohnt, erweitert sich dank rationaler Entdeckungen, doch abgepolstert und zusammengehalten wird sie durch ethische Regeln, die es der evoluierenden Gattung erlauben, ihre Identität zu bewahren, sich aber auch den Fallen zu entziehen, in welche die »blinde« Vernunft hineingerät. »Die Technologie kann nicht das axiologische Rückgrat der Zivilisation ersetzen«, sagt Lem in dem zitierten Aufsatz.[70] Sie kann nämlich, indem sie Wünsche erfüllt, Persönlichkeiten zersetzen und gesellschaftliche Bindungen zerreißen:

»Die Technologie ist in der Zerstörung autonomer Werte gewöhnlich wirksamer als in ihrer Erschaffung. Erhöht man mit

Gewalt ihre ›Wirksamkeit‹, so kann das der Anfang einer ›axiologischen Implosion‹, also des Zusamenbruchs des Wertsystems sein; das kann zu einer Situation führen, in der das Leben sehr leicht, aber nicht sehr lohnend ist.«[71]

Daß Wissenschaft und Technologie, indem sie die Freiheitssphäre des Menschen erweitern und ihm immer mehr Wahlmöglichkeiten verschaffen, zugleich die Bedeutung der Ethik wachsen lassen, ist kein sonderlich origineller Gedanke. Erst organisch eingeschmolzen in ein so gewaltiges kognitiv-kreatives Unternehmen, wie es Lems literarisches und essayistisches Werk darstellt, wachsen ihm neue, unerwartete Valeurs zu. Dieses Kapitel begann mit der Aufzählung mehrerer Spielarten des elementaren inneren Widerspruchs, der nach meiner Ansicht die Persönlichkeit Lems charakterisiert. Die Stichworte dieser Dichotomie entlehnte ich der ersten, skizzenhaften Version meiner Monographie: »Rationalismus« und »Sinne«. Der erste dieser Termini bezieht sich, grob gesagt, auf einen Denkstil, der bestimmte, vom Subjekt unabhängige logische Strukturen der Erkenntnis zum Ausgangspunkt wählt, auf ihnen ein Gebäude empirischen Wissens errichtet und zu einer Sicht der Welt gelangt, die unendlich komplex, aber von dem Willen, den Entscheidungen und der Subjektivität der einzelnen grundsätzlich unabhängig ist. Das stochastische Modell des Kosmos ist imstande, selbst mit den wildesten Ausschweifungen »fertigzuwerden«, die im Bereich der menschlichen Gesellschaft zustandekommen mögen: es verstößt sie ganz einfach in die Hölle der »zufälligen Ausnahmen von der Regel« und behandelt seinen Gegenstand weiterhin mit Gleichmut und Objektivität, so als hätte es mit den Molekülen eines Gases und nicht mit lebendigen Personen zu tun.

Der zweite Terminus bezeichnet eine diametral andere Denkweise: Zum Ausgangspunkt wird das philosophierende »Ich«, das zunächst die Wände des »Gefängnisses der Sinne« abklopft, um herauszufinden, ob außerhalb seiner wirklich etwas existiert (daher das bei Lem so häufig wiederkehrende Dilemma des Solipsismus). Nachdem es darauf keine definitive Antwort erhalten hat, beginnt es die hypothetische Außenwelt als ein Gelände aufzufassen, in das hinein die (eigene oder fremde) »Subjektivität« sich ausweitet, so daß das von ihm errichtete Kosmos-Gebäude einen von Grund auf *intentionalen* Charakter annimmt, weil es ganz und gar ein Produkt bewußter Wahlakte ist – Wahlakte des Individuums, der Gesellschaft, der demiurgischen fremden Zivilisation (»Die Neue Kosmogonie«), schließlich des »krüppelhaften Gottes«.

Die beiden so unterschiedlich konstruierten Weltmodelle – vergleichbar dem Gebäude und dem Antigebäude der *Memoiren, gefunden in der Badewanne* – lassen sich in der Tat miteinander vereinbaren, und zwar schon auf molekularer Ebene. Letztlich, sagt Lem, hindert uns nichts daran, mit Schopenhauer anzunehmen, daß es der *Wille* ist, der das »geschäftige Gerenne« der Atome bestimmt.[72] Schließlich unterliegen sie den gleichen stochastischen Ansätzen wie große Massen tätiger Menschen, in denen ja jeder sein Verhalten »frei wählt«. Offenbar liegt gerade dieses doppelte Bewußtsein (ein »Molekül« zu sein, das dem Gesetz gehorcht, und gleichzeitig ein bewußter Erschaffer der Welt, Herr seines eigenen Schicksals) den schriftstellerischen Unternehmungen Lems zugrunde. Sie nähren sich von einer eigentümlichen »Gegenläufigkeit« gedanklicher Ordnungen, aus deren Zusammenprall doppeldeutige, antinomische Welten hervorgehen, deren Ontologie ungewiß ist. In der Literatur selbst steckt ja von Natur aus ein gewisser Dualismus – zwischen der schöpferischen Freiheit, der »Omnipotenz« auf der einen und der ethischen Selbstbeherrschung auf der anderen Seite, die es gebietet, innerhalb der unbeschränkten Möglichkeiten eine Wertung, eine moralisch bestimmte Wahl vorzunehmen.

Wenn wir *Phantastik und Futurologie* lesen, diesen gewaltigen zweibändigen Essay über die Science-fiction-Literatur, bemerken wir auf Schritt und Tritt, daß Lem seine Aufgabe nicht so sehr in der klassifizierenden, leidenschaftslosen *Beschreibung* sieht, sondern vor allem darin, das literarische Phänomen zum Bereich der *Werte* in Beziehung zu setzen. Der Flirt mit der Wissenschaft, den die Phantastik betreibt, erweitert ihre kreativen Möglichkeiten, bürdet dem Schriftsteller aber zugleich eine erheblich größere Verantwortung für die Früchte seines Schaffens auf. »Denn die Literatur ist eine Dame von strengen Sitten, und es geht nicht an, sie mal eben so zu zwicken, wenn niemand guckt«, hat Gombrowicz einmal gesagt.[73] Lem würde sagen, daß dies auch für die Wissenschaft gelte. Bedauerlich findet er Werke, deren Autoren aus dem Kontakt mit der exakten Wissenschaft keinen Erkenntnisgewinn gezogen haben, abgesehen von einer Handvoll unverstandener Fachausdrücke und einer schrecklichen Verwirrung der

Fakten. Das herkömmliche literarische Schema ist in solchen Werken nur in ein anderes Gewand gesteckt worden. In *Phantastik und Futurologie* werden solche Praktiken mitleidlos enthüllt.

Bei Lem selbst spielt das literarische Stereotyp eine recht eigenartige Rolle. In den meisten Fällen »entblößt«, dem Leser offen angezeigt, wird es zum Zeichen der »Menschlichkeit« in einer Welt, die über die menschliche Erfahrung hinausgeht, erfüllt es die Funktion eines *votum separatum* des Autors *als Mensch*. Die Literatur gestattet Lem, die Grenzen der vertrauten, »gezähmten« Realität zu überschreiten und an das Unendliche zu rühren, gleichzeitig aber der subjektiven Wahrheit seiner Existenz eine Zuflucht zu errichten.

Wir berühren hier eine ganz wesentliche Besonderheit des Lemschen Schaffens: Scheinbar in der Unendlichkeit von Raum und Zeit versunken, scheinbar der übersteigerten Phantasie und überaus abstrakten naturwissenschaftlichen Randbemerkungen hingegeben, liefert es uns in Wirklichkeit ein recht getreues Selbstporträt des Autors. Im mythischen Lemberg geboren, der Kriegsgeneration der »Kolumbusse« angehörend, den schweren Prüfungen des Faschismus und des Stalinismus ausgesetzt, hat Lem all diese Erfahrungen überaus geschickt in seine »kosmischen« Fabeln und in seine wissenschaftliche Essayistik einbezogen. Ich habe hier an die politischen Inhalte der *Dialoge* und *Edens* erinnert, an die satirische Aussage der *Sterntagebücher*, der *Kyberiade*, der *Memoiren, gefunden in der Badewanne*; die Realität, in der er lebt, wird von Lem nicht geschont, und er ist – auf seine Weise – ein zutiefst in der Gegenwart engagierter Schriftsteller. Man kann noch eine andere Linie ziehen, die vom autobiographischen *Hohen Schloß* über all die Werke, die in ihrer Aussage und in der Konstruktion ihrer Helden »persönlich« sind (*Solaris*, *Die Stimme des Herrn*, der Pirx-Zyklus usw.), zur Synthese einer Persönlichkeit führt, die ihr Antlitz in einer Reihe von Erkenntnis- und Bewertungsakten enthüllt.

Man kann Lem wohl erst verstehen, wenn man sich in seine Vorstellung von Allmacht und »Weltschöpfertum« sowie in seine Forderung nach einer kosmischen Panethik hineindenkt. Er steht dann vor uns wie ein Corcoran oder ein Dobb, den man mit seinen »Kisten« porträtiert, ein wenig verlegen wegen der Kluft, die sich zwischen der Gewöhnlichkeit seiner menschlichen Biographie und den göttlichen Prärogativen auftut, welche ihm die schöpferische

»Omnipotenz« unverhofft zuteil werden ließ. Den Blick auf die von ihm geschaffene Welt geheftet, sucht er in ihr nach Zügen seines eigenen Gesichts, verlangt er, daß das Dunkel des Geheimnisses des Kosmos und seiner eigenen Existenz aufgehellt werde, und er durchlebt dabei das ethische Dilemma des Demiurgen. Lassen wir ihn in dieser Pose, denn sie erinnert ein wenig an den Jungen, der wie vor Jahren berückt ist vom Funktionieren des von ihm errichteten »Reichs der Ausweise«, in dessen Zentrum sich, kaum wahrnehmbar, »ein aus dem Nichts emportauchendes Gebilde« erhebt, der »Bau aller Bauten, ein Schloß, so hoch, daß man es nicht mit den Augen erfassen konnte, mit seinem nie, nicht einmal in einem Anfall größter Kühnheit genannten Geheimnis des Inneren«.[74]

III. Lems Ideen

Die ausführliche Besprechung der einzelnen Werke Lems führt uns in ein wahres Labyrinth von Welten, Denksystemen und Ansichten der Realität. Der Autor wechselt die Masken, sucht sich immer wieder andere Medien der Aussage und bringt sie in die ausgefallensten Situationen. Man kann deshalb fragen, ob es so etwas wie eine eigene Weltanschauung des Schriftstellers gibt. Ist es möglich, seine Visionen des Kosmos, des Menschen, der Gesellschaft, der Wissenschaft und der Werte auf einen gemeinsamen Nenner zu bringen? Unsere bisherigen Versuche, Lems Unternehmungen zu beschreiben, haben uns zu der These gebracht, daß seine Haltung zutiefst zwiespältig ist, daß sie ein Element des »reinen Intellekts« und eines des subjektiven Denkens umfaßt. Diese Folgerung ist jedoch nicht hinreichend; nachdem wir wissen, wie Lem denken kann, möchten wir herausfinden, ob er so denken *muß*, ob er auf begrifflichem Wege zu seiner Zwiespältigkeit gekommen ist oder ob sie auf Bedingungen anderer, biographischer oder psychologischer Art beruht. Die im vorigen Kapitel enthaltenen Besprechungen der einzelnen Werke enthielten selbstverständlich viele allgemeine Urteile, die Material für eine Synthese abgeben könnten, doch erst wenn wir sie zusammenstellen, gelangen wir zu Folgerungen, die es erlauben, die scheinbar abstrakte, theoretische Erörterung wieder auf den Schriftsteller als individuelle Person zu beziehen.

Im folgenden Resümee werde ich mich deshalb bemühen, »Lems Welt« und die charakteristischen Merkmale seines Denkens zu beschreiben, um dann auf die Funktion zu kommen, welche diese Vision und dieser kognitive Gestus angesichts der von der Realität vermittelten existentiellen Ängste erfüllen.

1. Raum und Zeit

Die Handlung des *Hospitals der Verklärung* spielt in einer von der Welt abgeschnittenen psychiatrischen Heilanstalt, und ähnlich geschlossen und abgeschieden ist die Szenerie der Ereignisse in *Solaris*, den *Memoiren, gefunden in der Badewanne* oder der *Stimme des Herrn*; in einer durch das All rasenden Rakete ereignen sich die wichtigsten Begebenheiten von *Gast im Weltraum*, und eine Rakete oder eine ferne planetare Station ist der Ort der

Handlung in den meisten Erzählungen des Pirx-Zyklus; ähnliche räumliche Gegebenheiten herrschen außerdem in einer Reihe kleinerer Werke Lems (z.B. *Der Freund*, *Die Ratte im Labyrinth*, *Mondnacht*, *Der Hammer*, *Nacht und Schimmel*). Ja und?, wird der Leser fragen; den räumlich geschlossenen Erzählungen steht doch bei demselben Autor eine wohl nicht geringere Zahl von Fabeln gegenüber, deren Szenerie zumindest dem Anschein nach offen ist (die Abenteuer Ijon Tichys, die *Kyberiade*, die *Robotermärchen*, *Transfer*, *Eden*, *Der Unbesiegbare*, *Die Untersuchung*, *Der Schnupfen*, *Die Maske*). Ich glaube jedoch keine Trivialität zu verkünden, wenn ich die Bedeutung des Motivs der räumlichen *Geschlossenheit* bei Lem unterstreiche. Der Gegensatz von Begrenztheit und Offenheit der Handlungsszenerie spielt dort wirklich eine wichtige Rolle.

Verweilen wir einen Augenblick bei den *Astronauten*. Die typisch abenteuerliche Fabel des Buches schildert die Geschichte der Erkundung eines fremden Planeten, aber wohl nicht geringere Bedeutung mißt der Autor der Beschreibung des Raumschiffs bei, mit dem die Helden zur Venus fliegen. Hier vermischt sich ein Hang zur Populärwissenschaft mit einer gleichsam kindlichen Leidenschaft, sich ein »Haus« einzurichten, einen Wigwam, eine Festung, die mit sinnreichen Vorrichtungen versehen ist, so daß man dort ohne Rücksicht auf die äußeren Bedingungen leben kann. Ähnlich autonom, wenn auch ungleich komplizierter, ist die transgalaktische Gäa aus *Gast im Weltraum*, die Rakete aus *Eden* oder dem *Unbesiegbaren* und die Raumstation aus *Solaris*.

Hier würde sich eine Interpretation im Sinne von Bachelards »Poetik des Raums« anbieten; die Expeditionen in ferne interstellare Räume gehen bei Lem stets mit dem Bemühen einher, zuerst einen »behüteten Raum« zu schaffen, ein gemütliches Nest, in dem der Erforscher des Unbekannten sich zu Hause und sicher fühlen kann und von wo aus er erst die erregenden Ausflüge in die fremden Bereiche unternimmt. Der kognitive Gestus von Lems Helden ließe sich demnach mit seinen Kindheitserfahrungen vergleichen, vielleicht sogar aus ihnen ableiten; das autobiographische *Hohe Schloß* beschreibt ja ebenfalls eine ähnlich ausgerichtete Aktivität: Zur Umwelt, die der Beachtung und spezifisch kreativer Bemühungen würdig ist, wird zunächst das Elternhaus des Autors, und danach erst richtet sich der Erkenntnisdrang nach außen. Ähnlich verbindet sich mit den schulischen Erlebnissen wiederum der Versuch, für sich einen idealen »geschlossenen Raum« zu schaffen in Gestalt des imaginären »Reichs der Ausweise«, in dem der kleine Lem sich insofern zu Hause fühlen konnte, als er souverän und absolut in ihm herrschte. Eine Psychoanalyse des Raums in der Literatur, die sich mit derartigen Aussagen begnügte, würde freilich nur Banales beisteuern, denn solche Gesetzmäßigkeiten müßten sich bei jedem Autor bestätigen. Lem macht indessen von seinen räumlichen Kreationen einen eher ausgefallenen Gebrauch.

Versuchen wir zu klären, wo die Grenzen *unserer Welt* verlaufen, anders gesagt, *wo* wir uns eigentlich aufhalten. Sicherlich im Kosmos, doch hätte dieser Kosmos den modernen Theorien zufolge gerade einen endlichen raum-zeitlichen Charakter, und ihn zu verlassen wäre zwar denkbar, aber in keiner Weise vorstellbar. Die Grenzen der Welt kann man aber auch nach anderen Regeln festlegen. Was »unser« ist, wäre dann einerseits begrenzt durch die biologischen Gegebenheiten, die dem menschlichen Sehen und Fühlen einen Horizont ziehen, andererseits durch das System der menschlichen Ideen und Codes der Verständigung. »Das Fremde« könnte danach direkt vor unserer Nase lauern, nur können wir es nicht wahrnehmen und benennen. Die Barriere kann auch ontischer Natur sein; in diesem Fall verstricken wir uns in die Dilemmata von »Professor Corcorans Kisten«, oder wir sehen uns – mit Descartes, Berkeley und Kant – als Gefangene unseres eigenen Bewußtseins. Hinzuzufügen ist hier schließlich eine Reihe von technologischen Gegebenheiten, die teils die Reichweite unserer Sinne vergrößern und dadurch »unsere Welt« erweitern, teils umgekehrt das Bild der Wirklichkeit bereits in der Entstehung deformieren, uns also in ein System künstlich erzeugter Halluzinationen zu verwickeln vermögen (wie z. B. im *Futurologischen Kongreß*).

Wenn wir nun noch einmal die räumlichen Systeme von Lems Fabeln überprüfen, stellen wir fest, daß in den ersten Büchern ein eindeutiger Gegensatz herrschte – einerseits geschlossene »Kapseln«, die den Astronauten Geborgenheit und Sicherheit boten, andererseits die Grenzenlosigkeit des Weltalls, das sich vor ihnen als Erkundungsgebiet auftat. In dieser Hinsicht unterscheiden sich die Helden dieser Romane nicht sonderlich von den Reisenden Jules Vernes, die die ganze Welt durchmessen, mit Widrigkeiten und mit der Fremdheit der auf ihrem Wege angetroffenen Phänomene ringen, aber stets zu ihrem anheimelnden »Nautilus« oder »Duncan« zurückkehren können, der es ihnen erlaubt, sich sogar Tausende von Meilen von der Heimat entfernt geborgen und zu Hause zu fühlen. In Lems späteren Werken wird die Lage ungemein kompliziert: Scheinbar gibt es hier und da immer noch »Kapseln«, doch kann man sich in ihnen weder geborgen noch zu Hause fühlen. Von der Station auf Solaris wird man ja schwerlich sagen können, sie sei anheimelnd. Gewiß, »Vertrautes« gibt es dort reichlich (in Gestalt der »F-Gebilde«), aber das liegt ja gerade daran, daß die Wände der Kapsel die Bewohner nicht mehr vor der Aggression von außen schützen können und daß – parallel dazu – das Eigene, Persönliche seine destruktiven Möglichkeiten enthüllt hat. In den *Memoiren, gefunden in der Badewanne* ist es noch schlimmer: Der Held irrt durch seinen Zufluchtsort, der sich als eine Falle erweist, denn er ist zugleich Kosmos, gesellschaftliche Welt, vielleicht auch Innenleben des Geistes und schließlich – Text. In den *Memoiren*, sagt Lem, habe er das Modell einer vollkommen geschlossenen Gesellschaft schaffen wollen. Jetzt erkennen wir, daß der Mensch in einem solchen »Super-Zufluchtsort« erneut wehrlos wird, weil ihm nichts mehr gehört; die private, eigene Schale, die das Ego verhüllt, verwächst mit dem großen Panzer, der die Gesellschaft bedeckt, und das »Ich« läßt sich kaum noch vom »Äußeren« unterscheiden.

Im späteren Schaffen Lems geht die Entwicklung dahin, die vertraute Welt und den Kosmos einander anzunähern, bisweilen sogar gleichzusetzen. Im *Lokaltermin* bauen sich die Losannier eine »Kapsel« von gigantischen Dimensionen, doch löst das nicht ihre sozialpsychologischen Probleme, denn die Dämonen sind drinnen geblieben. Selbst wenn man den vertrauten Raum bis an die Grenzen der Galaxis erweitert, wird das subjektive Sicherheitsgefühl dennoch nicht nennenswert gesteigert. Zugleich geschieht mit dem Kosmos etwas Merkwürdiges: Er hört auf, ein offener Raum für Abenteuer zu sein, sondern wird zu einer in den Grenzen ihrer spezfischen Physik geschlossenen *Variante der Welt*, jenseits derer sich die Unermeßlichkeit *anderer Möglichkeiten*, konkurrierender physikalischer und kosmologischer Modelle erstreckt. Diesen Bereich kann man nicht mehr mit einer herkömmlichen Rakete besuchen; er ist das Gebiet der Expansion der Vernunft, die sich auf dieser Reise freilich von irdischen oder menschlichen Beschränkungen zu befreien trachtet.

Man denkt hier unwillkürlich an Newtons wissenschaftliches Modell eines unendlichen Raumes und einer unendlichen Zeit, von dem Miłosz in seinem Buch *Ziemia Ulro* spricht.[1] Miłosz behauptet mit Swedenborg, eine solche entsakralisierte Unendlichkeit werde für den Menschen zu einer Quelle metaphysischer Pein, eigne sich nicht als Wohnung und verschärfe bei dem einzelnen das Gefühl der Verlorenheit und Bedeutungslosigkeit aufs äußerste. Der menschliche Geist zeichne sich sowohl durch das Bestreben, alle Schranken zu überschreiten, als auch durch ein inneres Bedürfnis nach Ordnung und nach dem Heiligen aus, die nur in einer endlichen Welt denkbar seien. Lem offenbart diese beiden Tendenzen, nur spielt sich sein Drama des Geistes in einem anderen kosmologischen Modell als dem Newtonschen ab. Deshalb durchbricht er die Grenzen unseres Kosmos und geht in Gedanken über ihn hinaus, doch zugleich versucht er diese Gedanken in der bereits erwähnten Konzeption einer »Totalität« einzufangen, in der er das Chaos und die Ordnung der Welt zu einer einzigen, paradoxen Formel zusammenfassen kann.

Nicht minder interessant ist, was sich bei Lem im Bereich der *Zeit* abspielt. Die Ereignisse der ersten Romane siedelt er in historischer Zeit an, das heißt, in einer an unserem Kalender gemessenen näheren oder ferneren Zukunft, wobei er die voraussichtliche Geschichte der Menschheit von heute bis zu jenem Punkt, an dem die Handlung des Werkes einsetzt, skizzenhaft zu rekonstruieren versucht. Diese Rekonstruktion geht gewissermaßen nicht auf die Rechnung des Autors: Das weitere Schicksal der Erdlinge in den *Astronauten* oder in *Gast im Weltraum* ist bloß ein Sonderfall der geschichtsphilosophischen Fortschrittsidee der marxistischen Gesellschaftslehre. Wie weit die wissenschaftliche Weltanschauung des Autors diese modifiziert, habe ich oben bereits erläutert.

Bald befriedigt es den Schriftsteller jedoch nicht mehr, die kanonische Geschichtsauffassung um seine eigenen, spezifischen Lösungen zu bereichern. Er versucht, sich über die Mechanismen der Entwicklung seine eigenen Gedanken zu machen, und damit beginnt er, für sich nach einem anderen Modell der Erzählung und des Helden zu suchen. In den Werken aus der schriftstellerischen Reifeperiode Lems beginnen – abgesehen von Fabeln, die in einer abstrakten »Zeit X« angesiedelt sind – Erzählungen vorzuherrschen, die mit einer gleichsam doppelten Zeit operieren: teils mit der begrenzten »Zeit der Abenteuer«, teils mit der synthetischen Zeit einer »beschleunigten Geschichte«. Während die Astronauten auf Eden bewegende Abenteuer durchleben, machen sie sich zugleich in aller Kürze mit der jüngsten Geschichte des Planeten vertraut; Kris Kelvin aus *Solaris* schlägt sich mit seiner Zuneigung zu Harey herum, absolviert aber auch einen Kurzlehrgang über die Geschichte der Solaristik; Hogarth aus der *Stimme des Herrn* macht uns nebenbei mit den Zusammenhängen der Entstehung des »Projekts MAVO« bekannt, und im *Lokaltermin* türmt Tichy Berge von Texten zur Geschichte Entias vor uns auf. Noch eindeutiger funktioniert der Mechanismus der »beschleunigten Geschichte« in den kürzeren Werken, so etwa in den Erzählungen der *Robotermärchen*, der *Sterntagebücher* und der *Kyberiade*.

Der Autor bemüht vielfältige schriftstellerische Tricks, um eine solche Blitzreise durch die Geschichte zu begründen. Mal ist es die Poetik des Märchens, die eine solche Reise zuläßt, mal der Kunstgriff einer Wanderung in der Zeit, ein andermal wiederum die Beobachtung von künstlichen, miniaturisierten Gesellschaften, die sich sehr schnell entwickeln. Am bezeichnendsten für Lem ist jedoch der Kniff, den Inhalt historischer Werke zu referieren, jener Metadiskurs, den ich bereits im Abschnitt über *Solaris* beschrieben habe. Gleichzeitig entwickelt der Autor ein Bedürfnis, einen einigermaßen »ruhigen« Standpunkt zu finden, von dem aus er die geschichtlichen Ereignisse betrachten kann. Der ideale Abstand, den Ijon Tichy gegenüber den Gesellschaften, deren Peripetien er schildert, immer wahrt, liegt ja daran, daß er selbst gewissermaßen »zeitlos« ist; er altert und verändert sich nicht, und er kann auch gegen den Strom der Zeit reisen und aus der Welt einer unerhört fortgeschrittenen Zukunftstechnik in unsere Gegenwart zurückkehren. Vielleicht ist das auch der Grund, warum Tichy an nichts wirklich *teilnehmen* kann; er ist immer nur Beobachter, Besucher von draußen. Ähnlich verhält es sich mit Trurl und Klapauzius, die als Roboter überhaupt nicht dem Diktat der Biologie unterworfen sind. Natürlich sind ihre Konstruktionen von zeitlicher Dauer, ja sie werden sogar von der Geschichte verifiziert, doch sie selbst leisten ihren Kreationen nur für einen kurzen Moment Gesellschaft, um sich danach wieder in eine sonderbare Zeitlosigkeit und eine gesellschaftliche Leere zurückzuziehen, von wo neue schöpferische Aufgaben sie wieder in ein ephemeres Leben und zu ephemerer Aktivität zurückholen. Doch Golem XIV? Er ist zwar in historischer Zeit entstanden, spricht jedoch aus der Perspektive einer überindividuellen Vernunft, die nicht an die Endlichkeit einer personalen Existenz gebunden ist.

Nicht alles an diesen literarischen Konstruktionen läßt sich damit erklären, daß Konventionen benutzt werden – sei es die des Märchens, sei es die der philosophischen Fabel. Die konventionellen Handlungen werden gewöhnlich in eine entweder sich kreisförmig wiederholende mythische oder eine lineare historische Zeit verlegt (natürlich ist auch eine Mischung dieser Perspektiven möglich). Bei Lem finden wir daneben eine »experimentelle« oder »Varianten-Zeit«, in welche die Geschichte des Modells einer Gesellschaft oder eines kosmischen Modells verlegt wird. Der Kalender, der den Ablauf der Jahre oder Äonen in einer solchen Wirklichkeit mißt, entspricht etwa der Uhr, welche die Minuten der genauen »Spielzeit« zählt (einer Uhr, wie man sie beim Fußball oder beim Hockey verwendet). Mit der historischen Zeit hat die Spielzeit nicht viel gemeinsam, während sie mit der mythischen Zeit in einen Dialog treten kann, der jedoch nicht mit irgendwelchen Notwendigkeiten verknüpft ist, etwa mit der Forderung, der Mythologie nachzueifern u.dgl.m. Von der Zeit wiederum, wie sie etwa im Swiftschen Brobdingnag abläuft, unterscheidet sich die Lemsche »Spielzeit« trotz allem durch die prognostische Intention, so daß sie andererseits auch in einen Dialog mit der Geschichte tritt, freilich nach anderen Prämissen als die literarische Futurologie, wie man sie gewöhnlich antrifft. Wells stellt z.B. in der *Zeitmaschine* schlicht eine Perspektive der weiteren Menschheitsgeschichte dar, die (aus der Sicht der Jahrhundertwende) überaus wahrscheinlich und suggestiv war. Lem distanziert sich sofort von seinen Modellen, am liebsten führt er gleich mehrere Varianten der Geschichte einer Gesellschaft vor, und die Gesellschaft selbst präsentiert er häufig als ein künstliches Präparat, das geschaffen wurde, um irgendwelche soziotechnischen Thesen zu überprüfen.

Hier taucht, wie im Falle des Raums, als eine weitere wichtige Frage der Gegensatz zwischen »Beschränktheit« und »Offenheit« auf. Der Widerspruch, der hier besteht, ist ungemein schwer aufzulösen: der Widerspruch zwischen der Endlichkeit des individuellen Lebens und der Perspektive der »Ewigkeit«. Als Subjekt der Erkenntnis und mit dem Wunsch, das Rätsel des Universums zu durchdringen, möchte der Mensch sein Leben auf Jahrmilliarden ausdehnen; als gesellschaftliches Wesen kann er es nicht ertragen, aus seiner Gemeinschaft herausgerissen zu werden, und möchte am Ende zusammen mit seinen Altersgenossen sterben, weil er die Welt, welche die nachfolgenden Generationen schaffen, ablehnt (das wird deutlich in *Transfer* und an der Geschichte des unsterblichen »Ektoken« in *Lokaltermin*). Eine ewige individuelle Existenz ist nicht nur deshalb unmenschlich, weil das Gehirn des Menschen die über Jahrhunderte anfallende, immer wieder neue Information nicht bewältigen würde; sie widerspräche auch unserem Bedürfnis nach *Ordnung und Sinnhaftigkeit*. Wir können nur mit einer endlichen Zahl von Wahrheiten und Tatsachen etwas anfangen, und es ist keine menschliche Perspektive mehr, mit dem ewigen Wandel Schritt halten zu müssen, denn das würde verlangen, sich unablässig selbst zu zerstören und nach veränderten Prinzipien wieder aufzubauen. Bei Lem führt dies zu Effekten, die auf den ersten Blick verblüffend sind. Seine Helden möchten gegenüber der Gesellschaft sehr oft die Stellung eines zeitlosen Beobachters einnehmen, der sich mit der Geschichte der Gemeinschaft über einen längeren Zeitraum vertraut macht (welche Kunstgriffe dahin führen, wurde hier schon erläutert). Aber die Gesellschaft erscheint aus dieser Sicht zumeist wie ein Theater von Marionetten, die irgendwelche sinnlosen, mechanischen Bewegungen vollführen und alle Augenblicke in sonderbare Konvulsionen und groteske Verlegenheiten geraten. Offenbar taugt die Logik, nach der das Leben der Individuen verläuft, nicht sonderlich zur Beschreibung der Entwicklung von Kulturen (dies einer der Gründe, warum die »Gesellschaftsverbesserer« scheitern); es gibt keine einfache Verständigung zwischen der begrenzten »Zeit des Individuums« und der sich über Jahrhunderte oder gar Jahrmillionen erstreckenden »Zeit der Umwelt«, ob es nun um die kulturelle, die biologische oder gar die kosmische Umwelt geht. Um der Welt einen Sinn geben zu können, muß Lems Mensch gleichsam *aus seiner Zeit heraustreten*, eine nichtmenschliche Betrachtungsweise annehmen.

Der Ausflug in die unermeßlichen Räume der kosmischen Zeit endet ganz ähnlich wie im Falle der räumlichen Unendlichkeit in der Anlehnung an eine gedachte Grenze, die wiederum in der schon beschriebenen »Totalität« besteht. Diese »Totalität«, die *alles* in sich schließt, entschärft zugleich die Zeit als Lieferantin immer wieder neuer Informationen: Wenn man die ganze »Bibliothek von Babel« durchgelesen hat, kann man nichts anderes tun, als wieder von vorn zu lesen beginnen, während es nicht möglich ist, der Sammlung auch nur einen einzigen bisher unbekannten Band hinzuzufügen. Das lindert unzweifelhaft das Entsetzen angesichts der Unendlichkeit, aber dem einzelnen, der in seiner begrenzten persönlichen Zeit gefangen ist, nützt es nicht viel. Diese persönliche Zeit ist immer eine *Zeit des Strebens*, und der einzelne ist deshalb bemüht, in Gedanken über sie hinauszugehen, weil er wissen möchte, *wohin* er strebt. In dem von Lem vorgeschlagenen Modell kann man nur erfahren, daß das Streben eine natürliche Grenze hat, doch ist diese Grenze aus menschlicher Sicht sowohl abstrakt als auch unerreichbar, und sie hat auch keinen *Sinn*, der sich in den Begriffen unserer Kultur ausdrücken ließe. Lems Vision von Raum und Zeit, die in den Anfängen seines Schaffens eng mit der freudigen Vorstellung eines unbegrenzten Fortschritts verknüpft war, enthüllt am Ende ein tiefer verborgenes tragisches Element.

2. *Personen*

Wer sind die Helden, die die Lemsche »Raum-Zeit« bevölkern? Man kann sie sicherlich grob einteilen in »Exploratoren«, »Denker und Konstrukteure« und »Funktionäre«. Es kommen freilich auch »Massen« vor, die aber in der Regel kaum differenziert sind und sich von Herdeninstinkten leiten lassen. Zum ersteren Typus sind Ijon Tichy und Pirx zu rechnen, ferner die Protagonisten der *Astronauten*, von *Gast im Weltraum*, *Eden*, *Transfer*, dem *Unbesiegbaren*, *Solaris*, der *Untersuchung* und dem *Schnupfen*. Den zweiten Typus repräsentieren die besessenen Gelehrten der *Sterntagebücher*, die genialen Konstrukteure der *Kyberiade*, die Helden in der *Stimme des Herrn* und *Golem XIV*. Der dritte Typus vereinigt weniger stark individualisierte Gestalten: Politiker, Militärs, Industrielle, Juristen, wissenschaftliche Experten im Solde irgendwelcher Regierungen und Organisationen, höfische Würdenträger in der *Kyberiade* usw.

Von den beiden ersteren unterscheidet sich die letzte Gruppe hauptsächlich dadurch, daß ihre Mitglieder *innerhalb* einer bestimmten Kultur tätig und nicht imstande oder auch nicht willens sind, über die Sprache, die Weltsicht und die Handlungsziele dieser Kultur hinauszugehen. Sie sind also gleichsam die natürlichen Gegner der übrigen Helden, deren Funktion darin besteht, gerade diesen begrenzten Horizont der Erkenntnis und des Handelns zu durchbrechen. Dieser Konflikt ist noch nicht zu erkennen in den beiden ersten Science-fiction-Romanen Lems, in denen er eine gesellschaftliche Welt schildert, die in ihren Zielen und Bestrebungen Gemeinsamkeit zu erreichen vermochte (nicht ohne den scharfen Kampf, der zuvor in den *Irrungen des Dr. Stefan T.* und den antiimperialistischen Arbeiten aus dem Band *Sezam* beschrieben wurde). Lem schildert den Gegensatz zwischen Konformismus und Neuerertum also zunächst als eine historische, durch das gesellschaftliche System bedingte Erscheinung, die überwunden werden kann. In den folgenden Büchern stellt sich die Sache nicht mehr ganz so einfach dar.

Die Fähigkeit zum Erkennen wirklich neuer Inhalte, die über die im jeweiligen Kollektiv geltenden Stereotype hinausgehen, stellt Lem in seinen reifen Werken als ein besonderes, nicht oft anzutreffendes Vermögen der Persönlichkeit dar, stets im Widerstreit mit den herrschenden Gewohnheiten, über welche die Institutionen wachen. Den Schritt nach vorn, der der Wissenschaft wirklich neue Gebiete erschließt, verdanken wir daher nicht irgendwelchen Forschungsinstituten, sondern, wie schon gesagt, einzelnen Menschen, die bereit sind, ihre ganze Person in die Waagschale zu werfen, sich ohne eingefleischte Vorurteile auf das Abenteuer der Erkenntnis einzulassen, die ihre persönlichen Gefühle, ihre ganze Erinnerung, ihre körperlichen Empfindungen und ihre unbewußten Assoziationen einbringen. Einem solchen Gelehrten, einem solchen Sucher von Abenteuern kommen selbst jene Persönlichkeitsmerkmale zustatten, die ihn scheinbar behindern, ihm den Blick trüben, ihn von den Erkenntnisproblemen ablenken müßten; denken wir an Pirx' »Zerstreutheit« und »Redlichkeit«, an Kelvins Herzensangelegenheiten, an Hogarths Erfahrungen mit dem Bösen usw. Gewiß, in der *Stimme des Herrn* arbeiten die Helden in gut ausgestatteten Laboratorien und im Rahmen eines staatlichen Forschungsprogramms, aber das, worauf es wirklich ankommt, fällt ihnen gewissermaßen *außerhalb* der Routine des gemeinschaftlichen Unternehmens ein, wenn sie »privat«, auf eigene Faust, denken oder wenn sie bei informellen, geselligen Gelegenheiten miteinander diskutieren. Lem denkt mit Sicherheit nicht daran, die Institute zu schließen und die Forscherteams aufzulösen, denn das wäre natürlich Unsinn; nur auf der Grundlage langwieriger Feststellung der Fakten kann der

Wissenschaftler etwas zuwege bringen, und dazu sind heute allein größere Institutionen mit komplizierten, teuren Apparaten imstande. Man ginge jedoch fehl in der Annahme, solche riesigen »Erkenntnismaschinen« würden uns gleichsam automatisch, nur aufgrund mechanischer Gegebenheiten, neue Horizonte erschließen. Die Geschichte der menschlichen Erkenntnis ist – wie die biologische Evolution – eine Geschichte oft zufälliger *Mutationen* der Wissenschaft, in denen man so etwas sehen kann wie die »Irrtümer« in der Übermittlung des Codes der Vererbung. Als einen »Irrtum«, als ein Sandkorn im Getriebe der organisierten Forschung kann man neue Theorien bezeichnen, die das bisherige Wissen revolutionieren. Mutationen der Wissenschaft überschreiten gerade den Konformismus von Forschungsprogrammen und Institutionen, kommen gewissermaßen von außen, dank jener Wissenschaftler, die mehr als bloß die angelernten Fähigkeiten in ihre Tätigkeit einzubringen bereit sind.

Auf diese Weise kann man den Konflikt von Konformismus und Neuerertum innerhalb der Wissenschaft beschreiben. Nun sind Lems Helden natürlich nicht nur Wissenschaftler. Er versucht verschiedene Spielarten der Einstellung zu zeigen, die für das Unbekannte offen ist, und verschiedene Motivationen, die dem förderlich sind. Man kann daher noch eine andere Typologie seiner Helden aufstellen. Anfangs – und das hängt sicherlich mit dem eigenen Studienfach zusammen – fasziniert Lem die Gestalt des Arztes (im *Hospital der Verklärung* ist der Protagonist ein Arzt, ebenso in *Gast im Weltraum*, und auch in *Eden* bringt der Autor dem Doktor besondere Sympathie entgegen). Ein hervorstechender Zug der Lemschen Ärzte ist die Achtung vor jeglichem Leben, auch wenn es nicht in menschlicher Gestalt auftritt, und ihr Interesse gilt ebenso der Welt wie dem einzelnen als Subjekt der Erkenntnis. Die Helden der frühen Bücher Lems können das Abenteuer der Erkundung dank der Medizin in seiner quasi biologischen Verstrickung sehen, beziehen es auf das subjektive, für unsere Gattung spezifische Ensemble von Empfindungen, anatomischen und gesellschaftlichen Bedingtheiten. Der Arzt ist bei Lem auch derjenige, der niemals die Ethik im weitesten Sinne aus den Augen verliert; er scheut vor jeglicher Forschung zurück, die ihren Gegenstand zerstört und lebende, fühlende Wesen als *Objekt* und nicht als *Personen* behandelt, die ein Anrecht auf uneigennützige Hilfe oder wenigstens auf Solidarität und Mitgefühl haben.

Aber neben dem humanistischen Arzt tritt bei Lem auch der verrückte oder besessene Gelehrte auf, dessen Gier nach Erkenntnis und Herrschaft über die Materie zu Experimenten führt, die moralisch zweifelhaft oder gar eindeutig kriminell sind. Da ist zunächst der dämonische Doktor Kauters aus dem *Hospital der Verklärung*, den Lem ohne Zögern verurteilt, dann die Parade der Sonderlinge aus den »Erinnerungen« Ijon Tichys. Weitere Helden dieses Typs schildert der Autor schon ein wenig behutsamer, indem er ihnen Züge persönlicher Tragik und Entfremdung verleiht, und am Ende ist allein schon das Beschreiten neuer Wege in der Wissenschaft unheilbar mit ethischer Ambivalenz behaftet. Dies gilt etwa für die Forscher in der Solaris-Station und für die Gelehrten in der *Stimme des Herrn*, ebenso für den Helden von *Non serviam*, Professor Dobb, der sich für die von ihm geschaffenen künstlichen Intelligenzen verantwortlich fühlt und ein Einschreiten der Hochschulverwaltung fürchtet, das seinen Experimenten (und damit dem Leben der »Personoiden«) ein Ende setzen könnte.

Es wird zunehmend deutlich, daß es nicht möglich ist, die Erkenntnis als solche von moralischen Problemen oder auch nur von Antinomien freizuhalten. Selbst der kreuzbrave Gregory aus der *Untersuchung*, der nur die Schuld oder Unschuld Sciss' feststellen möchte, stößt auf intime Geheimnisse und fügt dem mit verborgenen Komplexen beladenen Gelehrten schmerzliche Wunden zu. Aber das sind natürlich kindliche Spielereien – wenn es nur darum ginge, fremde Geheimnisse zu respektieren! Auf Solaris kann man, wie ich oben gezeigt habe, weder »Humanist« noch Verehrer des reinen Wissens sein; beide Haltungen führen zum Scheitern, möglich ist nur ein schwieriger Kompromiß zwischen den Extremen, den man sich ohnehin mit moralischen Qualen erkauft. In der *Stimme des Herrn* errichtet Hogarth, eben um mit der verborgenen Dämonie seiner menschlichen Natur fertig zu werden, ein Gerüst aus der kühlen, »unmenschlichen« Mathematik, und erst als er die ganze Welt daran aufgespannt hat, kann er sich mit sich selbst versöhnen. Vor nicht minder komplizierten Problemen stehen dann die Erforscher des kosmischen Signals. Und die vernünftigen Roboter-Konstrukteure aus der *Kyberiade*? Sie sind voll guten Willens und helfen, wo sie nur können, im Namen der verletzten Gerechtigkeit. Doch obwohl sie gerade »menschlich« und »mitfühlend« sind, enden ihre Interventionen allzu häufig in allgemeinem Leid und Hekatomben von Opfern. Und die »Maske«? Sie vereinigt private »gute Absichten« mit mechanischer Konsequenz des Handelns und weiß bis zum Ende ihres Daseins nicht, ob sie ihrem Opfer mehr geholfen als geschadet hat.

Es ist kein Zufall, daß die zuletzt genannten Helden keine Menschen mehr sind, sondern Roboter. Lem will offenbar sagen, daß die dem kognitiven und kreativen Handeln unaufhebbar anhaftende moralische Ambivalenz keine spezifisch menschliche Eigenschaft ist, sondern Kennzeichen eines allgemeineren Widerspruchs, der im Wesen der gesellschaftlichen Existenz liegt. Jede Gemeinschaft vernunftbegabter Wesen (seien es nun Menschen oder irgendwelche hypothetischen Nicht-Menschen) muß Entdekkungen, die ihren Gesichtskreis oder ihr technologisches Potential erweitern, stets mit Destabilisierung und Leiden bezahlen. Die konfliktlose Reise in die künftigen Paradiese ist ein Hirngespinst; Entdeckungen sind immer in einem gewissen Sinne »unmoralisch«, und sei es auch nur, weil sie die Grundlagen der Moral in Frage stellen. Ähnlich der Forscher: Selbst wenn er treu der Menschheit dienen möchte, wird er sie am Ende verraten, denn sonst würde er sein Leben lang gegen die Wände des Käfigs rennen, der aus den kulturellen Geboten und Verboten besteht. Nicht verwunderlich, daß unter diesen Bedingungen die Einteilung in »humanistische« und »dämonische« Gelehrte bei Lem ihre anfängliche Schärfe einbüßt. Dafür sind im übrigen auch noch andere Phänomene verantwortlich.

Die Maschinerie der Erkenntnis ist heute zu einem dermaßen komplizierten Mechanismus geworden, daß es vollkommen unmöglich ist, Methoden und Ziele auszumachen, die nur Gutes bewirken, im Unterschied zu solchen, die stets Böses hervorbringen. Jeder Gelehrte muß deshalb darauf gefaßt sein, daß sein nächster Schritt tragische Folgen haben kann. Das heißt keineswegs, daß die moralische Haltung des Forschers ihren Wert einbüßt, ganz im Gegenteil: Eine Automatik von »ihrem Wesen nach« segensreichen Tätigkeiten gibt es nicht mehr; das erkennende Subjekt muß auf Schritt und Tritt wichtige ethische Entscheidungen treffen, deren Konsequenzen ihm ohnehin nicht völlig bewußt sein werden.

Fassen wir die Ergebnisse dieser Überlegungen zusammen: Die ersten Helden Lems lebten in einer Welt, die eine bestimmte Wertordnung enthielt; deshalb garantierte die Wahl der richtigen Haltung und des richtigen Verhaltens dem einzelnen quasi von vornherein und pauschal eine positive Beurteilung. Kamen noch Determinismen gesellschaftlich-politischer Natur hinzu, so bot sich ein geradezu schematisches Bild der Realität: Die Helden der *Astronauten* und von *Gast im Weltraum*, in einer gerechten und vernünftigen Ordnung aufgewachsen, waren schlechthin außerstande, den moralischen Grundsätzen, die sie mit der Muttermilch aufgesogen hatten, untreu zu werden. Deshalb erleben die kosmischen Wanderer dieser beiden Romane gelegentlich einen seelischen Zusammenbruch, aber im ganzen sind sie automatisch und bis zum Überdruß positiv.

In den später geschriebenen Büchern konstruiert Lem die Vision eines tragischen Menschen, der als handelndes Individuum in zahllose Antinomien und überraschende Dilemmata verstrickt wird. Ihm wird Moralität nicht mehr von vornherein zugeschrieben, sondern stellt gewissermaßen seine persönliche *Leistung* dar, die auf unzähligen Wahl- und Bewertungsakten beruht. Gewiß hat dieser Mensch nicht allzu viel mit dem Menschen Sartres gemein, der bei seinen Entscheidungen die Maßstäbe und Grundlagen seiner Urteile allein in sich selbst zu suchen hatte. Zweifellos beachtet Lems Mensch die Normen, die ihm seine Kultur bereitstellt, doch ist er sich ihres relativen Charakters bewußt, und das erschwert seine Lage noch zusätzlich. Er weiß, daß er einem Katechismus gehorcht, der – wie die ganze Kultur – aus einem Wechselspiel von Zufall und Folgerichtigkeit entstanden ist, doch er kann ihm nicht widersprechen, weil dieser Katechismus alles ist, was er besitzt, und dieser Kompaß, im Laufe der Geschichte immer wieder anders magnetisiert, zeigt ihm dennoch irgendeine Wegrichtung. In den reifen Werken Lems sind die Helden ohne Zweifel tragisch, denn sie glauben nicht mehr an einen »absoluten Sinn« ihres Lebens und Handelns, und bei jedem Schritt droht ihnen ein Gefühl der Absurdität des Daseins. In einer von Nichtigkeit verseuchten Welt inszenieren sie groteske Ränke, Galoppaden und Sketche; mal halten sie eine »schwarze Messe« ab, mal untergraben sie in einem sinnvernichtenden Wortspiel die Autorität irgendeiner Institution, aber hinter diesem ganzen komischen Spektakel spürt man geradezu physisch ein Gefühl der Leere und Gleichgültigkeit des kosmischen Hintergrundes der Ereignisse. Man wird erinnert an die Messe aus Gombrowicz' *Pornographie*, eine

Messe, die durch das Bewußtsein der Nichtigkeit und Kraftlosigkeit menschlicher Rituale »erschlagen« wird:

»Die Kirche hörte auf, Kirche zu sein. Der Raum drang ein, aber ein schon kosmischer, schwarzer Raum, und das geschah nicht einmal mehr auf der Erde, sondern vielmehr verwandelte sich die Erde in einen im Weltall aufgehängten Planeten, der Kosmos wurde gegenwärtig, dies geschah irgendwo in ihm. So weit, daß das Licht der Kerzen und sogar das Licht des Tages, das durch die Kirchenfenster eindrang, schwarz wie die Nacht wurde. Also waren wir nicht mehr in der Kirche, in diesem Dorf, noch auf der Erde, sondern – und in Übereinstimmung mit der Wirklichkeit, ja, in Übereinstimmung mit der Wahrheit – irgendwo im Kosmos, aufgehängt mit unseren Kerzen und mit unserem Glanz, und dort, irgendwo in den Unermeßlichkeiten, trieben wir diese wunderlichen Dinge mit uns und untereinander, Affen ähnlich, die im Vakuum Grimassen schneiden.«[2]

Während Gombrowicz das Heilmittel gegen die Leiden, die mit dem Bewußtsein vom »Tod Gottes« verbunden sind, in einem neuen zwischenmenschlichen Spiel sucht, verbindet sich bei Lem der Versuch einer Tröstung – so wie zuvor die Vernichtung der »vertrauten Welt« – wiederum mit der Wissenschaft. Doch wo soll man nach einem *Sinn* suchen, wenn man jegliche »prästabilierte Ordnung« verworfen hat? Eine solche Vision schwebt den Bewohnern der Lemschen Welt offenbar vor, nur eben von sehr weit her, und um ihrer ansichtig zu werden, müssen wir uns ein wenig mehr in die kosmologischen Auffassungen des Schriftstellers vertiefen.

3. Der Zufall

Rückblickend erscheint uns der heutige Zustand als Ergebnis einer endlosen Kette außergewöhnlicher Fügungen der Umstände. Wenn wir nach vorn schauen, können unsere Pläne nur vom Spiel des blinden Zufalls abhängen, von den Umdrehungen des launischen Rads der Fortuna. Wie kann man mit dem Zufall leben? Diese Frage stellt sich Lem, stellen sich seine Helden, seit er zu schreiben begann. Schon der dämonische Sekułowski aus dem *Hospital der Verklärung* verbreitet sich ja über die statistische »Unwahrscheinlichkeit« der menschlichen Existenz. Nach vielen ganz unterschiedlichen erzählerischen Gestaltungen kehrt dieses

Motiv, fünfunddreißig Jahre nach dem Erstlingsroman, in einem der letzten, (in Polen; Anm. d. Ü.) noch ungedruckten Texte Lems wieder. Es taucht wieder auf im Rahmen von Überlegungen zu den Chancen, in unserer Galaxis auf »kosmische Brüder« zu stoßen. Dabei kommt heraus, daß diese Chancen nach den neuesten wissenschaftlichen Feststellungen ungleich geringer sind, als die Gelehrten bislang angenommen hatten, und daß man die Entwicklung des Lebens auf der Erde als Gewinn in einer Lotterie betrachten kann, deren Lose fast ausnahmslos »Nieten« waren. Lem referiert ausführlich die einschlägigen Hypothesen der Forscher und kommt dann zu einer Schlußfolgerung, die ich hier ungekürzt wiedergebe:

»Die menschlichen Religionen lassen sich grob einteilen in eher ›tröstende‹ und solche, die lediglich die vorgefundene Welt ›ordnen‹. Die ersteren verheißen Belohnung, Erlösung und Rechenschaft über Sünden und Verdienste, gekrönt durch eine letztendliche Gerechtigkeit im Jenseits, sie fügen also der ach so unvollkommenen Welt eine vollkommene Fortsetzung im Jenseits an. Vermutlich ist es gerade diese Befriedigung unserer Ansprüche gegen die Welt, der diese Religionen ihr jahrhundertelanges Fortbestehen und die Erstarrung einer in Generationen gefestigten Dogmatik verdanken.

Statt Trost und der Verheißung göttlicher Gerechtigkeit in einer vollkommen geordneten Ewigkeit (denn was man auch immer über das Paradies und über die Erlösung sagen mag, es gibt dort nicht eine Spur von Zufall: niemand wandert aufgrund eines göttlichen Irrtums oder einer Unachtsamkeit der Vorsehung in die Hölle, und es gerät auch niemand in posthume Bedrängnis, weil er durch irgendeinen Fehler nicht ins Nirwana gelassen wird) haben die inzwischen erloschenen Mythen eine Ordnung vermittelt, die oft grausam, aber notwendig war, also gleichfalls nicht einem Lotteriespiel glich.

Der Zweck aller Kultur war und ist es, jegliche Willkür, jeglichen Zufall im Glanze des Wohlwollens oder zumindest der Notwendigkeit erscheinen zu lassen. Das ist der gemeinsame Nenner aller Kulturen, die Quelle der ›Normalisierung‹ des Verhaltens in Ritualen, in allen Geboten und in jedem Tabu: Überall soll alles *einem einzigen* Maßstab gehorchen. Das Zufällige haben die Kulturen in kleinen vorsichtigen Dosen in sich aufgenommen – in Gestalt von Spielen und Vergnügungen, zum Zweck der Unterhaltung. Als Spiel oder Lotterie gezähmt und gebändigt, hat der Zufall aufgehört, eine berückende und gefährliche Kategorie zu sein. Wir spielen in der Lotterie, weil wir spielen möchten. Niemand zwingt uns dazu. Der gläubige Mensch sieht es ebenfalls als Zufall an, wenn ihm ein Glas zerbricht oder eine Wespe ihn sticht, aber den Tod führt er nicht auf den Zufall zurück; unbewußt scheint er zu glauben, daß Gottes Allmacht und Allwissenheit den Zufällen nur eine *untergeordnete* Rolle zuweist. Die Wissenschaft hat den Zufall als Effekt einer *einstweilen* noch unvollständigen Erkenntnis aufgefaßt, als Ergebnis *unserer* Ungewißheit, die durch weitere Entdeckungen beseitigt würde. Das ist kein Scherz; Einstein scherzte durchaus nicht, als er sagte: ›Der Herrgott würfelt nicht‹, denn: ›He is sophisticated, but He is not malicious‹, was besagen sollte: Es ist *schwierig*, die Ordnung der Welt zu erkennen, aber *möglich* ist es, denn sie ist der Vernunft zugänglich.

Das ausgehende 20. Jahrhundert bringt nun eine allgemeine Abkehr von diesen in Jahrtausenden hartnäckig und verzweifelt behaupteten Positionen. Die Alternative ›Zerstörung *oder* Schöpfung‹ muß schließlich aufgegeben werden. Gewaltige, dunkle Wolken kalten Gases, die in den Armen der Galaxien kreisen, zerfallen allmählich in Fragmente, die ebenso unvorhersehbar sind wie die Splitter eines zerspringenden Glases. Die Naturgesetze machen sich nicht *trotz* der Zufälle, sondern *durch* sie geltend. Die statistische Furie der Sterne, die milliardenfach abortieren, um einmal Leben zu gebären, das in Millionen von Gattungen durch eine zufällige Katastrophe hingemordet wird, um einmal in der Vernunft zu gipfeln – das ist die Regel und nicht die Ausnahme im Weltall. Sonnen entstehen aus der Vernichtung anderer Sterne, und in der gleichen Weise gerinnen die Überreste prästellarer Wolken zu Planeten. Das Leben ist einer der seltenen Gewinne in dieser Lotterie, und die Vernunft ist ein noch ungewöhnlicherer Gewinn in weiteren Ziehungen, verdankt sie ihre Entstehung doch der natürlichen Auslese, also dem Tod, der diejenigen, die ihm entgehen, vervollkommnet, und Katastrophen, welche die Chance des Auftretens vernunftbegabter Wesen plötzlich erhöhen können. Daß der Aufbau der Welt mit dem Aufbau des Lebens zusammenhängt, steht inzwischen außer Zweifel, doch ist der Kosmos ein ungeheuer verschwenderischer Investor, der das Anfangskapital im Roulette der Galaxien verschleudert, aber er hat einen Mitarbeiter, der eine gewisse Regelmäßigkeit in dieses Spiel hineinbringt: das Zufallsgesetz der großen Zahl. Der Mensch, geformt durch jene Eigenschaften der Materie, die zusammen mit der Welt entstanden sind, erweist sich als eine seltene Ausnahme von der Regel der Zerstörung, als ein Übriggebliebener von Verheerungen und Brandopfern. Schöpfung und Zerstörung sind einander bedingende Sachverhalte, vor denen es keine Ausflucht und gegen die es keine Berufung gibt.»[3]

Das klingt recht erbarmungslos, und Lem scheinen alle »tröstenden« Intentionen, wie sie die traditionellen religiösen Kosmogonien auszeichnen, völlig fern zu liegen. Wer jedoch aus dieser Vision Schlußfolgerungen ziehen möchte, wie sie Sekułowski zieht, daß nämlich nichts in der Welt einen Sinn habe und Werte eine Illusion seien, den lade ich ein, sich mit dem Wesen des Lemschen Modells des Universums gründlicher zu befassen; er wird dann erkennen, daß das, was die Wissenschaft uns zu nehmen scheint (nämlich das Gefühl, die Existenz sei etwas Geordnetes und Zielgerichtetes), dem Menschen von derselben Wissenschaft – unter bestimmten Bedingungen und bis zu einem gewissen Grade – zurückgegeben wird. Wenden wir uns noch einmal kurz dem weisen Hogarth aus der *Stimme des Herrn* zu.

Warum zieht Hogarth das probabilistische Modell des Kosmos und der Evolution dem deterministischen vor? Wie man sich erinnern wird, quält sich der Gelehrte mit dem Problem des Bösen herum, das er in sich selbst und in der Welt entdeckt und mit dem er sich nicht abfinden kann, falls es ein intentionales, beabsichtigtes Element des Schöpfungsplanes sein sollte. In den Disputen der künstlichen Personoiden wiederholt sich dieses Motiv in »Non serviam«, und in seinen wissenschaftlichen Essays äußert Lem dasselbe noch einmal »persönlich«. Würde man die Existenz eines Allmächtigen und Allgütigen Wesens annehmen, dem der Kosmos restlos unterworfen ist, dann müßte man in dem Bösen und dem Irrtum, der sich in ihm breitmacht, die Frucht einer unverständlichen, perversen Boshaftigkeit des Demiurgen sehen. Lem stellt das Problem der Theodizee auf des Messers Schneide, denn er faßt Gott sehr menschlich und sozusagen mit dem gesunden Hausverstand auf. Was ist das für ein Konstrukteur, fragt er, der seine Geschöpfe so sinnlos quält, obwohl es ihm ex definitione möglich wäre, das nicht zu tun?[4]

Die Art und Weise, wie Lem den allmächtigen Gott aus seiner

Kosmogonie verbannt, finde ich als logische Konstruktion nicht sonderlich originell, und es würde sicher genügen, die Gottesidee – wie es etwa Schestow tut – von der menschlichen Ethik und Vernunft zu lösen, und sogleich würde sich das metaphysische Problem wieder in aller Schärfe stellen.[5] Die Theodizee kennt übrigens noch andere scharfsinnige Möglichkeiten, Widersprüche zu vermeiden, aber sie sind für Lem allzu interessant, weil er nämlich ein antimetaphysisches System der Erkenntnis errichtet, das sich an der Empirie orientiert. Wenn mir das Abenteuer des Schriftstellers mit Gott und der Theodizee überaus interessant erscheint, dann nicht so sehr im Sinne einer logischen Beweisführung, sondern als Entwurf eines empirischen *Experiments*.

Was tut Dobb denn eigentlich? Er versucht nicht theoretisch zu entscheiden, ob die unvollkommene Welt das Produkt einer vollkommenen, allmächtigen Intention sein könnte, sondern er spannt umgekehrt seine eigene, überaus begrenzte schöpferische Potenz für demiurgische Aktivitäten ein und fragt die von ihm geschaffenen Wesen, was sie von ihrem hypothetischen »Gott« halten. In »Non serviam« kommt es wohl nicht so sehr auf die logischen Argumente an, die in der Diskussion der »Personoiden« fallen, als vielmehr auf die Methode, metaphysische Fragen durch ein paradoxes Experiment zu entscheiden. In einer Welt, die vom Zufall regiert wird, kann die klassische Metaphysik nichts anfangen, denn sie möchte globale und zeitlose Fragen entscheiden, doch der Zufallsfaktor der Evolution bezieht unausweichlich *jede* Antwort auf den geschichtlichen Augenblick, in dem sie formuliert wurde. Ein Gelehrter, der sich für das probabilistische Modell der Physik oder des Kosmos entschieden hat, muß sich ungleich stärker fühlen als seine Vorgänger, die an *ihre Zeit* und an die historische Betrachtungsweise gebunden waren; er blickt vorsichtig in die Zukunft, weil er seine Hypothesen bei jedem Schritt empirisch verifizieren muß. Wir sehen schon, wie sich hier der Kreis schließt: Hatte es zunächst moralische Gründe, daß die Sicht der Welt als Produkt eines allmächtigen Wesens verworfen wurde, so sind die Konsequenzen erkenntnistheoretischer und kosmologischer Natur; die Inthronisierung des Zufalls brachte es wiederum mit sich, daß als Methode die Empirie gewählt wurde, und gerade die empirische Methodologie brachte eine »empirische Metaphysik« und eine Konzeption von »Gott« hervor, die in deren Rahmen annehmbar wäre. Doch die Wahl der Methode hat bei Lem noch andere Ursachen und Folgen. Hören wir zunächst, was er über die Metaphysik sagt:

»(...) aus der Metaphysik folgt ja nichts, was als eine notwendige Eigenschaft der Welt gelten könnte, und sie enthält nichts, was sich nicht anzweifeln ließe (...). Erkenntnis bedeutet, Gewißheit zu erlangen – in welcher Frage auch immer; nun gibt es aber kein Verfahren, das den Hunger nach Gewißheit stillen könnte, wenn er nur entsprechend ungebärdig ist.

Es gibt also nicht eine einzige, weil notwendige Metaphysik, sondern eine Vielzahl einander widerstreitender Metaphysiken. Von den Annahmen, die man macht, hängt nämlich das Weltbild ab, das entsteht, einschließlich der ›Notwendigkeiten‹, die leider nicht ›im nackten Sein selbst‹ wurzeln, sondern lediglich in den zuvor gemachten Annahmen.

Wäre aber der Zweck der Erfahrung nicht ein Informationsgewinn, der sich bei weiteren Erfahrungen (Experimenten) nutzen läßt, sondern eine Instanz, die ihrer Natur nach selbst nicht ›Erfahrung‹ ist, dann würde die Empirie zu einer Mühle, die nichts als Beliebigkeit mahlt.«[6]

Etwas Ähnliches sagt auch Hogarth in der *Stimme des Herrn*:

»Wenn dem Menschen nicht mehr daran gelegen sein wird, Atome und Planeten zu bewegen, wird die Welt ihm gegenüber sehr wehrlos sein, weil der Mensch sie sich dann so ausdeuten kann, wie es ihm beliebt. Wer die Phantasie als Schwert benutzt, wird durch das Schwert umkommen. Und dabei geht es doch darum, daß die Phantasie zum Fenster wird, das sich auftut in die Welt.«[7]

Hier geht es also nicht mehr darum, was ein allmächtiger Demiurg mit der Welt macht, sondern im Gegenteil darum, was der Mensch mit ihr machen kann, wenn er überzeugt ist, das zeitlose Geheimnis des Universums gelüftet zu haben. Die oben dargestellte methodologische Entscheidung hat ihre Wurzeln nicht nur in der Logik der Wissenschaft schlechthin oder in der Reflexion über religiöse und ethische Dilemmata. Sie erscheint in Lems Ideenwelt als Gegengift gegen Gefahren nicht mehr nur »methodologischer« Natur.

Wenden wir uns noch einmal der Jugendzeit des Autors zu: Er durchlebt damals die Erfahrung erst des Faschismus, dann des Stalinismus. Bei allen Unterschieden verbindet diese Systeme der Glaube an die Erkenntnis des »objektiven« Mechanismus der

Geschichte. Ihn erkannt zu haben ist die angebliche Rechtfertigung des Terrors gegen jene, die nicht an ihn glauben oder sich ihm widersetzen. Lem hat also schon in den Anfängen seines Schaffens den repressiven Charakter der gesellschaftlichen »Metaphysik« kennengelernt. Die praktischen Folgen des ideologischen Wahnsinns waren für den Schriftsteller zwar jeweils andere (der Faschismus beraubte ihn der Menschenrechte und machte aus ihm ein gehetztes Tier – der Stalinismus versuchte ihn als Rädchen in der Maschine des Fortschritts auszunutzen), doch der »geschichtsphilosophische« Sinn des Primats der Idee gegenüber dem Individuum stimmte in beiden Fällen überein. Wie weit der Stalinismus – trotz des gegenteiligen Anscheins, den man erzeugte – von der Empirie entfernt war, belegt die Literatur des Sozrealismus, in der die Befolgung der »wissenschaftlichen Gesetze der Entwicklung« stets wichtiger war als die individuellen Erfahrungen des Autors. Das ist auch der Grund, warum die Helden der *Astronauten* und von *Gast im Weltraum* auf ihren Reisen »empirisch« vor allem das kennenlernen, was sie ohnehin schon vorher kannten.

In diesem Zusammenhang gewinnt die Inthronisierung des Zufalls als Motor der Veränderung einen neuen Sinn. Anfangs sah Lem im programmatischen Indeterminismus eine nihilistische Haltung gegenüber den Werten, wohingegen eine konstruktive und moralische Haltung aus dem Wunsch erwachsen sollte, die Naturgesetze zu erkennen und diese Erkenntnis für die gute (gesellschaftliche) Sache zu nutzen. Später nimmt er dann an demselben Indeterminismus unerwartet positive Seiten wahr. Man kann mit seiner Hilfe behutsam und ohne die überhebliche Gewißheit, daß die Welt sich den hier und jetzt formulierten Annahmen unterwerfen werde, an die Zukunft herangehen. Gerade dadurch erhält die auf Wahrscheinlichkeitsrechnung und Spieltheorie beruhende Methodologie, mittels derer Lem die Dynamik der Realität zu beschreiben versucht, eine neue ethische Grundlage und eine entschieden positive Bewertung. Aber das ist natürlich nicht alles. Selbstverständlich gibt es für den Schriftsteller kein Zurück zu der Position Sekułowskis, der nach einem Blick in die Vergangenheit, in der er nichts als das Spiel von Zufällen entdeckte, die Welt, den Menschen und die Werte für *sinnlos* erklärte, da sie aus dem Chaos entstanden seien und wieder im Chaos versinken würden. Lem, der nicht an eine »prästabilierte Ordnung« glaubt, bemüht sich dennoch, Sinnhaftigkeit zu schaffen, freilich auf anderen Grundlagen als denen der Metaphysik.

Wie faßt denn nun der Autor in seinem Modell der Kultur die Verflechtung von Zufallsereignissen und Notwendigkeit auf? Er bezeichnet die Kultur als ein *Spiel*, bei dem es unter anderem um die Anpassung an die Umwelt, die Existenzsicherung der Individuen geht, aber nicht nur: Die Kultur ist außerdem in weitem Maße ein »leeres« Spiel, das heißt, sie stellt Regeln auf, die außerhalb der Welt des Spiels durch nichts begründet sind. Die Entstehung dieser letzteren Regeln ist weitgehend vom Zufall bestimmt, auch wenn sie anschließend im Leben der Gesellschaft eine nichtzufällige Rolle spielen. Der Zufall ist es, der für die Vielfalt und Fülle der unterschiedlichen kulturellen Systeme sorgt, der bewirkt, daß Rituale, deren praktische Bedeutung in vielen Kulturen die gleiche sein mag, eine besondere und originelle Färbung erhalten, so daß sie äußerlich völlig verschieden wirken. Es heißt bei Lem:

»(...) man kann die von der Natur aufgestellten Bedingungen im Bereich der Nahrungsbeschaffung erfüllen und zugleich die Umstände ihrer Erfüllung zu einem System von Handlungen verknüpfen, das denotativ und designativ teilweise *leer* ist. Man kann etwa, ehe man sich auf die Jagd begibt, magische Handlungen vollführen, die Waffe beschwören, die Geister um Jagdglück bitten usw. Man erfüllt damit die von der Natur gegebenen Bedingungen, doch werden sie eben in ein Spiel einbezogen, dessen Züge sich nur teilweise mit den Bedingungen decken, welche die Natur stellt.«[8]

Doch das, was in der jeweiligen nichts als eine zufällige Version der Erfüllung von adaptiven Aufgaben darstellt, verwandelt sich rasch in ein Ensemble von wesentlichen Merkmalen, die für ihre Gestalt und ihre Werte entscheidend sind:

»Das stochastische Modell der Kulturgenese nimmt an, daß jener Freiheitsspielraum, den die Welt der evoluierenden Gemeinschaft läßt, wenn sie die Pflicht zur Anpassung im Sinne eines *notwendig* zu erledigenden Pensums erfüllt, – daß dieser Freiheitsspielraum von Verhaltenskomplexen ausgefüllt wird, die ursprünglich auf den *Zufall* zurückgehen. Was ursprünglich marginal war, verfestigt sich mit der Zeit in Prozessen der Selbstorganisation zu normativen Strukturen, die auf das innerkulturelle Muster der «menschlichen Natur» einwirken und es um Tafeln mit diversen

Geboten und Pflichten bereichern. Der Mensch ist also ständig, namentlich zu Beginn seines geschichtlichen Weges, in Zufälligkeiten verwickelt, die letztlich ausschlaggebend dafür sind, wie er und seine Zivilisation aussehen werden. Daß der Faktor der Selektion zwischen alternativen Verhaltensweisen ein zufälliger ist, bedeutet aber keineswegs, daß die Zusammenstellung der späten Folgen dieser Selektion ebenso zufällig sein muß.«[9]

Hier sehen wir schon, wie die Kultur ihre zufällig erworbenen Elemente »bändigt« – und wie diese dann das Skelett ihrer Ordnung bilden, die nicht mehr »sinnlos« ist, da sie die Wohnung der Menschen, das axiologische Fundament ihrer Existenz ist. Lem baut in seine Vision der Welt sehr behutsam zufällige und determinierte Elemente ein, um sowohl den Nihilismus zu vermeiden, der aus dem Unglauben an jeglichen Sinn erwächst, als auch den Absolutismus, der aus der Inthronisation eines einzigen Sinnes folgt, dem angeblich die physikalische oder die gesellschaftliche Realität gehorchen. Die Vorstellung eines vollkommen vernünftigen und deterministischen Kosmos begünstigt die Anmaßungen der Vernunft, verschiedene Spielarten von »angewandter Futurologie« – und am Ende, wie schon gesagt, die gewöhnliche Tyrannei. Mit »reiner Vernunft« sind die Mängel der menschlichen Beschaffenheit also nicht zu heilen; zuvor muß all das berücksichtigt werden, was in ihr ausgemacht werden kann als eine Überlagerung von biologischen Determinationen, geschichtlicher, örtlicher Überlieferung, religiösen und philosophischen Ansichten, Vorurteilen oder schlichter Mode. All diese Faktoren verstärken sich im Laufe der Geschichte teils zufällig, teils aufgrund von Konventionen; sie erzeugen im Individuum schließlich ein Ensemble naturwüchsiger Einstellungen und Wertungen, die ein unverzichtbarer Bestandteil seiner Persönlichkeit sind und ohne eine tiefgreifende seelische Verstümmelung nicht im Namen irgendwelcher Vernunftgründe zerstört oder radikal modifiziert werden können. Es gibt daher kein System eines »vollkommen logischen« Wissens, das uns die Welt gewogen machen könnte.

Was Lem über die Kultur schreibt, geht wohl wesentlich auf politische Erfahrungen seiner Jugendzeit zurück. Den Ausgangspunkt bildeten gesellschaftliche Ideologien, die ihn einerseits auf »Dünger«, andererseits auf ein Rädchen in der Maschine einer vollkommen determinierten geschichtlichen Entwicklung reduzieren wollten. Wirklich bedrohlich wurden die Tyrannei und das

Böse in diesen Ideologien erst dadurch, daß der Determinismus sie als eine *Notwendigkeit* erscheinen ließ, als Resultat der konsequenten Entwicklung der »besten aller Welten«, als Verkörperung der »geschichtlichen Vernunft« usw. Deshalb konstruiert der Schriftsteller eine Vision der gesellschaftlichen Entwicklung, die nicht mehr restlos von objektiven Gesetzen bestimmt ist. Seine futurologischen Vorstellungen könnte man mit dem Motto versehen, das Miłosz dem *Verführten Denken* vorangestellt hat.[10]

Wir sehen jetzt, welch umfassenden Anwendungsbereich und was für heterogene Quellen die »Philosophie des Zufalls« bei Lem hat; sie umfaßt die Physik, die Kosmologie, die Evolutionstheorie, die Kultursoziologie, die Axiologie, und sie ist anwendbar in verschiedenen Einzeldisziplinen wie z.B. der Literaturwissenschaft, der Kunstgeschichte, ja sogar der Theologie. Die Begründungen für seine Behauptungen entnimmt er der Empirie, aber auch der Erkenntnistheorie und der Ethik. Ironisch könnte man gewiß sagen, daß Lem auf der Flucht vor der Metaphysik dennoch ein ganzes *System* der Philosophie geschaffen habe, das sich ebenso auf die Empirie wie auf apriorische Annahmen stützt. Es ist jedoch ein System, das erklärt, warum die Welt sich nicht in eine globale und zeitlose Systematik fügen will. Das stochastische Modell des Universums erklärt uns, woran es liegt, daß wir die Erscheinungen *nicht begreifen*; während es mit den Hoffnungen auf die Entdeckung einer allgemeingültigen »Semiotik des Kosmos« Schluß macht, lehrt es uns zugleich Respekt vor der winzigen Insel von Ordnung und Sinnhaftigkeit, welche die menschliche Kultur um uns herum geschaffen hat. Lems Phantasie (ich denke hier an die in einem ernsten Ton gehaltenen Werke) schuf zunächst die Vision eines *bewohnten* Weltalls, wobei jedoch die Chancen einer Verständigung mit den »kosmischen Brüdern« von Anfang an zweifelhaft waren. Das ist auch kein Wunder, müßte doch das Spiel von Zufall und Notwendigkeit zu einer prinzipiellen Andersartigkeit der Lebensformen, der Kulturen und der Ansichten bei jenen Wesen führen, die sich auf anderen Planeten entwickeln würden, und die Möglichkeiten eines Erfahrungsaustauschs schon im Ansatz zunichte machen. Doch wenn dem Menschen auch die Hoffnung auf das Kennenlernen eines universalen, kosmischen »Esperanto« genommen ist (es müßte sich auf eine »Prästabilierte Ordnung« stützen, die Lem nicht zuläßt), die Helden dieser Bücher sehnen sich dennoch nach dem Kontakt mit den Fremden, von dem sie sich wenigstens die Klärung der Besonderheiten ihrer eigenen Lage versprechen. Die Vision der Begegnung mit den »Brüdern« hat eine Tendenz zu den mythischen Träumen von den »wiedergefundenen Eltern«, die, klüger und stärker als wir, uns in ihre Obhut nehmen könnten. Das ist natürlich eine Möglichkeit des Trostes für diejenigen, die sich in einem stochastischen Universum verloren fühlen, und es ist ja schließlich nicht ausgeschlossen, daß der *Zufall* sie verwirklicht. In dem oben zitierten Essay über die Evolution des Lebens auf der Erde verwehrt Lem uns einen so primitiven Trost, zumindest erschwert er ihn. Vielleicht sind wir ja wirklich allein im Kosmos und müssen unsere metaphysischen Ängste selbst bewältigen.

Wenden wir uns noch einmal der von Lem referierten Geschichte des Sonnensystems zu. Die Frage, die der Held des *Schnupfens* im Hinblick auf sein Schicksal formulierte, könnte man ähnlich sicher auch an diese Konzeption stellen: Warum haben gerade *wir* es geschafft? Auch die Antwort wird ähnlich lauten. Von der hohen Warte der mathematischen Statistik aus können wir die irdische Ordnung als einen so ausgefallenen Zustand der Materie bezeichnen, daß er nur einmal in Milliarden Jahren, nur einmal unter Milliarden Sternen zustande kommen konnte, und damit wäre die Ausnahmestellung des Lebens wahrscheinlichkeitstheoretisch gerechtfertigt, wäre ihr der Zauber der Merkwürdigkeit oder der Absurdität genommen. Aber nicht alle finden diese Antwort hinreichend. Sie meinen, eine derart komplizierte und einmalige Fügung von Zufällen könne nicht von selbst entstanden sein, die Entstehung der Erde und des Lebens müsse daher von einer höheren Instanz von bisher unbekanntem Wesen gelenkt worden sein.

Keine dieser Antworten – die »statistische« ebensowenig wie die »teleologische« – verletzt die Prämissen der »Philosophie des Zufalls«, denn selbst wenn ein Demiurg existiert, so kann er doch nicht allmächtig sein, wenn er so unökonomisch arbeitet und seine Kreationen mit Hekatomben von Opfern erkauft. Die Wahl zwischen diesen beiden Lösungen, die man gemeinhin als eine Entscheidung von schlechthin metaphysischer Natur auffaßt, hat bei Lem einen etwas anderen Charakter, weil er unter Metaphysik etwas anderes versteht (für ihn ist *jenseits* der Physik ebenfalls eine Physik, nur eben eine andere). Man kann also zwischen den oben charakterisierten Ansichten wählen, ohne deshalb gegen die oberste philosophische Direktive zu verstoßen, die gleichsam *über* dieser Wahl thront.

Therapeutische Funktionen erfüllt Lems stochastisches Modell des Kosmos nur in begrenztem Maße. Es hilft, die in der manichäischen Weltsicht verborgenen Gifte zu neutralisieren, aber der Dualismus zwischen dem ordnenden Denken und dem indifferenten materiellen Substrat seiner schöpferischen Operationen bleibt stets bestehen. In der physischen Realität verbirgt sich kein immanentes Böses, aber das Gute finden wir auch nicht in ihr. Ein (menschlicher oder nicht-menschlicher) Demiurg kann in ihr gewisse Gestalten schaffen, doch kann er sie nach nichts *fragen*, er bleibt aus der Welt, mit der ihn kein transzendenter Plan mehr verbindet, faktisch *verstoßen*. Die obigen Formulierungen sind nur vorläufiger Natur, denn es gibt bei Lem einen Bereich, in dem sich eine Einheit von Geist und Materie herstellen läßt. Wir müssen uns also noch mit einem weiteren Lieblingsmotiv des Schriftstellers befassen und seinen Konsequenzen nachgehen.

4. *Die Technologie*

In dem Märchen von Gigelanz und Winzlieb will der eine den ganzen Kosmos zu einem einzigen denkenden Organismus umschmieden, der andere die Vernunft in einer mikroskopisch kleinen Perle unterbringen. Beide Betrachtungsweisen sind bei Lem immer gegenwärtig: Bald sieht er das Weltall »global«, in Gestalt eines unvorstellbar großen und komplexen, aber einheitlichen Systems, träumt er von »denkenden« Sonnen und Galaxien, konstruiert er verschiedene Modelle der »Totalität«, in denen unser Universum nur eine von vielen, gleichzeitig existierenden Möglichkeiten ist; dann wieder fasziniert ihn ein »denkender Sand«, die bis in den molekularen Bereich gehende Miniaturisierung funktionaler Vorrichtungen. Nein, er ist kein zweiter Pascal, der in den beiden Unendlichkeiten versinkt; vielmehr versucht er, im Einklang mit der modernen Physik bis zu den *Grenzen* des Großen und des Kleinen vorzustoßen, jenseits derer diese Begriffe ihren räumlichen, »dreidimensionalen« Sinn einbüßen und zu einer informationstheoretischen Abstraktion werden, die in den gewohnten sinnlichen Kategorien kaum vorstellbar ist.

Welches Ziel haben diese Reisen? Ich glaube, daß es hier – allem Anschein zum Trotz – nicht mehr um das *Erkennen* faktischer

Sachverhalte geht. Was kann heute auch ein Mensch »erkennen«, der nur mit Papier und Feder ausgerüstet ist – und nicht mit einem Radioteleskop oder einem riesigen Zyklotron? Lems Denken versucht außerdem vorauszueilen, Entdeckungen vorwegzunehmen, die man vielleicht in der Zukunft machen wird. Dieses Ausweichen auf die Extreme hat, wie ich meine, ein anderes Ziel, das sich einem Denken erschließen soll, welches auf die Gottesidee verzichtet und deshalb versucht, auf eigene Faust die Gesamtheit des Seins zu umfassen, es vernünftig zu machen, das heißt, rationalen Kategorien und der Modellbildung noch *vor jeglicher Erfahrung* zugänglich zu machen. In einer vom Zufall beherrschten Welt konstruiert Lem deshalb bestimmte *apriorische Kategorien der Rationalität*, in deren Rahmen sich künftige Entdeckungen vollziehen werden.

Nicht nur das reine Denken, das die Gesetze der Natur zu durchdringen sucht, wendet sich den Grenzen der Erkenntnis zu – mehr noch gilt das für die *Technologie*. Manfred Geier, dessen Studie über Lems *Eden* ich gerade aus der Hand lege, macht mit Recht darauf aufmerksam, daß das »technologische« Sehen und Erleben der Welt seine Wurzeln bereits in der frühen Kindheit des Autors hat.[11] Von klein auf faszinieren ihn die Dinge mehr als die Menschen, die konstruktiven mehr als die gesellschaftlichen Erfolge. Im *Hohen Schloß* gibt es dafür eine Reihe von Beispielen, die der Verfasser der Studie als wichtigstes Beweismaterial in dieser Frage anführt. Die Argumentation Geiers, der den Autor von *Eden* in Anlehung an Derrida einer eingehenden Psychoanalyse unterzieht, interessiert mich hier zwar weniger, doch muß ich zugeben, daß Lems Verwicklung in das Abenteuer mit der Materie überaus treffend beobachtet wurde. Geier weist übrigens darauf hin, daß die ersten Konstruktionen des Jungen praktisch nicht zu gebrauchen waren; was ihn anzieht, ist die Technik als solche, unabhängig von der direkten Nutzung. In den Folgerungen, die daraus gezogen werden, weiche ich von dem Verfasser der Studie ab und hebe hier nur hervor, daß die Technologie bei Lem einen nicht nur utilitären Charakter hat.

Was gehen die Menschen die ingenieurtechnischen Ausflüge in die Mikrominiaturisierung an? Den Schriftsteller faszinieren ohne Zweifel allein schon die Möglichkeiten, die sich hier dem Konstrukteur zu eröffnen scheinen. Nicht umsonst ist die »schwarze

Wolke« im *Unbesiegbaren* nicht zu schlagen, ebensowenig wie das Superungeheuer von Trurl und Klapauzius, das ausschließlich aus den Mikroelementen eines Elektronengehirns besteht (»Die Zweite Reise oder König Grausams Angebot«). In »Altruizin« zeigen die MASTEN Klapauzius wiederum, daß man aus elektronischem Sand »alles« machen kann, und im *Lokaltermin* stellt sich heraus, daß die winzigen Gripser die gesamte Umwelt der Losannier in ein dem Leben gewogenes, fürsorgliches Nest zu verwandeln vermögen. Hier ist nicht die Gelegenheit, die Kehrseite der Medaille darzustellen – all die Leiden, die die Nutzung solcher Apparaturen bereiten kann. Diese Leiden können übrigens gerade das Ziel der ingenieurtechnischen Bemühungen sein. In einem seiner letzten Werke setzt Lem das Tüpfelchen auf das I, indem er die Mikrominiaturisierung des Militärs als die nächste Etappe des voraussehbaren Rüstungswettlaufs bezeichnet. Am Schluß dieses Werkes fallen bezeichnende Worte:

»Nicht wegen totalitärer Ränke war der Frieden ein Krieg, wie sich das einst Orwell vorgestellt hatte, sondern wegen der technologischen Errungenschaften, welche die Grenzen zwischen den *natürlichen* und den *künstlichen* Phänomenen auf jedem Gebiet, in jedem Teil der menschlichen Welt verwischten.«[12]

Dies erinnert an die Überlegungen zur Künstlichkeit und Natürlichkeit im *Lokaltermin*, wenngleich der Grad der Miniaturisierung auf der phantastischen Entia natürlich ungleich höher sein muß. Hier haben wir gewissermaßen die Vor- und die Nachteile der Mikrotechnik: Sie kann eine quasi-natürliche Umwelt schaffen, die den Wesen, die in ihr leben, förderlich ist – oder ihnen auf raffinierte Weise schadet. Nicht die segensreichen oder unheilvollen Folgen einer solchen Technologie werden hervorgehoben (nach Lems Texten ist beides möglich); im Vordergrund steht die Tatsache, daß die Operationen der Konstrukteure ein Niveau erreicht haben, auf dem es nicht mehr möglich ist, das Künstliche vom Natürlichen zu unterscheiden, so daß gleichsam die nackte Materie und (in begrenztem Maße) die »Gesetze der Natur« dem Zugriff des Ingenieurs ausgesetzt sind.

Nicht anders stellt sich die Sache bei den Projekten der Astroingenieurkunst dar, die aus heutiger Sicht ganz und gar phantastisch sind und denen der Schriftsteller sich ausführlich gewidmet hat, sei es in der *Summa technologiae*, sei es in fiktionalen Werken (»Altruizin«, »Die Neue Kosmogonie«, *Die Stimme des Herrn* usw.).

Auch hier geht es nicht darum, ob die Konstruktionen aus menschlicher Sicht praktischen Zwecken dienen (wie z.B. die »Dyson-Sphäre«, die in der *Summa technologiae* eingehend behandelt wird) oder ob irgend welche »überkosmischen« supermächtigen Wesen rein hypothetische Operationen durchführen (»Die Neue Kosmogonie«). Entscheidend ist allein die Idee, daß die Unterschiede zwischen dem Künstlichen und dem Natürlichen verwischt werden; sie triumphiert auch hier wieder. Am Ende wird der gesamte Kosmos zum Schauplatz technologischer Eingriffe und einer ihn (potentiell) durchdringenden vernünftigen Intention.

Man sollte das nicht falsch verstehen; es geht ja weder darum, die Existenz einer außerweltlichen Vernunft anzuerkennen, die den Kosmos wie einen Wecker aufzieht, noch um eine Spielart des Pantheismus oder gar um die ernstgenommene Hypothese von den »Brüdern im Kosmos«, die die Erde in ihre Obhut nehmen oder gar Sterne anzünden und löschen könnten. Machen wir aus Lem nicht einen Verfasser von Groschenromanen über fliegende Untertassen! Er verpackt seine Einfälle in eine phantastische Fabel, aber darin steckt eine Begründung philosophischer oder eigentlich – genauer – metaphysischer Natur (in dem Sinne, daß sie nicht mehr zur »Physik« gehört). Lems apokryphe Versionen der Physik und der Kosmogonie entwerfen für uns eine Welt, die einer vernünftigen Aufsicht und einer »technologischen« Gestaltung – rein potentiell – *unterliegen könnte*.

Das bedeutet nicht mehr und nicht weniger, als daß der Schriftsteller mit der scharfen Abgrenzung zwischen Natur und Kultur, die einen ontischen Gegensatz zwischen diesen Bereichen sieht, nicht einverstanden ist. Die unaufhaltsame Expansion der Technologie, deren Vision Lem in seinen Werken zeichnet, verliert dadurch den Sinn, den man ihr gewöhnlich beigelegt hat. Man hat sie bisher als eine par excellence *menschliche* Aufgabe verstanden: Der Mensch herrschte über die Erde, über die ganze Welt und machte sie »sich untertan« unter dem wohlwollenden Blick des transzendenten Demiurgen, oder anders gesagt: Er erfüllte die Mission seiner Gattung, indem er sich bemühte, die Naturgesetze zu durchschauen und sie zu seinem Wohl zu nutzen. Ganz so einfach ist das bei Lem nicht: Der technologische Fortschritt muß nicht unbedingt dem Wohl der Menschheit dienen, ja, er kann geradewegs zu einer Krise der Menschlichkeit führen, verstanden als Ensemble der unsere Gattung auszeichnenden Merkmale. Letzten Endes kann das Wesen, das den Kosmos beherrschen möchte, irgendwo unterwegs seine »Menschlichkeit« verlieren beziehungsweise die kognitiv-kreativen Erfolge an irgendwelche denkenden Apparate abtreten, so daß der Marsch zu den Grenzen des Wissens und der Allmacht durchaus kein Triumphzug zu sein braucht. Und falls dieses Wesen doch die Fähigkeit zur Erschaffung von Kosmossen erlangt, weist uns der Autor sogleich auf die Beschränkungen seiner Allmacht und auf seine grundlegende Schwäche hin, die schon aus der »Unvollkommenheit des Seins« resultiert, aus der Notwendigkeit, sich auf allen Stufen der Organisation der materiellen Welt dem Zufall zu unterwerfen.

Weshalb findet bei Lem die Expansion der Technologie statt? Ihr Zweck ist, wenn man so sagen darf, nicht mehr, die Menschen zu beglücken, sondern einen Traum des Schriftstellers zu erfüllen, einen Traum mit zwei verschiedenen Quellen und Funktionen. Einen großen Anteil daran hat sicher eine geradezu kindliche Leidenschaft, über die Welt der Dinge zu herrschen, eine Leidenschaft, die der Autor »stellvertretend« verwirklicht. Dem Erwachsenen Lem ist jedoch klar, daß man eine solche Herrschaft – wenn überhaupt – nur erringen kann um den Preis, seine Menschlichkeit einzubüßen. Für ihn sind die reine Vernunft und die reine Technologie gewissermaßen nur deshalb darauf aus, das Ganze zu übernehmen, um zu beweisen, daß es nicht unbedingt eines transzendenten Standpunkts bedarf, um die Sterne, um das ganze Sein in Bewegung zu setzen, beziehungsweise, daß auch die »Transzendenz« in die weltliche Seinsordnung einbezogen werden kann (und sei es in Gestalt von Hierarchien von »Kisten«, Kosmossen usw.).

Der Gegensatz zwischen dem Natürlichen und dem Künstlichen entstammt der religiösen Weltsicht. Ihr zufolge unterliegt das Natürliche der Autorität und den Kompetenzen eines außerweltlichen Schöpfers, während das Künstliche als Ergebnis des Wirkens von Wesen gesehen wird, die *innerhalb* der Welt existieren. Der Verfechter einer atheistischen Kosmogonie muß sich die Frage beantworten, welcher Art die Grenze ist, die das, was sich mit Vernunft lenken läßt, von dem trennt, was sich – als das Natürliche – allen Einmischungsversuchen entzieht. Wenn es eine solche Grenze tatsächlich gibt, ist die Frage, *wie* sie entstanden ist und *warum*. Das sind nur scheinbar sinnlose Fragen, und der Versuch, sie dahingehend zu beantworten, daß die natürliche Ordnung irgendwie »von selbst« entstanden und ihre absolute Unabänderlichkeit nicht zu erklären sei, läßt ganz spezifische metaphysische Ängste wach werden. Genau diese Haltung vertritt Lem natürlich als Anhänger des Szientismus, der sich durch keinerlei Phantasien vom Boden der verifizierbaren Tatsachen abbringen lassen darf; der Literatur gestattet er indessen, zu den Grenzen der Allmacht und der Erkenntnis vorauszueilen und bei der Gelegenheit das Sein zu zähmen, es anheimelnder zu machen.

Doch warum unternimmt die Phantasie derart weite Flüge? Die zeitliche Endlichkeit der Existenz unseres Kosmos braucht *uns hier* ja nicht sonderlich zu berühren, denn was sich nach Milliarden von Jahren abspielen wird, ist letzten Endes von unseren Alltagserfahrungen unendlich weit entfernt. Wenn wir uns jedoch gründlicher auf diese Perspektive einlassen, wird uns bewußt, daß die ganze Vorstellung der Expansion von Vernunft und Technologie innerhalb eines endlichen Universums etwas tragisch Sinnloses hat, denn während wir nach immer vollkommenerer Erkenntnis und Herrschaft über die Welt streben, wird dieses (menschliche oder nicht-menschliche) Denken und Tun an die Grenzen des Todes stoßen, gegen den es kein Mittel gibt – sei es nun der stellare Kollaps, der »Wärmetod« des Weltalls oder die Vernichtung der Materie in einer erneuten »Kontraktion« des Universums. Das seien nicht unsere Probleme? Doch, doch, das sind unsere Probleme, sofern wir der Aussicht auf eine individuelle Erlösung entsagt haben. Die Vorstellung von einer Evolution der Vernunft, die zur Vollkommenheit strebt, um am Ende doch im Kessel der brodelnden Materie sinnlos zu verkochen, kann uns nicht gleichgültig lassen.

Deshalb sehe ich in Lems phantastischer Kosmogonie eine Hypothese mit Tröstungscharakter, die, was ihre Funktion betrifft, nicht so weit von religiösen Visionen entfernt ist, wie es zunächst scheinen mochte. Nicht umsonst entlehnt die *Summa technologiae* ihren Titel beim heiligen Thomas! Seiner Vernunft hat der Schriftsteller einen Ausweg offengelassen, der *aus der Welt hinaus* führt – so wie ihn auch das Christentum für jeden einzelnen offenhält. Von dieser Position jenseits des Kosmos aus vermag dann die Vernunft auf den Bereich der Invarianten einzuwirken, als die wir die physikalischen Gesetze heute auffassen, so daß sie den Charakter einer starren und gedankenlosen Vorherbestimmung verlieren und zu vorläufigen *Regeln eines Spiels* werden, das man unter neuen, einstweilen unergründlichen Bedingungen weiterführen kann. Natürlich gibt es Unterschiede: Für die Religion ist der Kosmos eine *Schöpfung* der Allwissenheit und der Allmacht, die Vernunft eine für den Menschen bestimmte Gabe des Himmels, und der Ausweg ins Jenseits ist dazu da, daß die Seelen durch ihn in die Sphäre des gütigen Absoluten entrinnen können. Bei Lem entsteht die Vernunft gerade *innerhalb der Welt*, und wenn sie dieser entflieht, so in nichtmenschlicher Gestalt, aber nicht zur ewigen Ruhe, sondern zu neuen, immer gewaltigeren Tätigkeiten, die vielleicht neue, andere Universen hervorbringen. Die Bindung des Denkens und Handelns durch die Naturgesetze wird relativ, oder vielmehr: Das Problem – könnte man sagen – läßt sich umkehren, denn die Vernunft vermag ja gerade die *Gesetze* zu diktieren, während die Welt mit ihrer Tendenz zur zufallsbedingten Auflösung der Ordnung ihnen nur bis zu einem gewissen Grade gehorcht.

Aus den »technischen« Experimenten der Jugendzeit, die der Autor im *Hohen Schloß* schildert, lassen sich zwei unterschiedliche Spielarten der kognitiven und konstruktiven Allmacht herleiten. Die eine geht auf den Traum von der »Wunscherfüllung« zurück und wird bei den grotesken Dychthoniern und MASTEN verwirklicht. Es ist eine »zauberische« Art von Allmacht; die genannten Wesen können ihren Körper beliebig verwandeln und beliebige Gegenstände nach der Methode »Tischlein, deck dich!« produzieren. Eine solche Fähigkeit zur Realisierung infantiler Gelüste führt, wenn sie ohne eine entsprechende geistige Entwicklung innerhalb eines sozialen Organismus praktiziert wird, zu nichts Gutem, wofür Lem unzählige Beweise liefert. Es gibt aber auch noch eine andere Art von Allmacht, die sich wohl aus einer reinen Passion fürs *Schaffen* herleitet. Deren Anfänge liegen – ganz unernsthaft – im Hang zum Konstruieren von »unnötigen Maschinen«, sie entwickelt sich jedoch rasch und schlägt sich in den späteren Werken Lems in Bildern von kosmischen Operationen und unbeschränkter Expansion nieder. Eine solche Omnipotenz von wahrhaft »göttlichem«, demiurgischem Zuschnitt läßt sich nicht mehr von unmittelbaren Gelüsten antreiben, sondern von einem authentischen Begehren nach Erkenntnis und nach der Erschaffung von Welten – und zugleich einem Verlangen nach Steigerung des geistigen Formats der evoluierenden Wesen. Nicht alle Handlungsmotive solcher Wesen sind aus unserer menschlichen Sicht verstehbar, weil sie inzwischen *nichtmenschlich* geworden sind (Allmacht ist mit der Natur des Menschen nicht zu vereinbaren). Die galaktische Ingenieurkunst, das Erschaffen von Welten finden wir bei Lem deshalb entweder in einer märchenhaften Verpackung oder – von außen betrachtet – als Anzeichen für das Wirken denkender Wesen, über deren Denkprozesse sich nichts sagen läßt. Die Frage übrigens, ob diese Wesen glücklich sind oder leiden, ob sie mit ihren Attributen zufrieden oder von ihnen enttäuscht sind, gehört gleichsam nicht zur Sache. Wichtig ist nur der Trost, den die Menschen aus dem Mythos von ihrer Existenz und ihrer Tätigkeit ziehen können, einem Mythos, der sie zugleich von dem Gefühl befreit, jegliches Handeln sei sinnlos und sie seien im Käfig der Naturgesetze gefangen. Die Allmacht führt bei Lem also nicht zum *Glück*, sondern zur Vision eines Kosmos, in dem der Szientist wohnen könnte oder wohnen möchte.

5. Einige Sätze zum Abschluß

Alle meine bisherigen Überlegungen dienten gewissermaßen dazu, Lem die Narrenmaske herunterzureißen. Der spöttische Skeptiker, für den »es nichts Heiliges gibt«, der Spaßmacher, der sich über den Menschen, die Kultur, ja, über den ganzen Kosmos lustig macht – er wurde hier als ein todernster Denker vorgestellt, der wegen der unauflöslichen Rätsel des Seins und der Existenz bekümmert ist. Das ist aber nur die halbe Wahrheit über Lem, und die andere Hälfte möchte ich in diesen wenigen Sätzen zum Abschluß vermitteln.

Ohne Frage: Was den Menschen ausmacht, ist nicht nur sein Denken, sondern auch seine *Haltung*. Man kann von den Dilemmata der Existenz zutiefst ergriffen sein, unverwandt in die Unendlichkeit des Kosmos starren, aber was nutzt das, wenn wir der Unermeßlichkeit des Seins nicht die Kraft unserer Persönlichkeit entgegenzusetzen vermögen? Doch wo ist der Bereich des privaten Gestus des Philosophen? Hören wir Gombrowicz:

»Wenn ihr Existentialisten mir von Bewußtsein, Angst und dem Nichts sprecht, kriege ich einen Lachanfall, nicht deshalb, weil ich euch nicht zustimmte, sondern weil ich euch zustimmen muß. So bin ich denn einverstanden – passiert ist nichts. Ich habe zugestimmt, aber geändert hat sich in mir absolut nichts. Das Bewußtsein, das ihr meinem Leben injiziert habt, ist mir ins Blut übergegangen, es ist augenblicklich zu Leben geworden, und jetzt schüttelt mich der uralte Triumph des ewig Naturhaften in zuckendem Gekicher. Weshalb ich lachen muß? Einfach deshalb, weil ich mich auch im Bewußtsein auslebe. Ich lache, weil ich die Angst genieße, mit dem Nichts spiele und meinen Spaß an der Verantwortung habe, und es den Tod nicht gibt.«[13]

Der Ansicht Gombrowicz' über den Verehrer des exakten Wissens wird Lem sicherlich widersprechen. Er möchte nicht in Bescheidenheit der Dame Wissenschaft dienen, sondern er exponiert ständig sein souveränes Ich, und jede seiner intellektuellen Konstruktionen trägt eindeutig seinen persönlichen Stempel. Das *Lachen* könnte in der Tat das beste Heilmittel gegen die Ängste und Schmerzen der Existenz sein, aber auch gegen all das an der Seinsordnung, das sich gegen unsere Menschlichkeit richtet. Ist der Kosmos vielleicht lächerlich?, frug der Weise aus den *Robotermärchen*. Aber gewiß – sofern wir ihn mit unabhängigen Augen zu betrachten vermögen. Aber was ist damit, daß wir auf mehreren Ebenen in Spiele mit der Welt und mit den Menschen verwickelt sind? Ein nicht übler *Theoretiker* des Spiels, ist Lem zugleich ein erstklassiger *Spieler*, der sämtliche Tricks seiner Profession schätzt.

Nein, ich werde hier nicht das Lachen Lems »analysieren«, nicht in Elemente seiner Strategie zerlegen, nicht die Spielarten der Komik untersuchen u.dgl.m. Ich möchte meine Leser nicht langweilen und verstimmen. Vielmehr möchte ich sie – nach dieser gehörigen Portion von Gedanken über die Philosophie des Schriftstellers – einladen zum spontanen Lesen, zum Spiel mit dem Autor, zu emotionalen Reaktionen, die theoretisch vorzuprogrammieren weder möglich noch nötig ist. Diese »andere Hälfte« Lems überlasse ich also dem Leser, der damit nach eigenem Ermessen verfahren mag. Er kann ruhig die Komplikationen des philosophischen Diskurses übergehen – es genügt, wenn er sich die *Haltung* des Autors zu eigen macht, und er wird einen Gewinn davontragen, der sowohl die Mühen des Lesens als auch die Freude am Lesen rechtfertigt.

Krakau 1980, 1984

Anmerkungen

I. Kapitel

1 Zitat aus einem Brief Lems an den Verfasser vom 21. Februar 1984.

2 Czesław Miłosz, *Verführtes Denken*, Frankfurt 1974.(suhrkamp taschenbuch 278)

3 Vgl. A. Lisiecka, *Pokolenie »pryszczatych«*, Warschau 1964, PIW.

4 A. Stoff, *Powieści fantastyczno-naukowe Stanisława Lema*, Warschau-Posen 1983, PWN, S. 23 f.

5 Als das erste polnische Werk, das quasi der wissenschaftlichen Phantastik zuzurechnen ist, gilt der 1785 erschienene Roman *Wojciech Zdarzyński, zycie i przypadki swoje opisujący* von Michał Dymitr Krajewski; in der Mitte des 19. Jahrhunderts wurde diese Thematik von Teodor Tripplin, Józef Bohdan Dziekoński und sogar von Adam Mickiewicz (in der verschollenen *Historia przyszłości*) aufgegriffen; in den Werken der Positivisten tauchen im ausgehenden 19. Jahrhundert dann und wann phantastische Erfindungen auf, die als treibende Kraft der Romanhandlung fungieren; zum wahrhaften Klassiker der Science-fiction auf polnischem Boden wird jedoch erst der Vertreter des Modernismus, Jerzy Zuławski, Autor einer umfangreichen Trilogie, in der eine Reise auf den Mond und die dortige Entstehung einer degenerierten menschlichen Zivilisation beschrieben wird (*Auf dem Silbermond*, *Der Sieger*, *Die alte Erde*; alle drei Bände 1983 bei Suhrkamp erschienen). In der ersten Hälfte des 20. Jahrhunderts ist eine ganze Reihe von wissenschaftlich-phantastischen Romanen entstanden, die jedoch nie eine eigene, von der Kritik wahrgenommene Strömung bildeten. Die bekanntesten Autoren dieser Periode sind Władsław Umiński, Antoni Słonimski, und Bruno Winawer. Die Geschichte der polnischen Science-fiction beschreibt ausführlich Antoni Smuszkiewicz: *Zaczarowana gra. Zarys diejów polskiej fantastyki naukowej*, Posen 1982, Wydawnictwo Poznańskie.

6 Man beachte, daß die Numerierung der »Reisen« nicht der Chronologie ihrer Entstehung und Veröffentlichung entspricht.

7 S. Lem, *Phantastik und Futurologie*, Band 2, Frankfurt 1980, S. 504 ff.

8 S. Lem, »Refleksje 1974«, in: *Rozprawy i szkice*, Krakau 1975, Wydawnictwo Literackie, S. 332 f.

9 »Stanisław Lem and the SFWA«, *Science-fiction Studies*, vol. 4, part 2, July 1977, S. 126-144.

10 Lem hat sich dazu geäußert in einer Erklärung »An meine Leser« in *Monatsschrift Polen*, Nr. 5/1973.

II. Kapitel

1 Vgl. J. Jarzębski, »Stanisław Lem. Rationalist und Sensualist«, aus dem Polnischen von J. Reuter und H.J. Mayer, in: *Insel Almanach auf das Jahr 1976: Stanisław Lem. Der dialektische Weise aus Kraków. Werk und Wirkung*, hrsgg. von Werner Berthel, Frankfurt 1976, Insel Verlag.

2 Man bemerkt unschwer, daß Lem hier wie in vielen anderen Fällen nicht von seiner Intuition getäuscht wurde: Genau in diese Richtung ging die aktuelle Entwicklung der Molekularbiologie, die von der Physik und Chemie nicht mehr eindeutig zu trennen ist, und zwar nicht nur, weil der *Gegenstand*, sondern auch das methodologische und mathematischen *Instrumentarium* dieser Wissenschaften sich angeglichen haben.

3 S. Lem, *Das Hospital der Verklärung*, Frankfurt 1975, Insel Verlag, S. 80f.

4 S. Lem, *Die Irrungen des Dr. Stefan T.*, Berlin 1959, Volk und Welt, S. 500f.

5 Vgl. R. Caillois, »Das Bild des Phantastischen. Vom Märchen zur Science-fiction.« in: R.A. Zondergeld, Hrsg.: *Phaicon 1*, Frankfurt/Main 1974, Insel Verlag, S. 44-83.

6 Goobars Überlegungen lauten folgendermaßen: »Ich projiziere das Gerüst menschlichen logischen Denkens nicht deshalb in das Handeln dieser Wesen, weil es das vollkommene ist, sondern weil es unerläßlich ist. Der Mensch mußte, um die materiellen Kräfte des Weltalls beherrschen zu können, im Laufe der Jahrtausende gerade diese Methoden induktiven und deduktiven Denkens in sich entwikkeln, Methoden, deren Ursprung sich von den einfachen Reflexen jeder lebenden Materie ableitet. (...) Wenn also die Wesen, die den weißen Planeten bewohnen, eine hohe Zivilisation geschaffen haben – und das steht fest –, dann müssen sich ihre Sinne nach Gesetzen der Logik betätigen (hier liegt ein Übersetzungsfehler vor – richtig muß es heißen: ›dann muß ihr Denken nach Gesetzen der Logik funktionieren‹; Anm. F.G.), die den unseren ähnlich sind.« (S. Lem, *Gast im Weltraum*, Berlin: Volk und Welt 1956, S. 493f.) In *Gast im Weltraum* haben wir also noch das deterministische Bild eines Kosmos, der verschiedenen »historischen Notwendigkeiten« oder »universalen Gesetzen der gesellschaftlichen Entwicklung« unterworfen ist. Schon beim folgenden Roman (*Eden*) ändern sich die Ansichten des Autors recht fundamental.

7 S. Lem, *Dialoge*, Frankfurt 1980, edition suhrkamp NF 13, S. 100ff.

8 D. Sila, »Lems Spiele mit dem Universum«, aus dem Französischen von H. Linnert, in: *Über Stanisław Lem*, Hgb. von W. Berthel, Frankfurt 1981, Suhrkamp.

9 Ich entlehne diesen Ausdruck von Gombrowicz (vgl. z.B. *Ferdy-*

durke), der offenbar erheblichen Einfluß auf Lem ausgeübt hat, ungeachtet ihres diametral entgegengesetzten Verhältnisses zur Wissenschaft.

10 Vgl. C. Lévi-Strauss, *Das wilde Denken*, Frankfurt 1968, Suhrkamp Verlag.

11 Ich referiere hier auszugsweise die Ansichten von Johan Huizinga (*Homo ludens. Das Spiel als Quelle der Kultur*, Reinbek 1963, Rowohlt) und Roger Caillois (*Les jeux et les hommes*, Paris 1958, Gallimard).

12 Lem spricht sich in der *Philosophie des Zufalls* in diesem Sinne aus, und von einem bestimmten Zeitpunkt an macht der Begriff des »Spiels« eine gewaltige Karriere in Literaturwissenschaft und Kritik (vgl. J. Jarzębski, *Gra w Gombrowicza*, Warschau 1982, PIW, 1. Kapitel: »O zastosowaniu poejcia ›gra‹ w badaniach literackich«; ferner: R. Detweiler, »Games and Play in Modern American Fiction«, *Contemporary Literature*, XVII, Nr. 1, Winter 1976).

13 S. Lem, *Philosophie des Zufalls*, Band 2, Frankfurt 1985, Insel Verlag, S. 249f.

14 S. Lem, *Die Sterntagebücher des Weltraumfahrers Ijon Tichy*, Berlin 1961, Volk und Welt, S. 5.

15 Erst am Schluß der relativ spät entstandenen und in einem ganz anderen Ton gehaltenen »Einundzwanzigsten Reise« sagt Tichy über seinen Abflug von Dychthonien: »Ich fühlte, daß ich ein anderer Mensch war als jener, der vor gar nicht so langer Zeit auf diesem Planeten gelandet war.« (*Sterntagebücher*, Frankfurt 1973, Insel Verlag, S. 300) In den übrigen Werken des Zyklus ist Tichy eine wahrhaft »zeitlose« Persönlichkeit.

16 Der Autor bringt diesen Einfall in Zusammenhang mit der Ausgangssituation von J. L. Borges' »Die Lotterie in Babylon«, vgl. S. Lem, *Phantastik und Futurologie*, Band 2, S. 438.

17 S. Lem, »Gibt es Sie, Mr. Johns?«, in: *Nacht und Schimmel*, Frankfurt 1971, Insel Verlag.

18 S. Lem, »Schichttorte«, in: S. Lem, *Mondnacht*, Frankfurt/Main 1977, Insel Verlag. Auf das dramatische Schaffen Lems, das nicht sehr umfangreich ist und überwiegend aus Hör- und Fernsehspielen besteht, gehe ich hier praktisch überhaupt nicht ein. Protagonist dieser Werke ist in der Regel Professor Tarantoga mit seinen Experimenten und seinen »merkwürdigen Besuchern«; der eigentliche »Held« ist übrigens die *Situation als solche*, die absurd und dennoch dem Rezipienten sinnlich zugänglich ist, was zugleich die Komik steigert und den Gestalten die Eigenschaften vollständiger Persönlichkeiten raubt. Die Helden der Lemschen Sketche sind Marionetten, die man in ein Labyrinth des Sinnes gestoßen hat und insofern ein wenig an die Gestalten der frühen Einakter Mrozeks erinnern (beide Autoren

gehörten übrigens, als Mrozek noch in Krakau lebte, dem gleichen Freundeskreis an).

19 S. Lem, »Die Waschmaschinen-Tragödie«, in: *Sterntagebücher*, a.a.O.

20 Vgl. z.B. M. Mazur, *Cybernetyka i charakter*, Warschau 1976, PIW.

21 S. Lem, *Sterntagebücher*, Frankfurt 1973, Insel Verlag, S. 489f.

22 ebd., S. 405.

23 ebd., S. 276.

24 ebd., S. 262f.

25 S. Lem, »Professor A. Donda. Aus den Erinnerungen Ijon Tichys«, in: *Die Ratte im Labyrinth*, Frankfurt 1982, Suhrkamp (st 806), S. 268f.

26 A. Schopenhauer, *Parerga und Paralipomena*, »Nachträge zur Lehre vom Leiden der Welt«, in: *Sämtliche Werke*, herausgegeben von W. v. Löhneysen, Band 5, Stuttgart und Frankfurt am Main 1965, S. 355.

27 A. Stoff, a.a.O., S. 89ff.

28 ebd., S. 89.

29 S. Lem, *Phantastik und Futurologie*, Band 1, S. 357.

30 A. Stoff, a.a.O., S. 98-100.

31 S. Lem, *Solaris*, Frankfurt 1975, Suhrkamp, S. 201f.

32 S. Lem, »Les Robinsonades«, in: *Die vollkommene Leere*, Frankfurt 1973, Insel Verlag.

33 S. Lem, *Phantastik und Futurologie*, Band 1, S. 48.

34 S. Lem, *Die Untersuchung*, Frankfurt 1975, Insel Verlag, S. 229-231.

35 Diese Behauptung Jarzębskis trifft wohl für die Ausgabe in den »Ausgewählten Werken« Lems bei Wydawnictwo Literackie zu, aber für keine der anderen polnischen Ausgaben. – Hinweis von Dr. Franz Rottensteiner.

36 S. Lem, *Phantastik und Futurologie*, Bd. 2, S. 441.

37 Über das Motiv des Labyrinths bei Lem schrieb Piotr Kuncewicz, »Bezdroza okrutnej nieskończoności«, *Współczesność* 1962, Nr. 13.

38 Vgl. J.E. Cirlot, *A Dictionary of Symbols*, Second Edition, transl. from the Spanish by J. Sage, London 1971, Routledge and Kegan Paul, Stichwort: »Labyrinth«; P. Santarcangeli, *Il Libro dei Labirinti. Storia di un mito e di un simbolo*, Florenz 1967, Vallecchi Editore.

39 S. Lem, *Memoiren, gefunden in der Badewanne*, Frankfurt/Main 1974, Suhrkamp Verlag (st 508), S. 15.

40 ebd., S 10f. (hier nach dem Zitat übersetzt, abweichend von der dortigen Fassung, F.G.)

41 S. Lem, *Phantastik und Futurologie*, Bd. 2, S. 440f.

42 Nach einer ähnlichen Methode arbeitet bei Lem der »Dämon zweiter Art« aus Trurls und Klapauzius' »Sechster Reise« (*Kyberiade*).

43 Dieser Text ist nicht identisch mit dem, den wir in Händen halten; die Zitate sind nicht völlig deckungsgleich. Es handelt sich eher um eine analoge Bedeutungsstruktur, eine von unzähligen Versionen der standardisierten Historie.
44 S. Lem, *Pilot Pirx*, Frankfurt 1978, Insel Verlag, S. 445.
45 S. Lem, *Summa technologiae*, Frankfurt 1976, Insel Verlag, S. 495-599.
46 S. Lem, »Ananke«, in: *Pilot Pirx*, a.a.O., S. 508.
47 S. Lem, *Die Stimme des Herrn*, Frankfurt 1981, Insel Verlag, S. 52.
48 ebd., S. 12.
49 ebd., S. 22f.
50 Auf das Problem der Theodizee bei Lem komme ich im letzten Kapitel noch einmal zurück. Mit der Gottesvorstellung, die sich aus der *Stimme des Herrn* ableiten läßt, habe ich mich ausführlicher in einem Referat befaßt, das auf der Tagung »Wertung und Urteil in der Literaturforschung« der Katholischen Universität Lublin, 19.-21. 10. 1982, gehalten wurde. Es erscheint demnächst unter dem Titel »Prypadek i wartości. O aksiologii Stanisława Lema« in den *Roczniki Humanistyczne KUL*, Lublin.
51 S. Lem, *Die Stimme des Herrn*, S. 166.
52 S. Lem, *Der Schnupfen*, Frankfurt 1977, Insel Verlag, S. 141.
53 ebd., S. 137.
54 ebd., S. 138. (In der zitierten Passage sollte man statt »der Strategie des Schicksals« besser »einer Zufallsstrategie« sagen; Anm. d. Ü.)
55 S. Lem, »Die Maske«, in: *Insel Almanach auf das Jahr 1976*, S. 28.
56 S. Lem, *Die Stimme des Herrn*, S. 19.
57 S. Lem, »Die Maske«, a.a.O., S. 19.
58 ebd., S. 44.
59 S. Lem, *Kyberiade*, Frankfurt 1983, Insel Verlag, S. 155-59.
60 R. Caillois, »Das Bild des Phantastischen. Vom Märchen zur Science-fiction«, a.a.O.
61 S. Lem, »König Globares und die Weisen«, in: *Robotermärchen*, S. 123.
62 S. Barańczak, »Elektrycerze i cyberchanioły«, *Nurt* 1972, Nr. 8.
63 S. Lem, »Die dritte Reise oder Von den Drachen der Wahrscheinlichkeit«, in: *Kyberiade*, S. 97.
64 S. Lem, »Non serviam«, in: *Die vollkommene Leere*.
65 Einen bezeichnenden Angriff auf eine Philosophie dieser Art führt Hogarth in der *Stimme des Herrn*.
66 Dieses Motiv entfaltet Lem in einem der Texte der *Vollkommenen Leere* (Kuno Mlatje: »Odysseus aus Ithaka«).
67 J. Jarzębski, »Science fiction a polityka – wersja Stanisława Lema«, *Pamiętnik Literacki* LXXIV, 1983, Heft 2.
68 S. Lem, *Lokaltermin*, Frankfurt 1985, Insel Verlag, S. 103-104.

69 S. Lem, »Etyka technologii i technologia etyki«, in: *Dialogi*, Krakau 1972, Wydawnictwo Literackie, S. 351.
70 ebd., S. 313.
71 ebd., S. 311.
72 Vgl. die Ansichten Rappaports in der *Stimme des Herrn* (S. 157). Die Konzeption, die jeder Erscheinung in der Welt – angefangen von den Elementarteilchen – eine eigentümliche »Intentionalität« zuschreibt, fand ihren Ausdruck in der sogenannten »Gnosis von Princeton« (vgl. Raymond Ruyer, *Jenseits der Erkenntnis. Die Gnostiker von Princeton*, Wien – Hamburg 1977, Paul Zsolnay Verlag).
73 W. Gombrowicz, *Dziennik (1953-1956)*, Paris 1971, Institut Littéraire, S. 17. (Der zitierte Satz aus dem »Tagebuch« wird hier in der Übersetzung von Olaf Kühl wiedergegeben, der die Tagebücher Gombrowicz' für die bei Hanser erscheinenden Gesammelten Werke neu übersetzt. – Dank an Olaf Kühl! F.G.)
74 S. Lem, *Das Hohe Schloß*, Frankfurt 1974, Suhrkamp Verlag, S. 120.

III. Kapitel
1 C. Miłosz, *Das Land Ulro*, Köln 1982, Kiepenheuer und Witsch, S. 191f.: »Die gewöhnlichen Sterblichen, des Lesens und Schreibens nicht oder nur wenig kundig, ahnten nur unklar voraus, was da im Tun war, und Swedenborgs Befürchtungen waren ihnen noch fremd. Er aber gehörte der wissenschaftlichen Elite Europas an und war sich darüber im klaren, daß in der Vorstellung der Gebildeten die als eine Summe von mathematischen Beziehungen aufgefaßte Natur allmählich an Gottes Stelle trat. Das Universum stellte man sich als das Unendliche des absoluten, leeren Newtonschen Raumes vor (sogar den von ›Wirbeln‹ erfüllten kartesianischen Raum hatte man verworfen), in dem die den Geist mit ihrer unermeßlichen Vielzahl erschrekkenden Planeten und Planetensysteme kreisen; die Entthronung des Menschen, die mit der Verdrängung der Erde aus ihrer Mittelpunktstellung begonnen hatte, wurde somit vollendet. Die christliche Religion setzte aber diese zentrale Stellung der Welt voraus. Nun bekannten sich die Leute zwar noch mit den Lippen, jedoch nicht mehr mit dem Herzen zum Glauben: in dieser Hinsicht ein treuer Sohn des Zeitalters der Vernunft, war Swedenborg überzeugt, daß der Mensch nichts Vernunftwidriges glauben könne. Das Christentum selbst war nach seiner Meinung in die Phase des endgültigen Zerfalls eingetreten.«
2 W. Gombrowicz, *Pornographie*, München 1984, Hanser (Gesammelte Werke, Band 3), S. 23f.
3 S. Lem, *Das Katastrophenprinzip*, Frankfurt 1983, Suhrkamp Verlag (st 999), S. 80ff.
4 Zum Problem der Theodizee vgl. L. Kołakowski, *Falls es keinen Gott*

gibt, München 1982, Piper Verlag, 1. Kapitel: »Der Gott der Scheiternden: Theodizee«.

5 Vgl. L. Schestow, *Apoteoza nieoczywistości. Próba myślenia adogmatycznego*, aus dem Russischen von N. Karsov und S. Szechter, Wszechnica Społeczno Polityczna 1983, Nachdruck aus *Kontra*, London 1983. Man muß jedoch hinzufügen, daß auch Schestow kein »Metaphysiker« sein möchte und mitleidlos alle philosophischen Systeme verhöhnt, die sich auf die Leere unüberprüfbarer Annahmen stützen.

6 S. Lem, *Philosophie des Zufalls*, Frankfurt 1983, Insel Verlag, S. 25f.

7 S. Lem, *Die Stimme des Herrn*, S. 277.

8 S. Lem, *Filozofia przypadku*, Bd. 2, S. 159f. (Die Passage ist in der deutschen Ausgabe der »Philosophie des Zufalls« nicht enthalten; F.G.)

9 ebd., S. 171f. (siehe vorige Anmerkung; F.G.)

10 »Wenn zwei sich streiten, und der eine hat reelle 55 Prozent recht, dann ist das sehr gut und kein Grund, sich zu härmen. Und wenn einer zu 60 Prozent recht hat? Das ist wunderbar, das ist ein großes Glück, und er soll dem Herrgott dankbar sein! Was soll man aber sagen, wenn einer zu 75 Prozent recht hat? Weise Menschen sagen, das sei sehr verdächtig. Nun, und was ist mit 100 Prozent? Wer sagt, er habe zu 100 Prozent recht, ist ein abscheulicher Gewalttäter, ein entsetzlicher Räuber, ist der größte Halunke.

EIN ALTER JUDE AUS DEM KARPATENVORLAND«

(C. Miłosz, *Zniewolony umysł*, Paris 1980, Institut Littéraire, S. 7). Ein »abscheulicher Gewalttäter« wäre bei Lem natürlich derjenige, der zu behaupten wagte, er könne aus vergangenen Ereignissen eine unfehlbare Prognose der weiteren Entwicklung der Gesellschaft ableiten.

11 M. Geier, *»Eden«: Elemente einer »Außerirdischen« Semiologie*, als Typoskript dem Krakauer Verlag Wydawnictwo Literackie vorgelegt. Geier zitiert eine Reihe sehr eindeutig klingender Bekenntnisse des Autors aus dem *Hohen Schloß*, in denen von einer Faszination durch die Welt der Dinge und die Konstruktionen des eigenen Geistes die Rede ist. Lem hat vor kurzem Geiers Intuitionen bezüglich seiner Einsamkeit und einer gewissen Entfremdung von der Welt der Menschen und der Familie bestätigt (S. Bereś, »Rozmowy z Lemem. 1. Czas nie całkiem utracony«, *Odra* 1984, Nr. 4).

12 S. Lem, *Waffensysteme des 21. Jahrhunderts*, Frankfurt 1983, Suhrkamp (st 998), S. 82.

13 W. Gombrowicz, *Dziennik (1953-1956)*, S. 243 (Zur Übersetzung siehe Bemerkung zu Anm. 73, II. Kap.; F. G.).

Phantastische Bibliothek
in den suhrkamp taschenbüchern

Eine Auswahl

Aldiss, Brian W.: Der unmögliche Stern. Science-fiction-Geschichten. Aus dem Englischen von Rudolf Hermstein. st 834

Ballard, J. G.: Das Katastrophengebiet. Science-fiction-Erzählungen. Aus dem Englischen von Alfred Scholz und Rudolf Hermstein. st 924

– Der tote Astronaut. Science-fiction-Erzählungen. Aus dem Englischen von Michael Walter. st 940

– Billennium. Science-fiction-Erzählungen. Aus dem Englischen von Alfred Scholz und Michael Walter. st 896

– Hallo Amerika! Science-fiction-Roman. Aus dem Englischen von Rudolf Hermstein. st 895

– Der ewige Tag und andere Science-fiction-Erzählungen. st 727

Becher, Martin Roda: An den Grenzen des Staunens. Aufsätze zur phantastischen Literatur. st 915

Bioy Casares, Adolfo: Morels Erfindung. Phantastischer Roman. Aus dem Spanischen von Karl August Horst. Mit einem Nachwort von Jorge Louis Borges. st 939

– Die fremde Dienerin. Phantastische Erzählungen. Aus dem Spanischen von Joachim A. Frank. st 962

Blackwood, Algernon: Besuch von Drüben. Gruselgeschichten. Deutsch von F. Polakovics. st 411

– Das leere Haus. Phantastische Geschichten. Deutsch von F. Polakovics. st 30

Blick vom anderen Ufer. Europäische Science-fiction. Hg. F. Rottensteiner. st 359

Braun, Johanna u. Günter: Conviva Ludibundus. Utopischer Roman. st 748

– Der Irrtum des Großen Zauberers. Phantastischer Roman. st 807

– Das kugeltranszendentale Vorhaben. Phantastischer Roman. st 948

Bulwer-Lytton, Edward: Das kommende Geschlecht. Roman. st 609

Dick, Philip K.: UBIK. Science-fiction-Roman. Deutsch von Renate Laux. st 440

Erckmann-Chatrian. Das Eulenohr und andere phantastische Erzählungen. Herausgegeben von Kalju Kirde. Aus dem Französischen von Hilde Linnert. st 989

Franke, Herbert W.: Transpluto. Science-fiction-Roman. st 841

– Einsteins Erben. Erzählungen. st 603

– Sirius Transit. Roman. st 535

52/1/8.84

Phantastische Bibliothek
in den suhrkamp taschenbüchern

Eine Auswahl

Franke, Herbert W.: Ypsilon minus. st 358

Hodgson, William Hope: Stimme in der Nacht. Unheimliche Seegeschichten. Deutsch von Wulf Teichmann. st 749

Lem, Stanisław: Die Astronauten. Utopischer Roman. Deutsch von R. Pabel. st 441

- Der futurologische Kongreß. Deutsch von I. Zimmermann-Göllheim. st 534
- Die Jagd. Neue Geschichten des Piloten Pirx. Deutsch von R. Buschmann, K. Kelm, B. Sparing. st 302
- Memoiren, gefunden in der Badewanne. Deutsch von W. Tiel. Mit einer Einleitung des Autors. st 508
- Nacht und Schimmel. Erzählungen. Deutsch von I. Zimmermann-Göllheim. st 356
- Die Ratte im Labyrinth. Ausgewählt von Franz Rottensteiner. Aus dem Polnischen von Roswitha Buschmann, Caesar Rymarowicz, Jens Reuter und Klaus Staemmler. st 806
- Robotermärchen. st 856
- Sterntagebücher. Deutsch von C. Rymarowicz. Mit Zeichnungen des Autors. st 459
- Die Untersuchung. Kriminalroman. Deutsch von J. Reuter und H. J. Mayer. st 453

Lexikon der phantastischen Literatur. Hrsg. Rein A. Zondergeld. st 880

Lovecraft, H. P.: Stadt ohne Namen. Deutsch von Charlotte Gräfin von Klinckowstroem. Mit einem Nachwort von Dirk Mosig. st 694

- Berge des Wahnsinns. st 220
- Cthulhu. Geistergeschichten. Deutsch von H. C. Artmann. Vorwort G. Manganelli. st 29
- Der Fall Charles Dexter Ward. Zwei Horrorgeschichten. Deutsch von R. Hermstein. st 391

Über H. P. Lovecraft. Hg. F. Rottensteiner. st 1027

Maupassant, Guy de: Die Totenhand und andere phantastische Erzählungen. Aus dem Französischen v. W. Widmer u. a. st 1040

Mercier, Louis-Sébastien: Das Jahr 2440. Ein Traum aller Träume. Deutsch von Christian Felix Weiße (1772). Herausgegeben, mit Erläuterungen und einem Nachwort versehen von Herbert Jaumann. st 676

Poe, Edgar Allan: Der Fall des Hauses Ascher. Deutsch von A. Schmidt und H. Wollschläger. st 517

52/2/8.84

Phantastische Bibliothek
in den suhrkamp taschenbüchern
Eine Auswahl

Ray, Jean: Die Gasse der Finsternis. Phantastische Erzählungen. Aus dem Französischen v. W. Thaler. st 1034

Schattschneider, Peter: Zeitstopp. Science-fiction-Geschichten. st 819

Smith, C. A.: Saat aus dem Grabe. Phantastische Geschichten. Aus dem Amerikanischen von Friedrich Polakovics. st 765

Strugatzki, Arkadi und Boris: Montag beginnt am Samstag. Aus dem Russischen von Hermann Buchner. st 780

– Picknick am Wegesrand. Aus dem Russischen von A. Möckel. st 670

– Die Schnecke am Hang. Deutsch von H. Földeak. Nachwort D. Suvin. st 434

Szilard, Leo: Die Stimme der Delphine. Utopische Science-fiction-Erzählungen. Mit einem Vorwort von Carl Friedrich von Weizsäcker. st 703

Weisser, Michael: DIGIT. Science-fiction-Roman. st 873

– SYN-CODE-7. Science-fiction-Roman. st 764

Die andere Zukunft. Phantastische Erzählungen aus der DDR. Herausgegeben von Franz Rottensteiner. st 757

Zulawski, Jerzy: Auf dem Silbermond. Science-fiction-Roman. Aus dem Polnischen von Edda Werfel. Mit einem Vorwort von Stanisław Lem. st 865

– Der Sieger. Ein klassischer Science-fiction-Roman. Aus dem Polnischen von Edda Werfel. st 916

– Die alte Erde. Science-fiction-Roman. Aus dem Polnischen von Edda Werfel. st 968

52/3/8.84